法思想史

〔日〕中山龙一 著
浅野有纪
松岛裕一
近藤圭介

王昭武 译

HISTORY OF LEGAL THOUGHT

北京大学出版社
PEKING UNIVERSITY PRESS

序

本书是法律思想史的教科书。首先想到的读者主要是正在法学部与法科大学院就读的学生。当然,也希望能对正在从事法律与政治的相关工作者,以及想从法律思想的视角回顾历史者有所助益。

本书没有将记述对象限于某个特定的时代,而是尝试写一本"通史",记述对象包括自古希腊、古罗马直至 21 世纪的现在的法律思想的漫长历史。不过,关于这一点,还是有必要稍微作些解释。

首先,就面临"如何处理法律思想的漫长历史"的问题。在历史学的世界,不是采取以政治史为模型的短跨度的历史叙述,而一直是提倡诸如物质的生产与流通的历史、人们的嗜好与感情的历史等,即所谓"长期持续"的历史。就围绕法律的思想而言,以有关"正义"与"公平"的人们一般的理解与感觉为对象,这种尝试也许是可行的。但是,本书没有采取这种方式,仍然沿袭了思想史的一般写作方式,基本上按照时代顺序选取思想家与法学家,并对他们所倡导的思想与观念进行解释。

但是,这种记述方式也存在这样的问题:将各个思想家与法学家们的思想彼此分割之后,再像把米粉团子串在竹签上一样,按照时代顺序罗列他们的思想,就有陷入单调乏味的平铺直叙之虞。为此,本书特别注意了下面几点。

思想家与法学家作为所谓"时代之子",是在他/她生活的时代中思考问题。与此同时,他/她作为以思想与学问为研究对象的专家,还需要接受从自己之前的时代所承继下来的研究与问题意识,一边与之"格斗",另一边"编织"出自己的思想。换言之,一面是按照既往的研究与问题意识持续下来的走向,另一面是自己所处的时代与社会的实际状况。可以说,在这两者的交集点,会产生新的思想与学问。为此,本书在介绍各个思想家与法学家之际,不仅介绍其主张的思想与研究的内容,还尽可能地对产生这种思想与研究的时代背景与社会状况进行介绍,同时也尽量明示超越时代的研究与问题意识的连续性或者相关性。本书为此进行了各种尝试。

其次,另一点需要向读者解释的是,尽管本书以《法思想史》作为书名,但本书的记述对象几乎是"西洋"的法律思想,可以说,实质上就是一部"西洋法律思想史"。这样做的理由在于,自明治维新以来,日本的法律系统继受或者移植的正是西洋法;并且,将西洋法作为"学问"来对待的"法学"也处于西洋诸学的压倒性影响之下。但是,正如在"结语"部分些许涉及的那样,随着经济与信息的全球化,现在正处于法律与文化相互融合、渗透的时代。作为对法律思想史的通史性质的记述,虽然现在能做的还很有限,但在"专栏"中专门谈及东亚的法律文化与伊斯兰法,也正是意识到,也许会接近所谓"全球历史(global history)"这种法律思想史的未来姿态。

另外,本书的写作不仅参阅了原著及其日译本,还借助了迄今在国内外出版的大量概论性书籍与研究文献。如果没有这些先行成果,想必本书是难以完成的。这些书籍大多列在参考文献中,但限于篇幅,对于外国的研究文献则只能抱憾割爱,不再一一列举。

　　本书的策划可以追溯至2000年前后。蒙恩师田中成明教授的推荐,有斐阁编辑部的奥村邦男先生向作为本书撰稿人之一的中山龙一发出了邀请。但是,因中山的迟延,策划迟迟未能往前推进,责任编辑也由奥村邦男先生换成了一村大辅先生。此后,也得到了田中先生的建议,浅野有纪、松岛裕一、近藤圭介这几位值得信赖的学者加入其中,终于在2015年前后正式开始了本书的写作。另外,还拜托大阪大学大学院法学研究科博士课程的宫田贤二君与山本展彰君帮忙制作事项索引,以及通读全文,核对相关用语。

　　奥村邦男先生一直在期待本书的出版发行;直至最终出版,一村大辅先生一直都在耐心守候,并从各个方面热心关照。最后,想借此机会向他们表示衷心的感谢!

中山龙一
代表其他撰稿人记于2019年晚秋

目 录

第一部分　从古代到中世纪

第一章　古希腊的法律思想　　003
　一、神话的世界观中的法律的部分　　003
　二、智者与苏格拉底　　007
　三、柏拉图的法律思想　　012
　四、亚里士多德的法律思想　　017

第二章　从古罗马到中世纪　　027
　一、罗马的兴衰与罗马法学　　027
　二、自然法思想的展开：斯多葛派与基督教　　032
　三、《查士丁尼法典》的制定及其复活　　038
　四、托马斯·阿奎那的法律思想　　044

第二部分　近代法思想的摇篮

第三章　自然法理论的新展开　　055
　一、近代的前兆　　055
　二、自然法·万民法·正义战争论　　060
　三、自然法·自然权·社会契约论　　069

第四章　启蒙的法律思想　080
一、德国的启蒙的法律思想　080
二、苏格兰的启蒙的法律思想　086
三、法国的启蒙的法律思想　094

第三部分　近代法思想的展开

第五章　德国的观念论与历史法学　105
一、康德的法律思想　105
二、黑格尔的《法哲学原理》　116
三、萨维尼与历史法学　125

第六章　近代英国的法律思想　135
一、边沁的功利主义与立法思想　135
二、密尔与自由的哲学　143
三、奥斯丁的分析法学与梅因的历史法学　146

第七章　美国建国　153
一、美国法的起始　153
二、法学院的成立与案例教学法　163

第四部分　从近代法到现代法

第八章　德国法学的展开　173
一、潘德克顿法学与德国民法典的编纂　173
二、耶林与对概念法学的批判　179

三、从自由法运动到利益法学　　185
　　四、德国的公法实证主义的产生　　192

第九章　从革命到两次世界大战　　199
　　一、马克思主义与俄国革命　　199
　　二、霍姆斯法官与现实主义法学　　207
　　三、魏玛时期的法律思想　　216

第五部分　现代法律思想

第十章　"二战"之后的法律理论　　233
　　一、拉德布鲁赫·再生自然法论·人权　　233
　　二、哈特与现代分析法学　　240
　　三、富勒与程序学派　　249

第十一章　现代法律理论的展开　　256
　　一、德沃金的"作为解释的法"　　256
　　二、"法律与经济学"　　261
　　三、批判法学　　263
　　四、女性主义法学　　266
　　五、"二战"后的德国的法律思想　　272

第十二章　现代正义理论的展开　　281
　　一、罗尔斯的正义论　　281
　　二、自由意志主义　　289
　　三、共同体主义与多文化主义　　295

四、罗尔斯之后的平等主义自由主义　　301

结语：全球化中的法律思想　　309

附录一　西方思想家与法学家人名之中日文对照表　　315

附录二　西方著作之中日文对照表　　333

第一部分

从古代到中世纪

第一章　古希腊的法律思想

在作为哲学之发祥地而为人熟知的古希腊，围绕法律与正义，产生了各种各样的思想。其中，即便是在现代，苏格拉底、柏拉图、亚里士多德等人的法律思想仍属于具有重要参考价值的古典法哲学，形塑了此后相关研究的基本框架。本章将古希腊法律思想对后世的影响纳入视野，对古希腊展开的代表性法律思想作些概述。

一、神话的世界观中的法律的部分

1. 公元前8世纪的古希腊

在古希腊世界，自公元前20世纪前后开始，以爱琴海为中心的文明就已经很繁荣。但是，这种文明在公元前12世纪前后突然崩溃，此后，就进入了被称为黑暗时代的混沌期，一直延续了数百年。法律思想开启历史大幕，正是这种黑暗时代迎来终结、古希腊世界重新恢复活力的公元前8世纪。

公元前8世纪是一个尤其重要的世纪，它决定了此后整个古希腊世界的走向。在公元前8世纪前后，古希腊成立了其特有的城邦国家（polie），最多的时候据说有将近1500个城邦，其中，雅典是古希腊文化的中心。在雅典所达到的民主制,包括其是非得失在内,对当时的法律思想产生了极大影响。

2. 荷马史诗

当时发明了古希腊文字,以荷马(Homeros,公元前8世纪)之名传诵下来的两首叙事诗《伊利亚特》(The Iliad for Boys and Girls)和《奥德赛》(Od'ysseia)也得以以文字的形式记录下来。本章的记述之所以是从公元前8世纪开始,完全是因为在这个西方最古老的文字作品中能够读到些许法律思想的痕迹。

荷马史诗中出现的核心法律观念是"忒弥斯"(Themis)与"狄刻"(Dike)。两者的含义存在重合,现在一般作为代表"法律"与"正义"的普通名词来使用。而且,忒弥斯还被描绘为执掌神灵、大众之集会的女神。

3. 赫西俄德的《神统纪》

荷马之后的诗人是赫西俄德(Hesiodos,公元前8世纪末期),在其作品中,忒弥斯的地位被进一步提升,"狄刻"也位列众神之一。按照描述众神系谱的《神统纪》,忒弥斯被宙斯迎娶为第二位妻子,生育了被称为"荷赖"的三姐妹(时序三女神)。"正义"也与"秩序""和平"相并列,为三姐妹之一。

这样,在荷马与赫西俄德的叙事诗中,法律与正义被神格化,在人们看来,应该将法律与正义作为属于神的世界的存在而加以敬畏。给我们众人传授这样一种信仰的作品是,同样是由赫西俄德所著的《工作与时日》。

4. 赫西俄德的《工作与时日》

这部作品的主题之一是,谴责抢走了赫西俄德的继承份额的弟弟佩尔塞斯,抨击接受佩尔塞斯的贿赂之后作出不当判决的贵族们。针对他们的傲慢与暴力,赫西俄德警告道,"远远望着的宙斯定会下惩罚",并且向弟弟佩尔塞斯讲了下述一番话:

> 佩尔塞斯……现在正是竖耳倾听正义、干干净净地忘记暴力的时候!克洛诺斯之子(即宙斯)不是已经给大众分派了这样的惯例(nomos)(法律)吗?对于鱼呀、兽呀,还有在空中飞翔的鸟呀,那些不知正义为何物之辈,就让他们相杀相生吧。但对人类来说,就要超出其外,给予其最善的东西,那就是正义。(《工作与时日》第274~280行)

正如从赫西俄德的上述话语中所能读到的那样,对他而言,法是神授之物,人类违反法的不正行为都会受到神灵的监视与惩罚。赫西俄德试图通过神灵的活动来解释法律与正义,从其思考中,我们可以看到一种典型的基于神话世界观的法律思想。

5. 立法者梭伦

但是,随着时代进入公元前6世纪,荷马与赫西俄德的法律思想显现出一定程度的变化,这一点能够在立法领域得到确认。

如上所述,古希腊文字的发明对叙事诗的文字化做出了贡献,同时,也促进了法律的成文化。德拉古(Drakōn,公元前7世纪)制定雅典最古老的成文法是在公元前621年,在德拉古之后从事雅典立法工作的是梭伦(Solon,约公元前640—约公元前560年)。

当时,雅典贫富差距扩大,贵族与平民之间的矛盾激化。为了调停双方之间的对立,梭伦在公元前594年断然进行了数个改革,被称为"减负"的债务清账政策,以及按照财产的多寡赋予平民相应的参政权(财产政治)等,就是其改革的内容。

6. 正义与力量

对于被后世称为"**梭伦改革**"的这些改革,梭伦在自己的诗作中这样写道,"我调和了权力与正义,在我的权限之内实行了这一点(减负)"(亚里士多德《雅典人的政体》第12章)。

与赫西俄德一样,梭伦本人也极度信仰宙斯与"狄刻",在上面我们也能看到,超越赫西俄德的新的法律思想的萌芽。首先,梭伦不是将正义的实现交由神灵,而是将其作为自己本人的政治课题。其次,在赫西俄德的观念中原本属于与正义相对立的"力量",梭伦甚至也将其作为改革不可或缺的手段予以承认。

在公元前6世纪的雅典,出现"制定法"(thesmos)这种法律观念,不能说与梭伦的这种能动性的态度无关。

7. 制定法的登场

无论是德拉古还是梭伦,在称呼自己的法律时,都采用了"thesmos"这一表述。从词源上讲,"thesmos"来源于"放置",其原意是"由某个主体所制定";用现代用语来说,"thesmos"就是"制定法"。由此我们可以推测,正如该用语的登场所表明的那样,在德拉古与梭伦的时代,不仅仅是神授的不成文法,而且由人类自身所制定的成文法也开始被作为法律来理解。

从梭伦的诗作以及制定法的登场中可以看到这种法律思想

的变化。从宏观上来看,这种法律思想是与被谓为"**从神话走向理性**"这种巨大的知识的变动一起联动的。尽管梭伦本身尚停留于神话的世界观,但正是在他参与雅典的立法的那个时期,世界观的脱神话化的尝试已经在爱奥尼亚地区(现在的土耳其)展开。这种尝试就是哲学。

二、智者与苏格拉底

1. 哲学的诞生

哲学在公元前6世纪诞生于爱奥尼亚地区的米利都城,与梭伦一同被称为"希腊七贤"之一的泰勒斯(Thalēs,约公元前624—约公元前546年前后)据传是最早的哲学家。包括泰勒斯在内的初期的哲学家们对身边的某些自然现象感到不可思议,于是便对宇宙的起源、万物的本原开始进行考察。对于万物的构成要素,泰勒斯的回答是"水",提出了水本原说,但在其之后,其他学者相继提出了空气本原或者火本原。

当然,按照现代的科学水平来看,初期的哲学家们的思考也许无不显得稚嫩。但是,重要的不是他们的解答本身,而是他们试图不依赖于神话而来解释自然现象的态度。正是通过与"热爱知识"这种**哲学**本来的姿态相符合的他们的思索,才带来了"由神话走向理性"这种知识的变动。色诺芬尼(Xenophanēs,约公元前570—约公元前470年)对希腊神话的猛烈批判,就正是其例。

2. 雅典的民主制

不过,在雅典,对自然现象的探究(自然哲学)并不兴盛,毋宁说,人们更多地关心人类社会的事情。这一点与雅典发展了直接民主制密切相关。

雅典的民主制肇始于前述梭伦的财产政治,经过公元前6世纪末的克里斯提尼(Kleisthenēs)的改革,终于在公元前5世纪中叶,在伯里克利(Periklēs,约公元前495—约公元前429年)的指导之下得以完成。平民成为国防的重要承担者,平民的话语权也进一步加大,由此促进了民主化进程。

雅典实现的民主制不同于现代的民主制,民众参与政治得到彻底贯彻。国政交由全体成年男性市民参加的公民大会讨论,而且除了极少部分的专业岗位之外,所有公职均通过抽签的方式由市民公平选出。在审判中,也不存在职业法官与法学家,而是由市民抽签选定的陪审员以少数服从多数的方式作出判决。

3. 智者的登场

个人的"言论自由""发言平等"可以佐证雅典的这种民主制。不问贫富与出身,只要是成年男性市民,谁都可以自由且平等地发言,这一原则才是雅典民主制的根基。为此,在公民大会与法庭之上,通过展现巧妙的辩论而获得众人的支持,就成为在雅典出人头地的手段。

抱有政治野心的年轻人迫切需要掌握能够说服他人的知识与技巧,而且为了顺应这种需求,以教育年轻人为谋生之道的知识分子也开始从整个希腊汇聚至雅典。这样一群职业的知识分子就被称为**智者**(sophist)。

智者们的主张五花八门,整体来看,可以说,人们对他们的评价未必高。这是因为智者们被认为是不如"哲学家"的伪思想家,他们的部分过激言论也被当时的人看作不过是一种诡辩而已。

4. 普罗泰戈拉与高尔吉亚

但是,智者这一词语的原本含义是"掌握知识的人"。游历各地的智者基于其见识,带来了有关人类社会的新洞察。

首先自称为智者的,是与伯里克利也存在交友关系的普罗泰戈拉(protagoras,公元前490或485—公元前420或400年)。其主张"人是万物的尺度"(柏拉图:《太阿泰德》152A),倡导正义、伦理的相对性与多样性。他的观点是基于法与习俗因民族、城邦(polie)而不同这种当时已经广为人知的知识而提出。而且,高尔吉亚(Gorgias,约公元前485—约公元前380年)从怀疑主义的立场,否定客观真理的存在。毋宁说,他更强调说服式论证的重要性,向年轻人教授**诡辩术**。

5. 法与自然

然后,在下一代的智者中间,开始出现通过使用"nomos"与"physis"这一组概念而提出激进主张者。在希腊语中,"physis"是指"自然",而"nomos"则是指"法或者习惯"。按照激进主张者的论法,既存的制度与惯例不过是人为的决定而已,会被认为有违人的自然姿态(本性)。

安提丰(Antiphōn,约公元前430年)与阿尔基达马斯(Alkidamas,约公元前 4 世纪)认为人生而平等,安提丰反对种族歧视(对其他民族的蔑视),阿尔基达马斯则对奴隶制度提出了质疑。另外,卡里克利斯(Kallikles,公元前 5 世纪)则主张,这种平等主义的人类观有违自然,强者统治弱者才是自然界原本的正义。

6. 苏格拉底是谁?

如上所述,智者们带着新知活跃在雅典城,但是,也有人对他们的所谓新知抱有根本性疑问,那就是苏格拉底(Sōkratēs,公元前 470 或 469—公元前 399 年)。

苏格拉底本身是一个非常注重实际对话的人,并没有留下任何文字著作。我们现在知晓的苏格拉底的思想与言行,大多是来源于他的弟子柏拉图(Platōn,公元前 427—公元前 347 年)与色诺芬(Xenophōn,约公元前 430—约公元前 354 年)的著作。

按照柏拉图的著作《苏格拉底的申辩》的描述,苏格拉底生前以德尔斐神庙的神谕为契机,达到了发现"知道自己的无知"(**无知之知**)的阶段。自此以后,苏格拉底开始了自己的探寻之旅,通过与同胞市民的对话,努力去纠正他们的那些深信不疑的东西,同时劝导他们不是追求金钱或者名誉,而是要考虑灵魂,美善地生活下去。

7. 苏格拉底审判

苏格拉底探求智慧的方法被称为"**问答法**",这种方法使很多年轻人为之倾倒,不少弟子聚集在他的身边。然而,对他人的断言直接加以反驳,这种论争方法招致了很多敌对者,最终在公元前 399 年,因受到数人的告发,苏格拉底受到审判,罪状就是不敬传统的神灵,并腐蚀青年使之堕落。

在法庭上,苏格拉底的无罪申辩包含着大量可能被认为是不逊之言的内容,对他而言,他的这种言行也极不利于陪审员的心证。陪审团对苏格拉底作出了死刑判决,他自愿接受死刑判决,并于几天之后饮鸩而死。

8. 守法的正义与恶法问题

在色诺芬的著作《回忆苏格拉底》中,与苏格拉底接受死刑判决相关,传诵着苏格拉底的名言:"凡合乎法律的就是正义的"。对苏格拉底而言,正义就是遵守法律(nomos),就针对他自己的审判而言,遵从法律(判决)接受死刑判决,就是正确的行为。

苏格拉底的这种被称为**守法的正义**的思想,在描述他死刑前夜的情景的柏拉图的著作《克力同》(Kriton,公元前 427—公元前 347 年)中也有记载。朋友克力同劝他逃走,但遭到苏格拉底的拒绝。苏格拉底是这样回答克力同的:

> 毋宁说,无论是在战场上,还是在法庭上,抑或是在其他任何地方,凡是国家与祖国发出的命令,无论是什么都必须做到。非如此,就必须通过能够满足本来之正确的方法,来加以说服。(柏拉图:《克力同》第 12 节)

祖国的法律是培育国民之法,只要不能通过言论说服祖国,那么,即便是不正当的法律(判决),也必须服从其决定——这就是苏格拉底之法律思想的核心之所在。针对苏格拉底审判,直至今日,仍然被作为形塑了法哲学之历史的难题之一而经常被提及。这完全是因为,"人们也有遵守恶法的义务吗"这一设问(所谓恶法问题），在苏格拉底的死刑判决中得到了鲜明的体现。

三、柏拉图的法律思想

1. 柏拉图的生平

柏拉图出生于雅典的名门望族，年轻时与其他年轻人一样立志成为政治家。但是，遇见苏格拉底之后，他的兴趣开始转向哲学，老师苏格拉底被判死刑这一事件的发生也成为决定性的契机。苏格拉底之死在给予柏拉图沉重打击的同时，也向他掷出了这样的问题：苏格拉底一直身体力行的"哲学（热爱智慧）"与将其逼死的"政治（国家）"原本应该属于什么样的关系呢？

在老师死后，柏拉图历经10年游历各地加深思索，回国之后，在雅典郊外创设了阿卡德米（Academia）学园。在学园进行研究与教育活动的过程中，柏拉图继续思考对上述问题的回答，其主要著作《理想国》就是其最终成果。

2. 柏拉图的对话篇

包括《理想国》在内，柏拉图大约有30部著作流传至今，这些著作基本上采取的都是对话的形式。而且，在这些对话中，苏格拉底基本上都会出现，在很多作品中，他都是对话话题的引导者。

这样，柏拉图终生敬苏格拉底为师，持续创作对话篇，但根据具体写作时期，其思想也有所变化。现在一般分为早期、中期与后期来研究柏拉图思想。

3. "国家"主题

柏拉图早期的对话篇被认为是再现了苏格拉底生前的思想，前述《苏格拉底的申辩》与《克力同》即属于此。另外，在其中期的对话篇中，他阐述了后述理念论所代表的柏拉图本人的思想。《理想国》就是其在中期创作的鸿篇巨制。

正如他给《理想国》加的副标题"论正义"所显示的那样，《理想国》的主题是"政体论"与"正义论"。柏拉图对国家正义与个人正义进行类比，由此来探索理想国家的形象。与着眼于个人正义的苏格拉底相反，柏拉图之法律思想的特色在于追求国家正义。对于柏拉图的国家正义与个人正义可以作下述归纳。

4. 国家与灵魂的三部分

在托苏格拉底之口描述的理想国家中，采取基于个人素质的职业分工制度，国家可以被区分为三个阶级：统治者、辅助者（军人、卫国者）与劳作者（生产者）。在他看来，这种理想的国家具备**智慧**、**勇敢**、**节制**与**正义**之品德（卓越性）——这些被称为四元美德。其中，统治者具有智慧，辅助者展现勇敢，而节制是以劳作者为首，三者都应该具备的东西。

通过与国家进行类比，个人的灵魂也被分为三个部分，这三个部分分别被称为理性部分（理智）、气魄部分（激情）与欲望部分（欲望）。与国家的情形一样，智慧、勇敢、节制这三种品德也被分配至各个部分，参见图1-1所示。

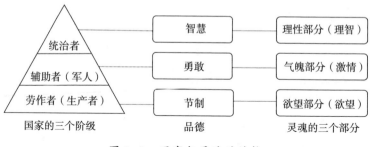

图 1-1 国家与灵魂的结构

5. 国家与灵魂的正义

如果以上述国家与灵魂的结构为前提,统治者与理性部分通过智慧来支配整体,辅助者与气魄部分带着勇敢从事战斗,生产者与欲望部分致力于节制并很好地服从,此时,整体就能保持和谐,国家和个人都能够是正义的。为此,可以说,国家的各个阶级以及灵魂的各个部分各守本分,各自专心从事自己的工作,这是合乎正义的。柏拉图在《理想国》中指出这一点,论述正义就是"只做自己的事情(个人发挥个人的作用)"(《理想国》第4卷)。

6. 哲人王的思想与理念

不过,要实现这种脱离现实的政体(雅典民主制)的理想国家,还需要进一步的变革。为此提及的是著名的**哲人王思想**。这种思想也正是柏拉图对先前提到的有关"哲学"与"政治"之间的关系这一问题的回答。

> 只要哲学家们没有成为我们这些国家的国王进行统治……或者,只要我们现在称作国王和权力者的那些人,没

有真实且充分地研究哲学……对我们这些国家而言,就没有免遭不幸的时候,而且,对我们人类同样如此……(《理想国》第五章)

哲学家之所以适于做统治者,是因为他们属于能够通过智慧而认识到**善的理念**的人物。所谓理念,是指在千变万化形形色色的现象的背后,支撑这些现象的恒常不变的实相。所谓美的理念,举例来说,美的绘画、美的花朵、美的容姿,由于这些都"分有"着美的理念,因而被解释为美好。善的理念也是如此,是让所有一切都归善的东西,在《理想国》中被当作哲学家们应该学习的最重要的东西。

由那些通过反复的修炼与"哲学的问答法"而探究善的理念的人物来统治国家,并由此废弃既往的错误的价值观,开始重建指向最善之政体的国家——以这种形式实现的正义正是《理想国》所期待的。

7. 后世对《理想国》的评价

无论是从质上还是从量上来看,《理想国》都被视为柏拉图最重要的著作,同时,《理想国》也遭到了各种各样的批判。尤其是进入 20 世纪之后,从《理想国》所提议的政体(统治阶级禁止持有私有财产、共妻、将诗人予以流放等)中,能找到集权主义的起源,哲人王也更加露骨地与独裁者相重合。尽管如此,未经等到后世的批判,柏拉图自身就出现了思想上的转机。

柏拉图晚年受聘担任西西里岛上的叙拉古王国的政治顾问,向当地年轻的僭主践行哲学教育。但是,最终被卷入政治纷争中,他的尝试也惨遭挫折。这一苦难经历据传也成为其中期思想向后期思想转化的契机之一。

8. 后期的著作《政治家篇》与《法律篇》

在柏拉图后期的对话篇中,由哲人王进行统治的理想国家退居其次,他开始大力推崇作为现实的政体的"法的统治"。

《政治家篇》是柏拉图在《理想国》与其晚年的著作《法律篇》(The Law,公元前353—公元前347年)之间创作的。在该书中,柏拉图虽仍然认为哲人王政体是最理想的国家方案,但考虑到既然难以实现,从而作为"次善之策",主张最理想的国家方案是实现法治国家。而且,在后期的《法律篇》中,正如该书书名所显示的那样,柏拉图几乎将所有篇幅都花在具体法律的制定这一主题上,更加鲜明地体现了其重视法律的姿态。

不过,即便是在《法律篇》中,柏拉图也没有完全放弃哲人王的思想。在围绕法律所展开的长篇对话之后,在最终部分,柏拉图倡导替代哲人王的"黎明前的会议"。这个统治会议的成员要求具有很高的智慧与素质,其人物形象就仿佛是《理想国》中的哲学家。柏拉图不懈追求由智慧进行统治(知性的统治),就是在其晚年,这一理想仍然存在其心中。

Column1：古希腊的悲剧作品及其法律思想

自古以来,文学作品与法律思想密切相关,在现存的古希腊悲剧作品中,也能够从不少作品中窥见当时的法律思想。

埃斯库罗斯(Aischylos,公元前525—公元前456年)的《奠酒人》(The Choephori)讲述的就是弑母悲剧。主人公奥瑞斯泰亚的行为虽然是为了替父报仇,但他的罪责最终取决于法庭的投票表决。从这一结局中,我们能够看到当时的人们重视裁判的思想。

在索福克勒斯(Sophoklēs,约公元前496—公元前406年)的《安提戈涅》中,女主人公安提戈涅的哥哥因背叛城邦而被国王处死,且国王下令不得安葬。安提戈涅却违反国王的命令,以遵循"天条"为由安葬了哥哥遗体,这成为后来一切悲剧的发端。按照现代的话来说,安提戈涅面临的难题是,命令其安葬哥哥遗体的"自然法"与禁止其安葬哥哥遗体的"实定法"之间的冲突。

这样,悲剧作品通过被残酷的命运所玩弄的主人公的身影,鲜明地描绘了法与正义这一主题。①

四、亚里士多德的法律思想

1. 亚里士多德的生平

亚里士多德(Aristotelēs,公元前384—公元前322年)出生于希腊北方小城斯塔基拉,17岁那年来到雅典进入阿卡德米学园学习。亚里士多德在学园修业近20年,直至老师柏拉图去世,其学园生活才告结束。此后,在长达12年的时间内,亚里士多德遍游希腊各地,进一步地研学积累。亚里士多德曾担任马其顿王国的王子,也就是后来的亚历山大大帝(Aleksandros,公元前336—公元前323年在位)的家庭教师,这一插曲也成为其游历经历中的

---

① 丹下平彦:《古希腊悲剧——看透人的深处》,中公新书2008年版。

著名趣事。

公元前335年,回到雅典的亚里士多德没有再回阿卡德米学园,而是开设了自己的吕克昂(Lyceum)学园。因亚里士多德喜欢以散步的方式教学,因而聚集在吕克昂学园的亚里士多德的门生们被称为"逍遥学派",亚里士多德作为首席教师,致力于研究与教育。

2. 亚里士多德的著作

作为《亚里士多德全集》而流传至今的亚里士多德的系列著作,是他在吕克昂学园的讲义录。想必亚里士多德也是模仿老师柏拉图,采取的是撰写对话篇的方式,但其大部分作品都已经遗失了。由于亚里士多德的讲义原本没打算公开发行,因而在其现存的著作中,能够看到其独特的难读难解以及作为教科书的杂乱无章。后面要解释的**交换的正义**就是其例。

不同于柏拉图,亚里士多德的著作很难确定其具体创作时间,因而几乎不可能以演变史的形式来描述其思想。其现存的著作是按照主题来归类整理的。按照现在的学科分类来说,其涉猎的题材包括自然科学、社会科学、人文学科,内容极其广泛。这样,亚里士多德致力于诸多领域的研究,构建了诸多学术领域的基础,因而被后世尊称为"万学之祖"。

3. 逻辑学与辩论学

形塑了逻辑学的原型,这也是亚里士多德的主要功绩之一。在《亚里士多德全集》前面的几部著作被认为是有关逻辑学的作品,那里论述了**三段论法**。所谓三段论法,是一种由大前提与小前提推导出结论的推论方式,参见图1-2所示,即便是在现代的法律学中,作为判决的论证形式,也被广泛使用。

(大前提)所有的人都会死。
(小前提)苏格拉底是人。
(结论)因此,苏格拉底也会死。

图1-2 三段论法

另外,不是严格的论证,而是论述说服他人的技巧的作品是《论辩篇》(《辩论学》)。在该著作中,亚里士多德在详细地区分了辩论的构成要素(说话者、主题、听话者)及其种类(议会辩论、法庭辩论、演说式的辩论)的基础上,亚里士多德还体系性地考察了辩论这种技巧。

4. 各种科学的分类

在逻辑学与辩论学中,亚里士多德观察了现实生活中的语言的功能,并基于此进行了详尽的分析,这种研究态度也被贯彻到其他领域。亚里士多德的研究方法,用一句话来表述就是,如实地观察现实世界,基于由此得到的知识,体系性地分析对象。柏拉图是以理念中的世界为样本,对现实世界采取批判态度,亚里士多德与之正好形成鲜明的对比。

亚里士多德在从事具体领域的研究之外,还尝试对整个科学进行分类,极大地影响了此后的知识体系的设置,如表1-1所示。亚里士多德认为,整个科学可以分为三大类。首先,在**理论学**中,研究的是"按照其他方法不可能做到的东西"(必然性的东西),正如数学所代表的那样,能够通过严密的论证达到切实的知识。相反,在**实践学**与**制作学**中,探究的是"按照其他方法也有可能做到的东西"(非必然性的东西)。尤其是作为法律、政治之对象的人的行为是不断变化的,因而,对此就无法要求存在与理论学相同程度的确定性。为此,在实践学中,在注重一般性原理的同时,也关注个别具体的事态,这种能称为**卓见**的固有的知识就很重要。亚里士多德的与逻辑学、政治学相关的诸多著作,就是以这种科学观、知识观为背景而创作的作品。

表1-1 亚里士多德三学科分类

学科	知识的理想状态	主要领域
理论学	科学性的知识	数学、自然学
实践学	卓见	伦理学、政治学
制作学	技巧	诗学、辩论学

5. 普遍的正义

从法律思想的视角来审视亚里士多德的著作,《尼各马可伦理学》无疑是其中具有决定性意义的重要作品。尤其是《尼各马可伦理学》的第五卷研究的正义论,更是成为以约翰·罗尔斯(John Rawls,1921—2002年)等为代表的现代正义论的理论基础。

与柏拉图一样,亚里士多德也认为,正义是一种美德(亚里士多德本人将所有的美德都理解为"中庸")。但是,柏拉图在《理想国》中追求的是他自己理解的正义概念,不同于此,在《尼各马可伦理学》中,亚里士多德尝试对在多重意义上使用的"正义"概念进行分类。一种分类是"**普遍的正义**"与"**特殊的正**

义"。在亚里士多德看来,所谓普遍的正义,就是"合法的正义",这与主张遵守城邦(Polis)之法的苏格拉底所谓守法的正义是一致的。

然而,法不过是以一般性方式来规定几乎在所有场合都能成立的东西,但有时候在个案中,如果原封不动地适用法律,就可能出现不合理的情形。亚里士多德在承认法的这种局限性的基础上,主张有必要通过**衡平**的观念来对法律进行补正。

特殊的正义是"均等(平等)的正义",还可进一步区分为**分配的正义**与**匡正的正义**(矫正的正义)。这些正义概念并不是相互对立的,只是各自适用的场景不一。

6. 分配的正义

所谓分配的正义,是指与财物、荣誉等的分配相关的公平。在分配的场景中,考虑与价值相对应的各人之间的差异。举一个简单的例子来说明,A 的工作量如果是 B 的 2 倍,如果分配给 A 的报酬不是 B 的 2 倍,就不能谓公平地(平等地)对待了 A 与 B。正是在这一点上又被称为,按照分配的正义,可以实现比例的平等。

不过,根据如何理解被置于分配之基础的"价值",分配的结果自然也会不同。与政体论联系在一起,亚里士多德本人对价值问题作了下述阐述,但就是在上述有关工作量的例子中,仍然存在这样的问题:在"劳动时间"、"能力"与"年龄(年功)"等因素之中,应该基于哪一种价值来分配报酬呢?

分配中的正义必须符合某种价值,在这一点上,所有人都毫无例外地表示同意,但是,并非任何人主张的价值都是相同的,民主制度的支持者们主张价值是自由,而寡头制度的支持者们则主张是财富或者高贵的出身,贵族制度的支持者们则主张是德行……(《尼各马可伦理学》第五卷第三章)

7. 匡正的正义

所谓匡正的正义,是指因不履行契约或者非法侵害行为等,在当事人之间产生不均衡之时,以对此予以纠正为目标的正义类型。在进行纠正的场合,舍去个人之间的差异,仅考虑当事人之间出现的获利与损失。例如,如果 A 给 B 造成了一定金额的损失,那么,不管 A 与 B 是什么人物,只有 A 将该损失金额补偿给 B,才能谓正义。与比例的平等相对应,这种关系被称为算术的平等,如图 1-3 所示。

【比例的平等】A 的价值∶B 的价值=A 的报酬∶B 的报酬
【算术的平等】A 所给予的损失=B 应该受到的补偿

图 1-3　比例的平等与算术的平等

在分配的正义与匡正的正义之外,还使用**交换的正义**一词。在《尼各马可伦理学》中,亚里士多德举了鞋匠与木工用数双鞋子与一间屋子进行交换的例子,并且顺着这种逻辑,还涉及了货币的效用。这种交换的正义究竟是一种分配的正义还是一种匡正的正义,或者说是不同于二者的第三种正义观念,即便是现代,对此仍然存在分歧。

无论是分配还是匡正或者交换,在特殊的正义中,以数名当事人之间的公平(平等)为主题,这一点是很重要的。正义的问题不止于个人的品德,而是指向人类相互之间的关系,可以说,这一点才是法学中的正义所具有的固有含义。

8. 自然的正义与人为的正义

从不同于普遍的正义与特殊的正义的其他视角进行分类,正义还可以分为**自然的正义**与**人为的正义**。

> 在"社会的('城邦的')正义"中……存在"自然的公正"与"法律的('人为的')公正"。自然的公正在所有地方均具有相同的力量,尽管人们会认为或者不认为某种东西是正确的,但这种力量不会因你没有那种想法而受到左右……(《尼各马可伦理学》第五卷第七章)

与上面引用的自然的正义相反,人为的正义,是指只有通过人们的决定,才会被认定为是"正确"的东西。用现在的例子来说,车辆靠左通行等交通规则就是其例。

可以想见,亚里士多德的这种分类可能受到了智者们所创造的"人为"与"自然"这一组概念的影响。不过,在亚里士多德看来,甚至是自然的正义也会发生变化,进而彻底主张人类世界中的事物的相对性。后世的自然法理论大多被定位于这种自然的正义的延长线上,但不管怎么说,这种自然法理论得以正式展开,还是在斯多葛派(本书第二章之二)出现之后的事情。

9.《政治学》

《政治学》讨论了政体的问题,其中最著名的一句话是,"人生来就是政治性的动物"。亚里士多德批判了柏拉图的《理想国》,并且,他从统治者的人数(一人、少数人或者多数人)与其统治的正当性(统治者究竟是重视公共利益还是贪图私利)两个视角,将政体分为六种类型,在此基础上,就各个类型进行了详尽的探讨,见表1-2所示。

表1-2 政体的类型

政体	一人统治	少数人统治	多数人统治
正常的政体(正当的统治)	王政	贵族制	共和制
变态的政体(僭越的统治)	僭主制	寡头制	民主制

对于成为政体之基础的国家,亚里士多德原本是这样定义的:

> 国家应该被定义为:无论是家族还是族人都能够很好地共同生活,以完全的自给自足为目的的共同体……国家共同体之所以存在,不单是为了共同生活,而是为了践行善业。(《政治学》第三卷第九章)

这样,亚里士多德的将国家的目的求之于培育**共同之善**——共同体的所有成员都应该追求的美善的观点,被中世纪的托马斯·阿奎那(Tomas Aquinas,约1225—1274年)(本书第二章之四)所继承,就是作为现代的共同体主义(本书第十二章之三),也再度受到关注。

还需要提及的是,亚里士多德的《政治学》中,还对被称为**自然奴隶说**的这一臭名昭著的学说展开了研究。人类存在天生就是奴隶的人,亚里士多德的这一研究也极大地影响了大航海时代的印第安人问题(本书第三章之二)。也许可以说,根植于现实世界(也就是当时的希腊世界)的亚里士多德哲学的"瓶颈"就在于此。

10. 从古希腊到罗马

随着亚历山大大帝的突然病逝，从现存的著作中所能窥见的亚里士多德充实的学术活动也随之画上了休止符。亚历山大大帝死后，雅典人反马其顿的运动日益高涨，与马其顿关系密切的亚里士多德于是离开了吕克昂学园，在其母亲的故乡加而西斯度过了余生。

在与亚里士多德的去世大致相同的时间，孕育了多种多样的法律思想的雅典民主政体也落下了帷幕。希腊世界在反马其顿的战争中战败之后归于马其顿的统治之下，在公元前2世纪中叶并入罗马，成为隶属于罗马的一个州。这样，法律思想的舞台也随之由希腊转向罗马。

Column2：儒家与法家

尽管本书主要讲述的是西方的法律思想，但东方也流传着东方独特的法律思想。儒教发端于孔子（公元前552—公元前479年），在儒教的思想家之中，存在两大支柱：一个是主张人之本性为"恶"的荀子（公元前313？—公元前238年？）的道德观；另一个是倡导通过严刑峻法来统治人民的韩非子（公元前280？—公元前233年？）的法家的统治思想。在受到中国文化影响的地区，这些思想成为普遍可见的"法与道德"这种二重结构的基础。

在识"礼"的君子或者士大夫这种精英阶层中，相互重视"面子"，理应自然地形成道德秩序。但是，对那些与"礼"无缘的下层民众而言，无法期待他们做出有道德的举止，那么,作为次善之策,就有必要通过"法"来严格约束。也时常会被称为"礼法二分"的这种统治秩序的二重结构,在广大的东亚文化圈,就是在当代日本社会,难道不也经常可以看到吗?

第二章　从古罗马到中世纪

不同于哲学兴盛的古希腊,在古罗马,实用性的法学得到发展,并且随着基督教的普及,神学也昌盛起来。发端于古典古代的这样三种思考范式,不久就在中世纪被统合,从而诞生了独特的法律思想。本章将这种时代的大潮流纳入考察视野,探究那些对法律思想产生过影响的法学家与神学家的观点。

一、罗马的兴衰与罗马法学

1. 罗马的建国与《十二铜表法》

因罗慕路斯(Romulus)与雷穆斯(Remus)的建国神话而被广泛知晓的罗马,原本是由拉丁人在台伯河河畔建立的城邦国家。当初是由伊特鲁里亚人的国王统治,据传在公元前509年,罗马人驱逐了国王,建立了共和政体(罗马共和国)。在市民之间起初便存在贵族与平民之间的身份差异,国家由被称为元老院的贵族会议掌握政治实权。罗马共和国初期的历史就是围绕贵族与平民之间的身份之争而展开。

《十二铜表法》就是在贵族与平民之间的身份之争的最盛期

制定的罗马最老的成文法典。之所以称为《十二铜表法》，是因为法典被刻在 12 个铜板上，据传是以梭伦的立法（本书第一章之一）为模本制定的。

2. 罗马法的起源

在此之前，对罗马人而言，法，就是不成文的习惯法，有关法的知识完全由贵族组成的神职人员所掌握。这种状况难免会放任贵族恣意地适用法律，这也成为平民不满的焦点。为此，作为双方的政治妥协，公元前 450 年制定了《十二铜表法》。通过以成文法的形式予以公开，贵族的行为由此受到成文法的约束，尽管尚不完善，但能够保证平民不受非法侵犯。

《十二铜表法》的原本已经逸失，但根据后世的史料，其内容在某种程度上得以还原。根据史料的还原，《十二铜表法》包含民事、刑事等各种各样的规定。正如罗马历史学家提图斯·李维（Titus Livius Patavinus，约公元前 59—约公元 17 年）在其著作《罗马史》中所言，《十二铜表法》被誉为"所有公法与私法之源"。

一般来说，自罗马共和国建国直至《查士丁尼法典》的编撰（本书本章之三），罗马社会所制定的法律统称为**罗马法**。在罗马法的历史中，《十二铜表法》的制定是值得纪念的重要一步。

3. 市民法与万民法

随着身份斗争走向结束，共和政体趋于稳定，罗马开始发挥其军事上的才智进行领土扩张。在公元前 3 世纪前叶，罗马控制了整个意大利半岛（亚平宁半岛），并且，通过三次"布匿战争"（Punic Wars，公元前 264—公元前 146 年），击败并灭亡了北非沿岸的大国迦太基,终于在公元前 2 世纪中叶,将东方的马其顿王国与希腊均置于自己的统治之下。

如此一来,成为地中海世界之霸主的罗马一举扩大其交易圈,罗马市民与外国人(非市民)接触的情形也随之显著增加。以这种社会状况为背景而制定的法律就是**万民法**(jus gentium)。

由《十二铜表法》所代表的罗马自古以来的法律,被称为**市民法**(jus civile),原本设想的仅仅适用于罗马市民。为此,罗马市民与外国人之间的纠纷,或者外国人相互之间的纷争,就无法适用市民法,这样就需要重新制定能够适用所有民族的万民法。如后文所述,这种万民法思想是与古希腊哲学,尤其是与斯多葛派的自然法思想相关联而予以论述的(本书本章之二)。

4. 法务官与法学家

不过,形塑万民法的,主要是法务官集团。法务官是司掌审判的公职人员,通过他们的诉讼指挥而形成的法律,就是**法务官法**(因此,万民法大多是指法务官法)。原先的市民法对方式的要求极其严格,因而其规定就缺乏柔软性,在实务中也很不方便。法务官法正是以补充或者修正存在这种缺陷的市民法为目的而发展起来的法律。

法务官法的形成需要高度的法律知识,但法务官仅仅只有 1 年任期,而且,该职务是由未必精通法律的政治家担任。为此,就需要辅助法务官之实务的专家,这种专家才是法学家。据史料记载,自公元前 3 世纪前后开始就已经存在法学家,这一点已经得到了确认。

5. 罗马法学的鼎盛期

罗马共和国在其末期(公元前 1 世纪)经历了被称为"内乱的 1 世纪"的动乱时期。解决这种政治上的混乱,就任第一代皇帝的是盖维斯·屋大维·奥古斯都(Gaius Octavius Augustus,公元前 27—公元 14 年在位)。这样,罗马共和国即宣告结束,罗马进入元首制。

在罗马法的历史长河中,奥古斯都的名字是与解答权(公开解释法律的特权)制度联系在一起的。解答权,是基于皇帝的权威而能够解答法律问题的权限。奥古斯都将这种解答权交付给有能力的法学家。法学家的活动因为这种制度而愈发活跃,罗马法学也极尽兴盛,萨宾派(Sabiniani)与普洛库卢斯派(Proculiani)这两大法学流派就是那时候兴起的。

这样,人们将罗马法学的开花期称为罗马法学的古典期,这个时期大致在公元 1 世纪到 3 世纪中期。在罗马法的古典期,著名法学家人才辈出。

6. 法、法学与正义的定义

这里想在那些屈指可数的顶尖法学家中特别介绍盖尤斯(Gaius,公元 2 世纪)与乌尔比安(Ulpianus,170?—228 年)的语录。盖尤斯是古典期的兴盛期的法学家,写在《学说汇纂》(Digesta)开头的"法,就是与善之间的衡平之术"(《学说汇纂》第一卷第一章第一个法条的第一款)这一法律的概念至今仍广为知晓。另外,活跃在古典期后期的乌尔比安则留下了这样一句话:"法学(juris prudentia),是有关神和人的事务的知识,是关于正义和非正义的科学"(《学说编纂》第一卷第一章第十个法条的第二款)。《学说编纂》的这一节暗示,法学就是法(jus)与卓见(prudentia),这让人想起亚里士多德所论述的实践学中的"卓见"。

而且,乌尔比安还对正义作了如下定义:"正义(justitia),是力图将各人的东西给予各人的一种永恒的意志"(《学说编纂》第一卷第一章第十个法条的第一款)。即便是现代也被经常引用的这一部分,深刻地反映了亚里士多德的特殊的正义观,这里也能看到受希腊哲学之影响的端倪。

另外,古希腊的正义女神狄刻在古罗马中演变为朱斯提提亚(Justitia)的形象,被描述为手持天平与剑——分别象征着公平与力量的女神形象。众所周知,就是在现在,朱斯提提亚的这个形象也往往被当作司法的标志。

7. 罗马法学的衰退与西罗马帝国的灭亡

进入3世纪之后,随便拥立皇帝的军人皇帝时代来临,罗马帝国的势头也开始蒙上阴影。狄奥克莱斯皇帝(Gaius Aurelius Valerius Diocletianus,284—305年在位)为了克服这种"3世纪的危机",作为专制君主而统治帝国,由此开始了专制君主制。在专制君主制下,法律的解释权专属皇帝,因此,法学的魅力也开始日渐下降一路衰退,年轻的优秀人才也从法学转而流向正逐渐起势的基督教神学。

狄奥多西大帝(Theodosius,379—395年在位)死后,罗马帝国分类为东西两部分,因受到日耳曼人的攻击,西罗马帝国于476年灭亡。自此以后,西欧世界经过法兰克王国的统治,分解为神圣罗马帝国(德国)、法国、意大利。

二、自然法思想的展开：斯多葛派与基督教

1. 古希腊哲学的影响

由上可见，在古罗马，尽管法学得到了自我发展，但罗马固有的哲学却并未得到发展，取而代之的是罗马的知识分子积极地接受古希腊哲学，并将其融入有关法律与正义的思想之中。这种影响尤其在自然法思想中特别显著。

时代不同，论者不同，对自然法的定义也各不相同，但一般认为，自然法是指基于自然或者本性(nature)而成立的法。近代以前的自然法思想多被称为**古典自然法理论**，区别于近代以后的自然法理论(本书第三章以下)。代表这种古典自然法理论的古罗马哲学家是西塞罗(Marcus Tullius Cicero，公元前106—公元前43年)。

2. 西塞罗的生平

西塞罗年轻时就作为演说家而驰名于世，他充分发挥自己卓越的演讲才能而达到政治家的顶峰，担任罗马的最高官职执政官。但是，他支持共和政体的政治态度不符合当时的时代潮流，经常与恺撒(Caius Julius Caesar，公元前100—公元前44年)等人发生冲突，最后遭政敌暗杀。

西塞罗在其充满苦难的政治生涯中，不仅勤奋学习希腊的论辩学与哲学，而且还著书立说。《论演说家》就是西塞罗的论辩学之集大成的作品。该书受亚里士多德的论辩学的影响其描绘的

理想的演讲家形象是以哲学与辩论术之统一为目标的、"有学识的演说家"。

3. 斯多葛派的法律思想

西塞罗在法哲学、政治哲学领域的代表作是《论国家》《论法律》。这些著作的题目模仿了柏拉图的对话篇《理想国》与《法律篇》,但论述的自然法思想则大致继承了**斯多葛派**的法律思想。

斯多葛派(the Stoics),是以出生于塞浦路斯岛的芝诺(Zenon ho Kypros,约公元前335—约公元前263年)为创始人的学派,斯多葛派的学派名称来源于他们在雅典的彩色壁画长廊里授课。① 作为芝诺的语录而广为流传的"与自然相一致地生活",是斯多葛派伦理学的座右铭,这种基本思想也体现于他们的自然法理论中。

用一句话来表述斯多葛派的法律思想就是,整个宇宙由理性(理法、规则)所主宰。人"分有"这种理性,因而,服从理性所命令的法律(nomos)而生活,这才是与自然(nuture,本性)相一致的生存方式。

4. 西塞罗的自然法的定义

亚历山大大帝去世后,城邦的力量衰弱,产生了被称为"古希腊(Hellenism)文化"的,超越城邦框架的**世界公民主义**思想。斯多葛派的自然法思想被认为是这种思潮的体现。在西塞罗的《论国家》中,更为明晰地表现了斯多葛派所倡导的自然法的特色。

---

① 斯多葛的英文stoic,源自希腊文stoa(门廊)。——译者注

事实上，真正的法律是正确的理性，它与自然是一致的，普遍及于所有人的永恒不变的东西……废止这种法律是不正当的，也不允许废除其中的一部分，并且不可能完全废除它……（神）是这种法律的创造者、审理者与发起者（《论国家》第三卷第二十二章第三十三节）。

自然法是恒久不变的且普遍适用的法，是不能被人所改变的高位阶的法，并且其内容可以从人的本性（自然）中推导出来——自然法的这种基本特征，经由罗马帝国时期的哲学家塞涅卡（Lucius Annaeus Senaca，约公元前4—公元65年），形塑了后来的自然法思想的基调。

5. 盖尤斯的自然法与万民法

自然法的概念不仅被哲学家所接受，也被古典时期的法学家所接受。当时，对于共通适用于诸民族的**万民法**与基于自然本性的**自然法**之间的关系，理解上尚存在分歧。活跃于古典时期之兴盛期的盖尤斯（Gaius，公元2世纪）认为两者是相同的东西，他认为：

根据自然之理性而为全人类所制定的法，受到万民平等地遵守，而且为所有民族所使用，因而被称为万民法（《学说汇纂》第一卷第一章第九个法条、盖尤斯《法学阶梯》第一卷第一节）

而且，尽管盖尤斯不过是不具有法律解释权的一介法学教师，但他所著的《法学阶梯》却因为其内容通俗易懂而被广泛传诵。盖尤斯认为整个法律体系包括人法、物法与诉讼法（行为）

三个部分,他的这种构想(idea)被称为"法学阶梯(Institutions)模式",对以《拿破仑法典》为首的近代民法典的编纂给予了极大的影响(与之相对应的是"潘德克顿(Pandekten)模式",参见本书第八章之一)。

6. 乌尔比安的自然法与万民法

另外,前面提到的乌尔比安(本书本章之一)则认为,市民法与万民法是不同的。在乌尔比安看来,所有动物所共通的雌雄结合(男女结婚)、生育、养育等是基于自然法的东西,区别于仅仅适用于人类的万民法。

> 所谓自然法,是自然传授给所有动物之法……所谓万民法,是指诸民族所使用之法。万民法与自然法之区别是很容易知道的。这是因为自然法是共通于所有动物之法,万民法则是仅仅共通于人类相互之间的法律(《学说汇纂》第一卷第一章第一个法条第3~4款)。

正如两位法学家的观点所显示的那样,对于自然法与万民法这两个概念,自始便存在理解上的混乱。自此以后,围绕自然法与万民法不时引起争议,尤其是随着15世纪中叶大航海时代的到来,该议题也得到了更为广泛的研究(本书第三章之二)。

7. 基督教的产生与普及

以希腊哲学为基础的古典的自然法理论,因基督教的登场而迎来了新局面。

基督教是以耶稣(约公元前7或4—约公元30年)为始祖的一神教,其阐释神的仁爱与救济的教义,通过弟子等的传教活动而扩展至罗马帝国全境。尽管遭受了历代皇帝的反复迫害,但基督教的发展势头并不见衰势,终于在313年,君士坦丁大帝(Constantinus,306—337年在位)承认了基督教的合法地位,并在392年被狄奥多西大帝宣布为罗马帝国的国教。

这样,随着基督教的兴盛并呈现万流归宗之势,与罗马法学的衰退相结合,优秀的神学家开始崭露头角,基督教的教义也开始得以充实完备。其中,奥古斯丁(Aurelius Augustinus,354—430年)就是这个时期的代表性神学家(教父)。

8. 奥古斯丁的生平

年轻时期的奥古斯丁并不满意基督教,而是迷恋于主张善恶二元论的摩尼教。不过,在他三十出头的时候开始悔改,接受了基督教的洗礼。我们从他的自传《忏悔录》(Confessiones,397—400年)中,便可以知晓其前半生的生活。其后,奥古斯丁成为北非城市希波城(Hippo)的教会主教,其后半生的精力主要用于与异端、异教的论争以及创作对圣经进行注释的著作。

奥古斯丁的主要著作是《上帝之城》(De Civitate Dei,413—426年)。在创作《上帝之城》时,其正面临着曾经无比强大的罗马帝国日趋衰落,《上帝之城》中的一句话尤其著名:"在失去正义之时,王国不正是庞大的盗贼团伙吗?"(《上帝之城》第四卷第四章)。

9. 奥古斯丁的永恒法与世俗法

不过,包括《上帝之城》在内,奥古斯丁并没有对自然法本身进行系统论述的作品,相关论述散见于数部著作之中。如果通过综合这些零散的论述来描述奥古斯丁的法律思想，大致可进行下述归纳。

正如其在早期著作《论自由意志》(De Libero Arbitrio, 388—395 年)中所讲到的那样，法律分为**永恒法**(lex aeterna)与**属时法**(lex temporalis)。根据《摩尼教徒浮士德斯(Faustus)批判》(400年)可知，"永恒法是神之理性或者神之意志，其命令维持自然秩序，禁止扰乱自然秩序"[《摩尼教徒浮士德斯(Faustus)批判》第二十二卷第二十七章]；相反，属时法则是由人所制定的可变之法(**人定法**、**世俗法**)，这种法律不得违反永恒法。

10. 奥古斯丁的自然法

介于永恒法与世俗法之间，将二者联系在一起的是**自然法**(Lex naturalis)。奥古斯丁在《忏悔录》中这样忏悔自己年轻时的盗窃行为："主！按照你的法，窃盗确实应受惩罚，按照记在人心的法，也应该受到惩罚"(《忏悔录》第二卷第四章)。正如《新约》(罗马书第二章第十四节至十五节)中所暗示的那样，这种"记在人心的法"就是自然法，人们正是通过这种自然法，才得以参与属于创造主之法的永恒法。

这样，奥古斯丁的法律思想的特色，在于构筑"永恒法——自然法——世俗法"这种法秩序图景的原型，融合了基督教教义与古罗马的自然法思想。不过，在奥古斯丁的著作中，这种法律观念未必得到了充分展开，而是在后述托马斯·阿奎那(本章之四)的法律思想中得到了体系性的论述。

三、《查士丁尼法典》的制定及其复活

1. 东罗马帝国与查士丁尼大帝

罗马帝国分裂为东罗马与西罗马（395 年）之后，不同于短命而终的西罗马帝国，东罗马帝国（拜占庭帝国）以首都君士坦丁堡（现在的伊斯坦布尔）为中心，一直存续至 1453 年。缔造了东罗马帝国之全盛期的皇帝是查士丁尼一世（Justinianus，527—565 年在位）。

查士丁尼一世通过对外征服的战争收复了地中海一带的原罗马的领地，同时，在内政上为了恢复往日的气势，推出了各种各样的政策。一方面，查士丁尼一世作为基督教教徒，宣告传授属于异教的希腊哲学的阿卡德米学院停办；另一方面，建造了作为拜占庭建筑之杰作而声名远扬的索菲亚大教堂。《查士丁尼法典》的编纂，作为这种文化政策之一环，也是其企图实现的历史性伟大事业之一。

2.《查士丁尼国法大全》的编纂

在查士丁尼一世即位的公元 6 世纪前半期，罗马法的鼎盛期至此已经过去了几个世纪，东罗马帝国的国内法也处于混乱状态。为了应对这种局面，查士丁尼一世决意编纂法典。大法官特里布尼厄斯（Tribonianus，？—约 542 年）奉皇帝之命，从事法典的编纂工作。也许在皇帝的心中还存在着在法学领域也要复兴古罗马荣耀的强烈愿望。

这样完成的法典就是所谓《查士丁尼法典》。该法典被后世称为《**民法大全**》(Corpus Juris Civilis)或《**国法大全**》，流传至今。《查士丁尼国法大全》的四个组成部分的概要分别如表 2-1 所述。其中，《学说汇纂》是法典的核心，前面(本章之一)引用的盖尤斯、乌尔比安的语录就是从中而来。《学说汇纂》至今仍然是后世知晓古典时期的法学家的观点的珍贵史料。

表 2-1 《查士丁尼国法大全》的组成

《学说汇纂》(Digesta)	全五十卷。以私法为中心，从古罗马法学家浩如烟海的著作中，摘选、收录其观点。
《法学阶梯》(Institutiones,《法学总论》)	全四卷。是面向初学者而汇编的简易法学教科书，其名称模仿了盖尤斯的同名著作。
《查士丁尼法典》(Codex)	全十二卷。收录了自普布利乌斯·埃利乌斯·哈德良(Publius Aelius Hadrianus，117~138 年在位)以来直至法典颁布之前帝国所发布的重要敕令。
《查士丁尼新律》(Novellae)	由罗马法学家个人编纂，收录了自《查士丁尼法典》公布之后，由查士丁尼一世发布的敕令。

3. 罗马法的复活

不过，在查士丁尼一世死后，《查士丁尼国法大全》迅速失去存在感。由于东罗马帝国以通用语言希腊语重新编纂了《巴西尔法典》(Basilika，约 900 年)，自此以后，以拉丁语为中心的《查士丁尼国法大全》便不再受到关注。而且，在西欧世界，在整个中世纪初期(6—11 世纪)，日耳曼各部族的部族法典占据着支配地位，因而也没有必要采用《查士丁尼国法大全》。

这样，在罗马法的停滞期持续几个世纪之后，从 11 世纪后半期至12世纪前半期,在意大利北部城市博洛尼亚,《查士丁尼国法大全》再度引起人们的关注,尤其是《学说汇纂》的抄本被再次发现,博洛尼亚开始盛行罗马法研究,也出现了不少优秀的法学家。特别伴随于此的是,不少年轻人听闻这些法学家的名声,为了学习罗马法而从欧洲各地慕名而来,他们集中在一起,在当地形成了"教师与学生的团体"即**大学**。博洛尼亚大学(University of Bologna)①由此成为法学研究的中心,与以神学研究著名的巴黎大学并驾齐驱,是欧洲屈指可数的最古老的大学之一。

4. 注释法学派的系谱

早期在博洛尼亚大学从事罗马法研究与教育的那一批人,被称为**注释法学派**。伊尔内留斯(Irnerius,1055？—1130年？)被认为是注释法学派的创始人,他原本是一名语法教师,他运用其学识解读了被再次发现的《查士丁尼国法大全》。当时,由于对包含在法律语言中的难以理解的语句实施了被称为**注释**的解说,因而注释成为该学派的名称。

伊尔内留斯之后,出现了布尔加鲁斯(Bulgarus de Bulgarinis)、马尔体努斯(Martinus Gosia)、雅科布斯(Jacobus de Boragine)与胡果(Hugo de Porta Ravennate)等四位博士,他们被赞誉为"法律的百合花"。在他们之后,阿佐(Azo,1150？—1230年？)接着进行法律注释。阿佐的注释书籍对当时的法律实务产生了极大影响,其声誉之隆甚至被赞誉至"不带阿佐的书,就不要登宫殿(法庭)"的程度。并且,注释学派的知识性活动,经阿佐的

---

① 也被翻译为"波伦亚大学"。——译者注

弟子阿库修斯(Accursius,1182？—1260年？)得以完成。

5. 注释学派的特点

阿库修斯所著的《标准注释》(Glossa Ordinaria)将此前的注释的精华汇集起来,可谓集注释法学派观点之大成。其著作的权威性甚至达到"凡不被注释承认的,法庭也不承认"的程度。实际打开《标准注释》会发现,每一页的中央都记载着《查士丁尼国法大全》的条文,像环绕法条一样,法条周边安排了很多注释,注释的总数约达96000条。

对以阿库修斯为首的注释法学派而言,《查士丁尼国法大全》宛如可与圣经相匹敌的神圣的书籍。当然,《查士丁尼国法大全》中实际上也存在不少矛盾与缺陷,但是,他们将法典视为"**写着的理性**",丝毫没有怀疑其完美性,而是试图通过精细的解释去实现法律表述之间的协调。他们的注释是一种堪与经院神学、经院哲学比肩的尝试。

正是因为注释法学派的活跃,法学才作为一门独立的学科,完成了法学的复兴。如上所述,他们采取的研究范式是,受法律条文的拘束,同时对其进行解释。在这一点上可以说,其基本研究方式已为现代的实定法学(法解释学)所继承。

6. 评论法学派

注释法学派之后,被称为**评论法学派**(注解法学派)的法学家们继续活跃于意大利。其中的代表性人物是巴尔托鲁(Bartolus de Saxoferrato,1313或1314—1357年)与巴尔都斯(Baldus de Ubaldis,1327—1400年)。与注释法学派时代相比,评论法学派对司法实务的影响已经非常明显,评论法学派因而更加积极地参与实务,这一点广为人知。对于《查士丁尼国法大全》进行的**评注**,不再停留于单纯的用语解释,而是具备解决实践性问题的意识。并且,在这种评注之外,他们还应司法实务的要求,撰写针对具体法律问题的**建言**(鉴定)。为此,评论法学派还有**建言法学派**的别称。

在评论法学派之下荣华一时的实用性的罗马法研究,也被称为**意大利学风**,翻越阿尔卑斯山脉,从意大利扩展至欧洲各地。特别是在德国影响巨大,从"潘德克顿(Pandekten)的现代的习惯"直至"潘德克顿法学",作为普通法的罗马法研究一直属于德国法学的核心(本书第五章之三、第八章之一)。

7. 教会法学

罗马法学在博洛尼亚的复活,也促进了属于相邻法学领域的**加农法学(教会法学)**的发展。所谓"加农"(kanōn),原本是指表示尺度或者规则的希腊语,在基督教的文脉中,属于表示大公会议的决议或者教皇的教令等的用语。在1140年左右,格拉提安(Flavius Gratianus,12世纪)对未经整理的那些教会法进行了系统性整理。他编纂的法令集的正式名称为《调和不一致之教规》,但人们一般称为《**格拉提安教令集**》。因该教令集的颁布,区别于神学的教会法学的基础得以奠立。

此后,在各个时期的教皇之下,又颁布了各种教皇令集,教会法学以此为素材,得到进一步的发展。在作为教会法的法学家而活跃的学者中,甚至有最后登上教皇之位的英诺森四世(Innocentius Ⅳ,1243—1254年在位)。而且,那些同时研修罗马法与教会法的人,被称为**双法博士**,其中也有像评论法学派的巴尔都斯那样,既针对《查士丁尼国法大全》撰写评注书籍,也针对教皇令集撰写注解书籍,从而声名远扬的学者。

《格拉提安教令集》与其他数篇教皇令集(《格列高利九世教令集》《第六书》等)后来被集中整理为《教会法大全》(Corpus Juris Canonici),即便是现在,仍然与《查士丁尼国法大全》同属于欧洲法律文化之珍贵遗产的双璧。

Column3:人文主义法学

所谓人文主义法学,是以文艺复兴(本书第三章之一)的人文主义为背景而展开的法学,意大利的阿尔恰托(Andrea Alciato,1492—1550 年)与法国的居雅斯(Jacques Cujas,1522—1590 年)是其中的代表性人物。相对于重视注释、评注的意大利学风,人文主义法学倡导回归本源(原典)的学风,被称为"法兰西学风"。在崇尚原典的人文主义法学者眼中,阿库修斯的注释无异于脱离法条的杜撰。在法国的人文主义代表性作家弗朗索瓦·拉伯雷(Francois Rabelais,1494?—1553 年?)的讽刺故事中也能强烈感受到,这种批判性的氛围。

"的确,在这个世界,还没有出现像《罗马法学说集》(《学说汇纂》)那般美丽、壮观且优雅的书籍。然而,其花边装饰,也就是阿库修斯的注释那样的替代物,实在是肮脏不洁、恶臭熏天的东西,是污秽且卑贱之物。"[1]

---

[1] 拉伯雷:《巨人传》,宫下志朗译,ちくま文库 2006 年版之第五章(原著创作于公元 1532 年左右)。

四、托马斯·阿奎那的法律思想

1. 12 世纪的文艺复兴

在现在的历史学中,公元 12 世纪发生的罗马法学的复兴,并非一个孤立的事件,而是被当作被称为**12 世纪的文艺复兴**(Renaissance)这样一个巨大的文化现象中的一环来理解的。所谓 12 世纪的文艺复兴,是指古典的古代的科学与艺术的再生,但一般来说,是作为肇始于 14 世纪的意大利的文化运动而著名(本书第三章之一)。但是,这种复兴的运动此前也曾出现过。加洛林文艺复兴(Carolingian Renaissance)曾在查理曼大帝(Karl der Grosse,768—814 年在位)的宫殿中荣华一时,与之相并列,这里谈论的 12 世纪的文艺复兴也是那种复兴运动之一。

如上所述,法学于 12 世纪复兴,诞生了大学。尤其重要的是,希腊语的古典作品在这一时期被翻译为拉丁语。受这些古典作品的刺激,在西欧世界,神学、哲学等科学获得了巨大发展。

2. 希腊语古典作品的传入与翻译

直至中世纪初期,在西欧世界,希腊语的古典作品根本不为人知,大多是被传至**伊斯兰**世界,被翻译为阿拉伯语。以亚里士多德的作品为例,在 12 世纪以前,尽管西欧世界对其作品有所接触,但仅仅是极少的与逻辑学相关的著作,毋宁说其哲学著作更多的是在伊斯兰世界受到广泛研究。伊本·西纳[Ibn Sina,拉丁语名为"阿维森纳"(Avicenna),980—1037 年]、伊本·路西德

［Ibn Rushd，拉丁语名为"阿威罗伊"（Averroes），1126—1198年］，对亚里士多德的研究得到很高评价，尤其是后者对亚里士多德的几乎所有著作均作了注解，在世界哲学史上青史留名。

但是，时代往前推进，以**十字军东征**（第一次东征是1096—1099年）为契机，随着东西方交流的繁荣，一度被遗忘的希腊古典作品被翻译为拉丁语，并被传至西欧世界。一般认为，亚里士多德著作的拉丁语翻译整体完成于13世纪左右，这样，就可以将亚里士多德的思想联系起来。并且，出现了将亚里士多德的哲学思想融入自奥古斯丁以来的神学思想，并且创建了自己独特的法律思想的人物，那就是中世纪最伟大的哲学家托马斯·阿奎那。

3. 托马斯的生平与作品

托马斯作为贵族家庭的小儿子出生在意大利的那不勒斯近郊，以成为圣职人员为目标，自幼专心学习，长大之后投身多米尼克修会（Dominican）。教皇的权威在英诺森三世（Innocentius Ⅲ，1198—1216年在位）时期达到顶峰，多米尼克修会也迎来其鼎盛期，与方济各会（Franciscus）齐名，一同属于受到教皇认可的新的修道会（托钵修道会）。注重清贫的多米尼克修会为了培养优秀的传道士，奖励对神学的研究，并且将优秀的神学人员送往巴黎大学神学部深造。托马斯也曾两度在巴黎大学任教，并利用这种活动的间隙坚持写作。

据传托马斯是大个子，再加上他沉默寡言的性格，在修业期间，往往被同僚戏称为"一头沉默的牛"。但是，与年轻时的沉默寡言相反，现在存世的他的著作数量庞大，并且涉猎领域甚广，既有圣经注解、亚里士多德评注，也有问答集等。在这些浩繁的著作中,《神学大全》(Summa Theologica,1266—1273 年)作为其重要的著作,是基督教思想的代表性作品。

4.《神学大全》与法的定义

《神学大全》分为三个部分,虽然是托马斯最终未能完成的著作,但日文翻译多达 40 多册,堪称巨著,称为"大全"也是名副其实,其内容涉及神学上各种各样的问题。在第二部的前半部分,托马斯集中考察了法律思想,其对"法(lex)"做出了如下定义:

> 法的定义无疑是……由掌管对共同体进行考虑之职者所制定并公布,创设某种指向因理性而形成的共通之善的秩序(《神学大全》第 2-1 部第 95 问第 2 款)。

在该定义中,值得关注的是,重视能追溯至亚里士多德的**共通之善**的概念;而且,明示法应该依据理性。托马斯基于这一定义,模仿奥古斯丁的法秩序,对永恒法(lex aeterna)、自然法(lex naturalis)、人法(lex humana)展开研究[另外,在这三种法之外,《神学大全》还接受了《圣经·旧约》《圣经·新约》中的法即"神法"(lex divina)]。

5. 对法的歪曲

在托马斯看来,所谓永恒法,就是天命或者上帝理性。人作为理性的创造物,不同于非理性的动物,能够以理性的方式分享这种永恒法。这样,由人类分享的法,就是自然法。不过,为了维持人类社会,自然法的内容——如"行善避恶"——仍然是抽象的。为此,人类(统治者)就必须运用自己的理性,从自然法中导出更为具体的法。这种由人类创造的法,就是托马斯所谓的"人法"。

因此,正如托马斯自己所讲述的那样,所有人法均由自然法导出,这些(人法与自然法)全部由来于永恒法。然而,正如也存在由暴君颁布的恶法那样,现实生活中,人法是有可能逸出自然法的。托马斯认为,逸出自然法的法,原本就缺乏作为法的资格。

> 由人制定的法,只要是由自然法所导出,可以说,就会承受法的本质。与之相反,如果在某一点上偏离了自然法,那就已经不再是法,而属于对法的歪曲(《神学大全》第2-1部第95问第2款)。

6. 暴君讨伐放逐论

如果逸出自然法之法不再是法,那么,人们难道不是没有服从这种所谓的法的义务吗?从上面引用的那一部分中,人们会产生这样的疑问。对于这种不服从的主题,在《神学大全》第二部的后半部分,作了更为明确的论述。

比托马斯大约早一个世纪,索尔兹伯里的约翰(John of Salisbury,1115或1120—1180年)在其著作《论政府原理》(Policraticus,1159年)中作了如下阐述:"杀死暴君不仅是被允许的,更是正当且合乎正义的"(《论政府原理》第三卷第十五节)。这种承认抵抗暴君的思想,一般被称为"暴君讨伐放逐论"("暴君放伐论"),在《神学大全》中也能看到同样的观点。在托马斯看来,在统治者不顾共通之善而追逐私欲之时,对这种统治者的抵抗就不会被禁止,而且,如果对于通过不正当手段窃取君主之位者，人们没有服从的义务，那么，人们自然也没有义务服从君主的不正当的命令。

托马斯虽然肯定对君主的抵抗，但也并非无条件地承认，而是限于即便抵抗也不会造成社会混乱的情形。为此，一般被理解为，《神学大全》并非认可个人杀害暴君的行为。

7. 正义战争论

上述"暴君讨伐放逐论"与抵抗权的概念连在一起，为约翰·洛克（John Locke, 1632—1704 年）所继承（本书第三章之三），托马斯的**正义战争论**（Just War Theory）则被萨拉曼卡学派（School of Salamanca）接受，并传至格劳秀斯（Hugo Grotius, 1583—1645 年）（本书第三章之二）。

对于"战争总是有罪的吗"这一提问，托马斯承认，在一定条件下，是有可能存在正义的战争的。其条件就是：(1) 战争不是由个人而是因君主的权威而发动；(2) 开始战争存在正当理由（原因）；(3) 实施战争的人的意图是正当的。

如后所述，围绕何为正义的战争，自格劳秀斯之后，被明确区分为"指向战争的法（正义）"与"战争中的法（正义）"这样两种相互对立的观点。但是，这种想法的萌芽，也可以在托马斯不仅仅是关注战争本身的正当性还着眼于战争中的行为的研究中窥见一斑。

8. 唯理智论与唯意志论

托马斯身后，其作为神学家的声望远高于生前，在其去世约50年后，其被奉为圣人。人们给予托马斯的"天使博士"这一异名，也能让人充分感受到其在基督教世界中的伟大存在。不过，与托马斯享受的这些荣光形成对照的是,在其被位列圣人的14世纪前半期,替代托马斯思想的新的法律思想就已经开始抬头。

放在中世纪哲学史的洪流中来看,托马斯的哲学思想时常被定位于**唯理智论**。唯理智论是一种重视上帝乃至人之理性活动的立场,从托马斯的"理性是法律之基础"这一表述中也可以明确看到这种倾向。针对托马斯的这种观点,相比理性更加重视意志活动的立场,被称为**唯意志论**。这种唯意志论的代表性哲学家有隶属于方济各会的邓斯·司各脱(Duns Scotus,1265或1266—1308年)、威廉·奥卡姆(William of Ockham,约1285—1347或1349年)。

9. 司各脱与奥卡姆的法律思想

司各脱因其理论的精致而享有"灵巧博士"之誉,在其著作《既定讲演录》(Ordinatio)中,他写下了能够充分象征唯意志论的名言:"上帝之外的所有东西,都是因为被上帝授予意志而为善者,而非相反"(《既定讲演录》第三卷第十九章的单一问题)。

尽管司各脱与奥卡姆的观点存在很多的不同,但仅就法律思想而言,他们的主张大致如下:只要是上帝之所欲,任何法律都是正当的,上帝可以基于自己的意志,随意修改或者废止法律。一方面,禁止杀人、奸淫的十戒之律都是上帝给予人类的;另一方面,违反这些戒律的命令,神也可以自由地发出,如杀死儿子(《创世纪》)、迎娶娼妇(《何西阿书》)。

这种唯意志论的法律思想的核心,就在于上帝的万能性。万能的上帝有时会发出按照人的**理性**难以理解的命令,这种命令的正确性唯有通过**信仰**才能得到明确。在托马斯的法律思想中,其保持了理性与信仰的协调,但随着唯意志论的登场,理性与信仰开始分离。自此以后,强调上帝的意志的唯意志论的法律思想对倡导"因信称义"(唯有信仰)的路德教产生了影响,而且,从信仰中解放出来的人类理性开始将目光投向现世的、世俗的命题。正如**第二部分**("近代法思想的摇篮")所论述的那样,这样一来,在法律思想领域,被称为**自然法之世俗化**的现象也得到发展。

10. 从中世纪到近代

如上所述,哲学领域出现试图由唯理智论向唯意志论转换的现象,在大致相同的时间,在以基督教作为精神支柱的西欧的中世纪世界也开始出现很大的变化。在托马斯生活的13世纪,教皇的权威达到全盛期,但进入奥卡姆活跃的14世纪前半期之后,教皇的权威明显衰减,直至迎来教会大分裂(1378—1417年)——在罗马与法国的亚威农(Avignon)分别拥立了数个教皇,进入相互对抗的时代之后,教会本身权威的丧失也成为现实。

在这种时代背景之下,奥卡姆主张,大公会议应该比教皇地位更高(大公会议主义),并且,英国的约翰·威克里夫(John Wycliffe,约1320—1384年)与捷克的约翰·胡斯(Jan Hus,约1370—1415年)作为宗教改革的先驱,反复对教会展开激烈的批判。而且,与此相近的时期,在意大利,但丁(Dante Alighieri, 1265—1321年)、薄伽丘(Giovanni Boccaccio,1313—1375年)等人创作了不少充满人情味的生动的文学作品,这些最后都与被称为文艺复兴的运动联系在一起。面临宣告近代揭幕的宗教改革与文艺复兴的到来,自古典古代以来的传统的法律思想也迎来了重大转机。

Column4：伊斯兰教教法（Sharia）

伊斯兰教教法是在 7 世纪初期的阿拉伯地区，基于由穆罕默德（Muhammad，约 571—632 年）创建的伊斯兰教而产生，以穆罕默德受到阿拉的启示的圣典古兰经，以及记录穆罕默德言行的《言行录》（Hadith）为法源。

伊斯兰教教法内容广泛，从禁止食用猪肉的清真戒律、禁止饮酒等的生活规范，到婚姻规范、不承认养子等的家族法，还包括禁止收受利息的商业交易法、遵照施舍理念的社会扶助的各种规范，以及统治规范。法律的具体内容，从对古兰经、《言行录》的解释中导出。这种解释在马德拉斯（Madras）等地的科学研习所，由学习法学、神学、古兰经解释学的学者（Ulama）进行。不过，由逊尼派、什叶派等宗教或者学派所进行的解释，在内容上有所不同。

伊斯兰教教法不是某个特定国家的法律，而是整个伊斯兰教徒的伊斯兰共同体（Umma）的法律，在伍麦叶（Umayyah）王朝、阿拔斯王朝（Abbasid Dynasty）、奥斯曼帝国等的统治属于非典型的伊斯兰之时，对此予以纠正被认为是学者（Ulama）的义务。从以古兰经的阿拉伯语为基础进行的全伊斯兰性质的法曹的培养、学者（Ulama）在宫廷中对统治的建言等中都能看到，伊斯兰教教法与中世纪欧洲的普通法（jus commune）的普及方式之间的共通性。①

---

① 小杉泰、江川光编：《伊斯兰——社会生活·思想·历史》，新曜社 2006 年版。

第二部分

近代法思想的摇篮

第三章　自然法理论的新展开

在迎来从中世纪进入近代的转换期的欧洲，一直以来承担支撑社会秩序职能的自然法，已经很难从基督教中找到基础，需要寻求新的原理。与"正义战争论""万民法"，以及"自然权""社会契约"等概念相关联，本章试图探究，在毁灭性的战争与革命的动乱之中，思想家们是如何尝试构建新时代的自然法理论的。

一、近代的前兆

1. 人文主义的繁荣

15世纪的意大利**文艺复兴运动**，亦即以古典文化的再生为目标的文化运动迎来了鼎盛期。提到文艺复兴运动，我们首先想到的代表人物，是被称为万能的天才的列奥纳多·达·芬奇（Leonardo da Vinci，1452—1519年），还有画家桑德罗·波提切利（Sandro Botticelli，1444或1445—1510年）与雕塑家米开朗基罗（Michelangelo Buonarroti，1475—1564年）。

这种被称为人文主义的运动，在"回归源泉"的口号之下，直接面对古典古代的艺术与科学，并试图由此找回这种艺术与科学所反映的经验。参与这一运动的人文主义者产生了多种多样的思想,这些思想再次发现了世俗的有活力的人的应然状态,成为**以上帝为中心转向以人为中心**看待世界与自然的契机。

2. 马基雅维里的两部著作

在这种知识性思潮之中,尼科洛·马基雅维里(Niccolò Machiavelli,1469—1527年)提出了给予"政治"这种世俗的活动以独立定位的思想。马基雅维里在下面两部著作中,将政治的目的确定为国家的自由与繁荣,探求从宗教的影响之中独立出来的政治固有的道德。

在《君主论》(The Prince,1532年)中,为确保国家自由,他重视君主的"统治",他倡导君主"必须像命运的风向或者事态的变化所命令的那样,抱有可以自由自在地变幻的思想准备"(《君主论》第十八章),主张不拘泥于既成的规范,包括不正当的手段在内,正是可以采取所有适当手段的随机应变,才是君主之"德"。马基雅维里之所以给人以为了达到目的可以不惜采取权谋术("为了目的可以不择手段")这种印象,更多是因为他在《君主论》中的这段表述。

在《论李维》(Discourses on the First Decade of Titus Livy,1531年)中,通过对李维的《罗马史》(本书第二章之一)的分析,马基雅维里从实现国家繁荣的视角,以共和制罗马为典范,主张"不是个人的利益,而是共通之善才会使国家变得伟大"(《李维论》第二卷第二章)。所谓"**共通之善**"正是一种"德",是市民应该优先于自己的个人利益的资质,应该构建混合政体等那种能够促进其涵养与发挥的各种社会制度。近年来,马基雅维里之所以被理解为"共和主义者马基雅维里",正是源于对《李维论》的重新评价。

3. 宗教改革的勃发

16世纪以后,**宗教改革**运动的浪潮波及欧洲全境。宗教改革直面教会的腐败,是由那些试图基于真正的基督教精神,对信仰及其制度性框架进行重建的人们所开展的运动。该运动产生了从天主教中脱离出来的新教(Protestant)等教派,也成为孕育近代的自由主义思想的土壤。

宗教改革运动受到了前述人文主义的很大影响。例如,伊拉斯谟(Desiderius Erasmus,1466—1536年)以《愚人颂》(Moriae Encomium,1509年)而广为人知,他依据原典对圣经进行的注解,被称为宗教改革之精神的先驱。但是,一般认为,宗教改革运动真正的契机是,为了筹集罗马的圣彼特大教堂(St Peter´s Cathedral)的建设资金,教皇利奥十世出售约定赦罪的"赎罪券",对此,德国的马丁·路德(Martin Luther,1483—1546年)提出了《九十五条论纲》(Ninety-five Theses,1517年),反对罗马教廷出售赎罪券,由此揭开了宗教改革的序幕。

4. 从路德到加尔文

马丁·路德的三大改革理论之一的《基督徒的自由》(Christian Liberty,1520年)揭示了新教的基本思想。原本来说,上帝的救济不是律法,唯有通过对上帝的"信仰"(唯有信仰)才能被给予。并且,要理解针对上帝的信仰的实质,以唯有依据"圣经"("唯有圣经")这种态度为必要。为此,一直以来,为了理解信仰的实质,得到上帝的救济而作为媒介的此前的教会制度、神职位阶等，原本是不需要的（Universal-Priesthood，普遍司祭职）。路德在这里强调的是，个人内心的信仰自由。但路德又主张，对于不涉及个人内心的世俗的权威，宗教不应干预，人们应该顺从（"二王国论"）。这里也能够找到，政治权力从宗教中解放出来的契机。

这样，路德对于教会的制度化毫不关心，与之相反，以执笔《基督教要义》（Institution de la Religion Chrétienne，1536年）而闻名的约翰·加尔文（Jean Calvin，1509—1564年）则积极从事教会的制度化。加尔文虽然继承了路德的基本思想，但强调上帝是万能的，上帝的救济是事先就已经决定的（"**预定论**"）。人们通过日常践行正确的信仰，在现世实现上帝的荣光，由此来证明、确信上帝的选择。这是因为加尔文认为，人们眼里能看到的教会，独立于世俗的权威，被给予了提供人们践行这种正确信仰的场所的职能。

5. 近代国家的形成

在天主教的权威日趋弱化这种背景之下，在欧洲各地出现了这样的现象：国王开始发挥领导力，以逐步抬头的市民阶层的支持为背景，剥夺封建领主所保持的各种权力，将其收归自己的控制之下，从而构建强大统一的国家，其中，最典型的例子是都铎王朝（Tudor）时代的英国与波旁王朝（Dynastie des Bourbons）时代的法国。在以国王为顶点，被后世称为**绝对主义**的统治体制之下，组建了稳固的官僚体制与常备军。与此同时，为了确保维系这种体制的财源，很多国家都开始采取积极地参与经济活动的重商主义政策。

这种以拥有固有的领土、对内保持最高权力、对外维持独立为目标的体制，一般被称为**近代国家**的政治共同体的基础，近代国家就在这样一系列的过程中得以形成。

6. 布丹与阿尔图修斯

法国的让·博丹（Jean Bodin, 1530—1596 年）尝试拥护这种绝对主义国家。在其名著《国家六论》中，布丹以**主权**的概念为中心，展开了此前未曾有过先例的新的国家论。在布丹看来，所谓主权，是指以其"**绝对性**""**永恒性**"以及"**不可分性**"为特征的，单一且至高无上的国家权力。他认为，属于主权之担负者的主权人，作为所谓"上帝在地上的影像"，不从属于其他任何权力者，也不受"上帝之法与自然之法"之外的其他任何世俗法律的约束，能够通过行使自己的权力，尤其是立法权创立并维持国家。

对于布丹的这种绝对主义的主权观，德国的约翰斯·阿尔图修斯（Johannes Althuslus, 1557—1638 年）从正面对其提出了异议。阿尔图修斯在其著作《政治学》（1603 年）中认为，人们为了共生而形成了各种各样的共同体，他从与由这种多重结构所构成的国家的统治的关系上，提出主权概念。在此基础上，阿尔图修进一步主张，这种主权属于"人民"，统治者不过是一种被授权的存在。阿尔图修斯的这种主张曾被评价为，预知了后来的人民主权论。他还围绕"补全性"原理展开了研究。因此，作为对于现在围绕联邦制的研究提供了思想根基的人物，阿尔图修斯也具有重要地位。

二、自然法·万民法·正义战争论

1. 战争与和平的秩序

16世纪以后,在欧洲大陆,"战争"作为重要的思想主题开始浮现。其中的一个理由是欧洲各国在新大陆实施殖民统治的过程中所引起的针对印第安人(南非的原住民)的征服与杀戮;另一个理由是作为宗教改革的结果而引起的天主教徒与新教徒之间的大规模的纷争。

目睹这些悲惨的战争,很多思想家以基督教世界自古以来就一直在研究的**自然法**与**万民法**这种观念为线索,开始采用**正义战争论**这种理论框架,探讨此问题,从而给法律思想带来了惊人的更新。

2. 印第安征服的正当性

因哥伦布在1492年发现了**新大陆**,西班牙王室马上从教皇亚历山大六世(Alexander Ⅵ,1492—1503年)处获得了承认。这样,以基督教的传教为名,西班牙开始了对印第安人的征服。到16世纪前半期,西班牙将北非大陆与南非大陆的大部分地区置于自己的统治之下。

作为将思想家们当初想到的西班牙征服印第安人的正当化的理论是**自然奴隶说**。他们的主张是:原本来说,印第安人沾染了非人道的习惯,不具有充分的理性,他们是连自己也无法统治的"野蛮人";他们属于应该被归类于亚里士多德所谓"天生就是奴隶"的存在（本书第一章之四）。既然印第安人具有这种性质，他们服从作为比他们更优越的存在的西班牙人的统治，通过西班牙人所实施的文明化而享受利益，就是符合事物的法则的。

3. 印第安征服与萨拉曼卡学派

但是，以自然奴隶说作为理论根据的征服，马上就遭到了批判。这也是因为，印第安人正在形成独自的文化、信仰乃至社会秩序，这一事实在征服的过程中逐渐得以明确。除此之外，在自然奴隶说的名义之下实施的征服行为，呈现出极其非人道的状况，这一点也直接导致了贬损该学说本身之可信性的结果。

提出这种批评的，是作为"印第安人之守护神"而闻名的巴托洛梅·德·拉斯·卡萨斯（Bartolomé de las Casas, 1484—1566年），以及萨拉曼卡学派的神学家们。所谓萨拉曼卡学派，是以西班牙的萨拉曼卡大学为据点，继承托马斯主义的传统，自16世纪至17世纪表现活跃的一批神学家的总称。在学说史上，萨拉曼卡学派分为前后两个时期，前期是以创建者弗朗西斯科·维多利亚（Francisco de Vitoria, 1483？—1546年）以及多明戈·索托（Domingo de Soto, 1494—1560年）等多米尼克修会的神学家为中心，后期则是以路易斯·摩里纳（Luis de Molina, 1535—1600年）、弗朗西斯科·苏亚雷斯（Francisco Suáres, 1548—1617年）等耶稣会的神学家为中心。

并且，萨拉曼卡学派已经展示了属于现代经济学之基础的界限效用理论的萌芽那样的见识，而且，作为与宗教改革运动的对抗，该学派还主导了天主教内部以改革腐败的教会制度为目标的所谓"反宗教改革"。

4. 萨拉曼卡学派中有关统治的问题

维铎力亚（Francisco de Vitoria，1480—1546 年）在萨拉曼卡大学进行的特别讲义《论印第安人》（1539 年）中，要求对于一直以来针对印第安人的认识作根本性改变，亦即主张，印第安人也同样被上帝赋予了理性，具备统治自己的能力。他由此进一步主张，不能将印第安人当作自然的奴隶来对待，以"印第安人天生就是奴隶"这种主张为根据的征服行为是不正当的。

维铎力亚原本是从"人的本性"与"合意"这两个要素来解释统治的成立的。也就是说，由于存在针对外部环境的脆弱性，人具有通过驱使由上帝所赋予的理性而形成社会的本性。但是，仅凭作为社会之基础单位的家庭，不足以确保和平与安全，为此，就有必要以通过合意将统治权委托给特定人物的形式来形成国家。因此，统治者的权限虽然终究是源于上帝，但间接上却是基于人民的合意，那么，就必须在通过合意而委托的范围之内行使统治权。维铎力亚的这种有关统治的理解，被弗朗西斯科·苏亚雷斯等人所继承，并且被评价为，为萨拉曼卡学派构建了独自的人民主权理论。

5. 萨拉曼卡学派中的自然法与万民法

在探讨西班牙对印第安人的征服之际，维铎力亚援引了**万民法**的概念。这是因为对维铎力亚而言，万民法被定义为由全人类所构成的"整个世界"所创设的法。

另外，维铎力亚虽引用了《查士丁尼国法大全》中的《法学阶梯》中的表述，即"通过自然的理性为全人类所制定的法，由于万人平等遵守该法,而且,为所有民族所采用,因而被称为万民法"(本书第二章之二),却主张从源于上帝的自然法中基于理性而导出这一视角来解释万民法。但是,与此同时,维铎力亚还从万民法中找寻"基于整个世界的大部分人的同意"这一面。为此,维铎力亚倡导的万民法,经常被理解为"被实定化的自然法"。

弗朗西斯科·苏亚雷斯活跃的时期要比维铎力亚晚两个时代,有关万民法的性质,他作了更加明确的解释。在其著作《论法律》(1612 年)中,苏亚雷斯主张,与自然法是基于上帝的意志与理性的东西相反,万民法的基础在于人们的合意。苏亚雷斯沿袭托马斯所提出的永恒法、自然法与人法这种分类,提出"直截了当的结论是,万民法就是人的法,属于实定法"(《论法律》第二编第十九章)。

6. 萨拉曼卡学派的正义战争理论

维铎力亚主张,从结论上来说,西班牙对印第安人的征服是被万民法所允许的。作为其理由,他列举了下述万民法上的根据:印第安人侵犯了交通与传教的权利;有必要保护那些受到弹压的改宗者,以及那些成为非人道的习惯的牺牲品的无辜的人们;应该对尚未成熟的印第安人进行教化;等等。

维铎力亚认为,毋宁说,问题在于西班牙人在这一征服过程中的所作所为。维铎力亚在其特别讲义《论战争法》(1539 年)中,探讨了万民法针对战争的实施方法的规制,对于在征服印第安的过程中所实施的众多残虐行为,他虽然避免作深入的考察,但仍然对其正当性提出了质疑。

7. 宗教战争与怀疑主义

宗教改革运动也给欧洲内部带来了巨大的变化。因为,一直以来支撑教会的普遍性权威的原有的世界结构已经崩溃。天主教徒与新教徒围绕信仰的对立进一步激化,在国家的中央集权制稳步推进的法国,新教势力的雨格诺派与天主教强硬派之间爆发了"雨格诺战争"(法国宗教战争)(les Guerres de religion,1562—1598年)。

战争的惨烈与悲惨的杀戮,在正确的信仰的名义之下反复实施,正是对于这种现实的憎恶,使人产生了对于所谓绝对的主张的怀疑,也与随着人文主义的昌盛而在欧洲扩展开来的怀疑主义的思想联系在一起。作为波尔多市的市长,法国思想家米歇尔·德·蒙田(Michel Eyquem de Montaigne,1533—1592年)作为雨格诺战争的调停者不断奔走。在其主要著作《随笔集》(Essais,1580年)中,他留下了令人印象深刻的一句话:"在山的这边是真理,在山的那边则是虚伪,这种真理究竟是什么呢?"(《随笔集》第二卷第十二章)。蒙田由此批判人们对理性的盲目相信,对于被视为普遍适用的自然法的存在,他也表明了怀疑的态度。

8. 宗教主义与格劳秀斯

在迈向强大稳固的统一国家的步伐有所迟缓的神圣罗马帝国即德国,突然爆发了"三十年战争"(Thirty Years War,1618—1648年)。战争的发端是哈布斯堡家族(House of Habsburg)强制人们信仰天主教,波希米亚(Bohemia)[捷克(Bohmen)]的新教徒对此奋起反抗。不仅仅是神圣罗马帝国,西班牙、法国、丹麦以及瑞典等很多国家都卷入到这场战争之中,造成了巨大的破坏。

胡果·格劳秀斯(Hugo Grotius,1583—1645年)在其流亡之地巴黎,亲眼目睹了这场悲壮惨烈的"三十年战争"。格劳秀斯出生在荷兰的代尔夫特市,在作为人文主义者的父亲的教育、帮助下,他自幼便使用拉丁语,在11岁的年龄便进入莱顿大学学习。他曾作为荷兰使团成员之一拜谒了法国国王亨利四世,亨利四世对其连声称赞:"荷兰之奇迹在此!"在青年时期,对于东印度公司的商船突袭葡萄牙商船"圣卡塔琳娜号"(Santa Catarina)事件,格劳秀斯曾作为律师参与并执笔了论述航行与贸易自由的《海洋自由论》(Mare Liberum,1609年)。此后,格劳秀斯在作为政治家而开展活动的过程中,因为被卷入荷兰国内的宗教对立,而不得不流亡海外。其主要著作《战争与和平法》(The Law of War And Peace,1625年)在国际法的历史上也属于不朽之作,该书正是其在逃亡时所著。

9. 格劳秀斯的自然法理论

在《战争与和平法》的绪论中,格劳秀斯对抗怀疑主义,展开了自然法的拥护论。其方法虽沿袭人文主义的传统做法,但以"万人承认是真的"的前提出发,通过由此所进行的演绎性操作来构建理论。这里可以看到,已经出现了采取以几何学为样板的方法这种意识的萌芽。

格劳秀斯是由"向社会性的结合的欲求"这种人的不变的本性所引出的正确理性的命令,来理解自然法的。基于这种人的本性,诸如所有权的尊重、不当得利的返还、约定的履行、对因过失造成的损害的赔偿、对不法行为科处刑罚等,对于那些为了维系社会所必要的最低程度的内容,将其假定为自然法上的各种原理。以这些原理为前提,格劳秀斯进一步推进了对法律性的各种制度的体系性探讨与考察。

不过,格劳秀斯将这种自然法上的各种原理,与亚里士多德有关正义的研究关联在一起(本书第一章之四),亦即格劳秀斯将这种原理与对亚里士多德的匡正的正义进行修正的"补全的正义"关联在一起。另外,对于亚里士多德的分配的正义,格劳秀斯将其重新表述为"归属的正义",但并不一定想将其与自然法的各种原理关联在一起。

10. 格劳秀斯的自然法之世俗化

在这种自然法的拥护论中,格劳秀斯认为,不必诉诸神的意志,这一点是很重要的。

> 我们在这里讲述的,上帝是不存在的,或者上帝是不考虑人事的,这种不作最大限度的冒犯或者亵渎就无法得到承认的东西,即便我们硬要予以承认,到某种程度为止,想必也可能是妥当的(《战争与和平法》绪论)。

这是《战争与和平法》中特别有名的一段话,作为将所谓法学与神学切割开来,开拓走向**自然法的世俗化**之路的内容,对此后的法律思想的展开具有极大的影响力。的确,格劳秀斯不是这种观点的最初的提倡者。而且,对于这种自然法与上帝的意志的切断,格劳秀斯自身也是有所保留的。但是,格劳秀斯明确地将自然法区别于以上帝的意志为起源的**神意法**。基于不是以自然而是以意志为起源这一理由,格劳秀斯将其归类于**意**

志法的范畴。

11. 格劳秀斯的万民法论

格劳秀斯认为，这种意志法的范畴之中，不仅包括以上帝的意志为起源的**神意法**，还包括以人的意志为起源的**人意法**。作为这种人意法的分类，可以列举国家法、家长的命令、万民法等三类。

在格劳秀斯看来，所谓万民法，是指为了共同的利益，基于各个国家之间的合意而创设，由习惯与法学家的观点所证明的东西。与苏亚雷斯一样，格劳秀斯也将万民法明确地区别于自然法。在此基础上，与国家法的情形一样，格劳秀斯是这样来理解万民法与自然法的关系的：自然法通过履行约定这种原则，在给予属于万民法之基础的各个国家之间的合意以根据的同时，在这种合意允许的范围之内，承认万民法各种独立的制度的构建。

12. 格劳秀斯的正义战争论

以这种有关自然法与万民法的探讨为平台，格劳秀斯的探讨不是依据上帝的权威，而是在所有种类的战争中都应该得到遵守的法律。格劳秀斯将在托马斯·阿奎那的探讨中已经看到其萌芽的法律（本书第二章之四），明确区分为规制开战条件的**发动战争的法律**与规制战争实施方法的**战争中的法律**。

首先，在《战争与和平法》的第二卷，格劳秀斯探讨了**发动战争的法律**的内容。作为开战的正当理由，他列举了"自卫"、"恢复自己的财产"以及"刑罚"三类。按照"恢复自己的财产"的脉络，格劳秀斯针对由其详细论述过的所有权、契约、不法行为等所产生的实体权利的分析，对于此后的德国私法学的发展，给予了重大的影响。当然，这并非是他当初有意追求的结果。

其次，在《战争与和平法》的第三卷，格劳秀斯探讨了**战争中的法律**的内容。在最后一章，格劳秀斯终于谈到了和平。在该章中，他阐述的是所有战争都应该尽可能地避免，但如果战争已经开始，也应该总是以追求和平为目标来进行。

Column5：威斯特伐利亚的神话

1648年，缔结了终结"三十年战争"的《威斯特伐利亚和约》(Peace of Westphalia)。这属于确立主权国家并存的近代国家社会之基本框架的、具有划时代意义的事件——很长时间以来，在国家法学与国际政治学领域，这种理解都得到了支持。

但是，如果详细研究该和约的内容及其学说史，不同于这种理解的状况就会浮现出来。原本来说，该和约基本上是以有关神圣罗马帝国之国家体制的事项为对象，针对的是皇帝、自由城市与帝国等，以及瑞典女王、法国国王等各种主体。为此，可以说，该和约终究是应该被定位于此前的秩序的延长线上的性质的东西。即便是此后的学说，也一般将该和约理解为"帝国的基本法"。将和约理解为近代性的国际社会之出发点这种观点，实际上，是在进入19世纪中叶之后才出现的。

现在，日益有力的观点认为，《威斯特伐利亚和约》树立了近代性的国际社会，亦即被称为"威斯特伐利亚体系(Westphalia System)"的主权国家并存体制这种理解，应该被当作后来才出现的一种"神话"来看待。①

三、自然法·自然权·社会契约论

1. 市民革命与政治体制的问题

在很早便实现了树立绝对主义的英格兰，自17世纪中叶开始，经历了**清教徒革命**（Puritan Revolution，1642—1649年）与**光荣革命**（Glorious Revolution，1688—1689年）两大市民革命。国王与议会之间稳定的平衡这种传统的政治体制由此崩溃，再加上源于宗教改革运动的宗教对立，从而形成了大规模的内乱状态。

在这种内乱状态下，思想家们虽然沿袭了**自然法**这种传统的观念，却依据**自然权**、**自然状态**以及**社会契约**这种新的构想，尝试重新开展有关政治体制的研究。新的法律思想之路也由此得以开启。

2. 普通法的传统

市民革命的发端是1603年即位的国王詹姆斯一世强制人们信仰英国国教圣公会（Church of England），以及詹姆斯一世有关外交问题、税收问题所采取的完全无视议会存在的那种独断专行的姿态。作为采取这种自以为是的、独断专行的姿态的根据，无非是国王的绝对权力来源于上帝这种君权神授说。1625年即位

---

① 明石钦司：《威斯特伐利亚和约——其之实相与神话》，庆应义塾大学出版会2009年版。

的国王查理一世也采取了同样的态度。

对于国王所采取的这种独断专行的姿态,勇于提出批判的是担任王座法院首席法官的法学家爱德华·柯克(Edward Coke, 1552—1634年)。在英格兰,存在作为**技术理性**的普通法,那是由有学识的法学家历经几代人持续进行的实践而构建起来的,即便是国王也要受到这种普通法的约束。《**自由大宪章**》(Great Charter, 1215年)等由自古以来的法律所确定的对市民的各种自由的保障,也包括在普通法之中。柯克的这种思想在其作为起草者之一而联名签署的《**权利请愿书**》(The Petition of Right, 1628年)中,终于实际开花结果。

3. 自然权思想的萌芽

对国王蔑视议会存在这种做法的反抗,与清教徒针对宗教政策的反抗汇合在一起,1642年终于发展至国王派与议会派之间的军事冲突。议会派尽管起初处于劣势,但取得了最终的胜利,并囚禁了国王。

但是,取得胜利之后,议会派内部又出现了数个不同立场相互对立的局面。即便是在这种局面下,以民众层面的支持为背景,采取激进立场的**平均派**的改革观点也颇值得关注。在意图提出新的政治体制构想的《**人民协定**》(Agreement of People, 1647年)中,平均派提出了宗教的宽容、言论的自由,以及要求普选等主张。并且,为了给自己的主张提供依据,他们援引的不是普通法的传统,而是个人的"天生的权利""自然的权利"与"固有的权利"这种表述,以及能将其予以正当化的上帝的自然法。

4. 清教徒革命与霍布斯

但是，在议会派中采取保守立场的**独立派**最终掌握了主导权。他们对平均派进行弹压，也击退了国王派的反抗，从而终结了混乱局面。其后，被囚禁的国王被执行死刑，并由此建立了新的共和国。奥利弗·克伦威尔（Oliver Cromwell, 1599—1658年）在共和国中担任护国公，并开始了他的独裁统治。

哲学家托马斯·霍布斯（Thomas Hobbes, 1588—1679年）在流亡地巴黎远远关注了清教徒革命所引起的一系列混乱。霍布斯出生于英国威尔特省的一个信仰国教圣公会的牧师家庭，在尚留有中世纪的传统的牛津大学学习之后，担任过贵族文迪什伯爵家的家庭教师。在游历欧洲大陆期间，接触了自然科学在欧洲大陆的勃兴，从而确立了自己的思想。

有关霍布斯的出生，有这样一个逸闻：他怀孕的母亲是因为西班牙舰队的来袭这样一个传闻的刺激，霍布斯因而早产。为此霍布斯说过，"我母亲生了'双胞胎'，那就是非他的我自己，以及那种恐惧心"。正如这句话所显示的那样，霍布斯一直是以"恐惧"作为自己的思想主题之一。出于克服这种恐惧，为政治秩序的安宁作贡献，以及意图创立独自的国家理论这种动机，他撰写了《法的原理》（1640年）。在被迫流亡到巴黎之后，霍布斯又将这种构想发展至《论公民》（On the Citizen, 1642年）以及他的不朽之作《利维坦》（Leviathan, 1651年）。

5. 霍布斯的自然状态论

霍布斯在《利维坦》中采取的论证方法是，从人的心理性、生理性特征确定考察的前提,在此基础上,通过演绎性的推理,揭示理想的国家形象。这里能看到受到了伽利略·伽利雷(Galileo Galilei,1564—1642年)与勒内·笛卡尔(René Descartes,1596—1650年)在17世纪的科学革命中所树立的**机械论世界观**的影响。

作为这种演绎性的论证的前提,霍布斯依据的是人的**自我保存的欲求**。值得关注的是,这种前提颠覆了自亚里士多德以来一直承继下来的**社会性的动物**这种人类形象。

原本来说,在**自然状态**下,不存在共同的权力,也不存在正义或者所有权的观念;相反,人与人之间总是存在,以获得各人的利益、确保安全以及追求名誉等作为原因的纷争的火种。为此,这种状态可以说是"每个人对每个人的斗争(战争)"。但是,在这种战争的状态下,人们不可能满足自我保存的欲求,这种生活也不可避免地是"孤独、贫困、卑污、残忍而短寿"的(《利维坦》第十三章)。

6. 霍布斯的自然权

按照霍布斯的设想,每一个人都有自己固有的**自然权**。

> ……所谓自然权……就是每一个人按照自己所意愿的方式,运用自己的力量,去保全自己的天性——保全自己的生命的自由,因而,这种自由就是用他自己的判断和理性认为用最适合的手段去做任何事情的自由(《利维坦》第十三章)。

当然,这种自然权中还包含着面对来自他人的威胁,先发制人进行攻击的自由,因此,在人与人之间不存在相互信任的关系的状况下，最终就是任何人的自我保存都被维持在永远面临危险的斗争状态之下。

霍布斯还指出，人们同时又都对死亡抱有恐惧，希望以更加具有实效性的形式来满足自我保存的欲望，同时还时刻怀有追求和平的情感；并且，为这种情感所打动，提示为实现和平所必需的各项条款，人们原本也是具备这种理性的。

7. 霍布斯的自然法理论

这种各项条款——也就是"由理性所发现的戒条或一般法则"（《利维坦》第十四章），霍布斯将其称为**自然法**。不过，在自然状态下，这些终究不过是将人们带至和平的人的"性质"，要正式作为法律来对待，还需要等待国家的成立。

对于第1条自然法，霍布斯尽管加上了"在无法获得这一点（和平）时，可以要求并且可以利用战斗的所有帮助与好处"这一点保留意见，将其公式化为"只要每个人都抱有获得和平的希望，就应该朝此方向努力"。并且，在人们追求和平的场合，接着就可以导出第2条自然法。

> 人们只要认为，对于和平与自我防卫，他是必要的，那么，在其他人也是这样的场合，就应该主动放弃针对所有东西的这种权利。并且，对他自身而言，他应该满足于，他拥有与他想必会允许其他人拥有的自由同等大小的自由（《利维坦》第十四章）。

为了让这种权利的放弃具有实效性，人们尝试缔结**信约**，从自然状态中脱离出来。支撑这一过程的是第3条自然法，亦即

"人们应该履行所缔结的信约"。另外,包括这三种自然法在内,霍布斯一共提出了19条自然法。

8. 霍布斯的社会契约论

人们从那种感情与理性中导出,追求和平、相互订立信约、放弃自己的各种权利、将权限授给特定的个人或者合议体,让其"代表"自己的意志。并且,只有被接受这种授权的主权者所代表,才能被统一为"人工的人格"的人们,霍布斯将其称为**国家**。

对平和与防卫的方法进行决定、对意见或学说进行统一、制定法律、实施裁判以及征税等,有关这些事项,主权者对于人们拥有绝对的、不可分割的权力。由于主权者是自己的代表,因而,对于主权者,人们既不能废止其权力,也不能谴责或者处罚其行为。不过,由于国家是人们自我保存的保障手段,因而,只有主权者引起了威胁到这种手段的事态之时,才能认可个别的抵抗。

基于这种思路,霍布斯继续指出,"主权者是唯一的立法者"(《利维坦》第十六章),将法理解为基于主权者意志的针对人们的命令。为此,正如在其著作《哲学家与英格兰法律家的对话》(A Dialogue Between a Philosopher And A Student of The Common Laws of England, 1681 年)中所显示的那样,对于爱德华·柯克将法理解为一种技术理性的立场,霍布斯是持批判态度的。

9. 光荣革命与洛克

奥利弗·克伦威尔死后,国王查理二世于 1660 年即位,英格兰回归至王政。但是,在 17 世纪 80 年代,在有关属于天主教徒的国王之弟约克公爵(Duke of York)的王位继承的问题上,这次国王派与议会派之间的对立又与人们反天主教的感情汇合在一起,英格兰再次进入这种对立之中。

在此过程中,议会派的领导人是被称为柯柏(Anthony Ashley Cooper)的第一代沙夫茨伯里伯爵,约翰·洛克(John Locke,1632—1704年)与其保持一致行动。洛克在其主要著作《人类理解论》(An Essay Concerning Human Understanoling,1689年)中,将人类的心理解为"没有写上任何东西的白板",从经验中寻求各种观念的起源。因此,洛克也被作为近代英国经验论的代表性哲学家并广为人知。

在另一部主要著作《政府论(两篇)》(Two Treatises of Civil Government,1690年)中,洛克就国家即政治社会的成立进行了研究。由于该著作是在议会派最终确定取得了胜利,《权利章典》(Bill of Rights,1689年)颁布之后才匿名出版的,因而其目的长期以来一直被理解为将光荣革命予以正当化。但是,现在则被理解为,针对查理二世弹压议会的行为,沙夫茨伯里伯爵等计划发动政变,洛克出于拥护这种政变计划的意图而撰写了《政府论(两篇)》。《政府论(两篇)》的第一篇论文针对保皇派罗伯特·菲尔麦(Robert Filmer,1588—1653年)所主张的"君权神授说"展开批判,第二篇论文则是论述基于社会契约的国家成立理论。

10. 洛克的自然状态理论

与霍布斯一样,洛克也是从对**自然状态**的考察开始有关政治社会的研究。但是,不同于霍布斯,洛克不认为自然状态是斗争状态,毋宁说,在他看来,自然状态原则上属于和平状态。

那是一种完全自由的状态，人们在自然法的范围内，按照自己认为合适的方式，规制自己的行动，处理自己的财产与身体，而无须得到他人的许可，也无须听命于他人的意志（《政府论（两篇）》第二篇论文第二章）。

在洛克看来，所谓自然状态，就是所有人完全自由且平等的状态。不过，这种自由不是放纵，只有在依据源于上帝的意志的自然法，在其范围之内的，才能得到认可。因为作为上帝的创造物，每个人都负有通过保存自身，尊重他人实施的同样的行动，以维持和平与人类整体之存续的义务。

从这种自我保存的视角出发，能够推导出人们的**固有权**，亦即在自然法中，每个人为了保存自身，首先具有针对自己的生命与身体的所有之权，这是得到承认的，并且其身体的劳动也归其本人所有。为此，针对渗进人的劳动而取得的对象物的所有之权，由于上帝是作为共有物而给予了人们的。因此，在自我保存之必要限度内，并且在也给他人充分留存的条件之下，也是得到自然法的承认的。

11. 洛克的社会契约论

在这种固有权之外，洛克还提出，"自然状态下，人人都有自然法的执行权"。但是，此前，人们成为有关自己案件的法官这种不合理的状态得到承认，进而成为纷争的原因，因此，这对于实现每个人的自我保存，显然是不合适的。

为此，为了更有效地保全自己的固有权，通过自由的**同意**，人们放弃了自然法上的执行权，而结合成一个"政治社会"。然后，有关被视为这种政治社会中的上位的权力的**立法权**，在将特定的个人或者合议体指名为"立法部门"的基础上，将权力**委托**（**信托**）给这种"立法部门"。

在政治社会，除了这种属于制定法律的权力的立法权之外，还有涉及所制定的法律之执行的**执行权**，以及掌管与其他政治社会之间的战争与和平的**对外权**（**联合权**）。这两种权力毕竟是由立法权派生出来的从属性的权力，应该由（立法主体之外的）其他主体来担当。这样，从洛克的这种社会契约论中，能够看到**权力分立**的观念的萌芽。

12. 洛克的抵抗权

洛克认为，由于立法权原本是由人们的委托（信托）而成立，因而，"人们手中还保留着最高权力，在他们认为立法部门的行为违反了被给予的委托（信托）时，可以转移、改变这种被委托（信托）的权力"[《政府论（两篇）》第十三章]。这一论述具有重要意义，亦即不同于霍布斯，对于人们以违反委托（信托）为由而行使抵抗权，洛克将其当作正当的权利，认为是一种被允许的抵抗权。

不过，还需要注意的是，这里被允许的抵抗的归结终究只是"统治的解体"。在因行使抵抗权而从立法部门剥夺了权力之后，因人们的同意而组成的政治社会，依然是存续的，亦即洛克想的是，统治的解体与"政治社会的解体"不是一回事儿。

13. 洛克的宗教的宽容

洛克还论及了有关宗教的宽容的问题。他的观点随着时代不同也有所变化，尤其重要的是，在其晚年匿名出版的《论宗教宽容》(A Letter Concerning Toleration, 1689 年)中,他提出了现代社会也依然适用的有关**政教分离**的观点。

其基本主张是"国家与教会的分离"。在洛克看来,所谓国家,如前所述,只是为了保障人们的固有权而创设的东西。为此,诸如拯救灵魂的事情那样,将涉及人的内心的宗教事项作为国家的政治权力的对象是不合适的,毋宁说,这些事项应该交由正是为了这个目的而创设的、属于"自由且自发之结社"的教会来处理。

Column6:斯宾诺莎的社会契约论

巴鲁赫·德·斯宾诺莎(Baruch de Spinoza, 1632—1677 年)是与霍布斯同一个时代的人。斯宾诺莎出生于荷兰阿姆斯特丹的一个犹太人家庭,在他 22 岁时,被犹太人共同体逐出犹太教,历经流浪,最后定居在海牙,从事创作活动。但是,由于他的"上帝即自然"这一命题所显示的泛神论的主张被怀疑属于无神论,因而受到了禁止出版的处罚。斯宾诺莎的主要著作有《知性改进论》(Tractatus de Intellectus Emendatione: Et de via, Qua Optime in Veram Rerum Cognitionem Dirigitur, 1662 年)与《伦理学》(Ethica in Ordine Geometrico Demonstrata, 1677 年)等。

在匿名发表的《神学政治论》(Tractatus Theologico-Politicus, 1670 年)中,斯宾诺莎论及了社会契约。所有的个体都有发挥自己固有性质的自然权的权利,人们拥有实施所有自认为有益于自己的行动的权利。由此会出现陷入相互斗争之中的危险,这样就发展至听从要求避免这种危险的出现的声音,缔结社会契约。斯宾诺莎的这种观点会让人想起霍布斯的观点,不过,自然权的主体原本不限于人,而且,个人的自然权在社会契约之后依然维持,在这些地方二者是存在不同的。

此后,在其死后才发行的《政治论》(Tractatus Politicus,1676年)中,斯宾诺莎的观点发生了根本性的改变,他放弃了社会契约的概念。在该书中,作为人的自然条件,其重视的是共同性与相关性,在解释统治的形成时,不是用社会契约的概念而是用"多数人"的概念。①

---

① 斯宾诺莎:《神学政治论》(2卷本),吉田两彦译,光文社古典新译文库2013年版。

第四章 启蒙的法律思想

17世纪后半期到18世纪的欧洲,一般被称为"启蒙的世纪"。共同享有"启蒙就等于光"这个共同的时代的思想家们,巡回在欧洲各地,相互加深交流,由此创造了新的共同的理解。但是,就法律思想来看,受到社会、经济状况以及政治体制的影响,各个地域的独立性也开始显现出来。本章想介绍那个时代在德国、英国、法国等各地展开的法律思想。

一、德国的启蒙的法律思想

1. 德国启蒙的时代背景

在德国,导致国土大规模荒废的"三十年战争"因《威斯特伐利亚和约》的缔结而终结(Column5)。《威斯特伐利亚和约》承认各个领邦具有宗教自决权与同盟缔结权,并且还确认帝国议会具有皇帝的立法与缔结条约必须通过其同意的同意权。其结果是,神圣罗马帝国达到甚至被伏尔泰(François Marie Arouet de Voltaire,1694—1778年)嘲笑为"既不神圣,也不罗马,甚至还不是帝国"的形骸化程度,最终变质为强化**绝对**主义倾向的联邦国家的松散联合体。

德国启蒙的特点在于与这种绝对主义之间存在亲和性。原本来说,在德国,启蒙思想为绝对专制君主所接受,作为为国内社会制度的改革与市民生活的规制提供指南,而备受珍惜。

2. 从格劳秀斯到普芬道夫

萨缪尔·普芬道夫(Samuel von Pufendorf,1632—1694年)往往被定位于德国启蒙的法律思想的出发点。普芬道夫生长在德国萨克森的一个路德派的牧师家庭,曾在耶拿大学学习法学与神学。后来,作为驻哥本哈根的瑞典公使的执事被卷入战争并成为俘虏,其间,他写作了《法理学基础》(1660年),由此名声大振。此后,先后在海德堡大学和瑞典的路德大学担任教授,讲授自然法,还在斯德哥尔摩与柏林作为宫廷史学家从事创作活动。在其主要著作《论自然法和万民法》(De Jure Naturae et Gentium,1672年)及其简缩版《论人和公民的自然法义务》(On the Duty of Man and Citizen,1673年)中,普芬道夫显示的法律思想后来在欧洲各地具有很大的影响力。

普芬道夫研究的特点在于继承格劳秀斯的思想(本书第三章之一),追求**自然法的世俗化**,亦即自然法的源泉不在于上帝意志的特别启示,而在于人类的"理性之光"。在此基础上,对于自然法的目的,普芬道夫的理解是,不是在人的内心修养宗教的德性,打开通向来世的救济之路,而是在人的内心之外规制现实的行为,确立现世的正确秩序。这样,普芬道夫虽承认法学与神学之间的交错,但尝试从有关"人类之法庭"的法学中,将有关"上帝之法庭"的神学区别开来。

3. 普芬道夫的自然法理论

普芬道夫从笛卡尔与霍布斯那里学到了很多，他在开展自己的自然法理论时，明确采取了以几何学为模范的演绎方法，亦即通过对人类的共同本性进行特定，由从中得出的基本原则进行演绎性推理，尝试构建自然法的体系。

在普芬道夫看来，人是这样一种存在：强烈欲求"自我保存"，尽管因其"脆弱性"而需要他人的协助，但同时也具有加害性的倾向。为此，为了抑制这种倾向性，实现自我保存，就有必要掌握**社交性**。

这样，对普芬道夫而言，"修养并维持社交性"就被定位于自然法的基本原则。并且，从该原则可以体系性地推导出二类自然法：第一类是规定每一个人对其他每一个人的义务**绝对的自然法**。这里包含控制针对他人的加害的义务，以及将他人作为平等的人来对待的义务。第二类是特定的人群依据合意而导入的，仅仅约束这类人群的**有条件的自然法**。作为这种自然法的重要例子，他举的是**私人所有**的制度。意味深长的是，不同于霍布斯与洛克（本书第三章之三），普芬道夫并未将私人所有定位于自然权，而是认为其基础在于人们的"合意"。

4. 普芬道夫的社会契约论

与洛克一样，普芬道夫也与霍布斯相反，他描绘的自然状态是自然法所支配的有秩序的状态。但是，他也认为，不存在共同的权威会产生众多的不合适，为此，人们设立国家并进入这种国家的保护之下。

在普芬道夫看来，国家的设立是通过"二个契约与一个决定"来进行的。首先，由自由且平等的人们订立**结合契约**，约定为了增进公共福利而集合成为一个结合体。其次，这种结合体采取何种统治形态，由多数人来决定。最后，基于这种决定，与被委托进行统治的个人或者集团之间，再订立**统治契约**。而且，尽管普芬道夫也认为，根据这种契约，统治者被赋予增进公共福利的义务，但是，对于是否承认人们对于统治者违反义务的行为具有抵抗权，不同于洛克，普芬道夫持消极态度。

在这种论述中，普芬道夫继承了让·博丹的理解（本书第三章之一），将**主权**视为至高无上且不可分割的权力，它通常在单一的统治者的手中。为此，他在匿名出版的《论德意志帝国国制》（1667年）中，将当时的神圣罗马帝国形容为"某种不正常的、类似于怪物一样"。他的这种主张被看作是对帝国的国家性的否定，当时的学者大多将其视为一种危险。

5. 莱布尼茨的自然法理论

戈特弗里德·威廉·莱布尼茨（Gottfried Wilhelm Leibniz, 1646—1716年）的观点与普芬道夫正面对立。莱布尼茨被一般称为"所有学科的天才"，是一个在各种学科领域都作出了划时代贡献的人物。他也曾获得法学博士学位，法学也是他思索的核心问题之一。

莱布尼茨在其论文《对普芬道夫的诸原理的意见》（1703年）中，批判普芬道夫的近代的、世俗的自然法理论，尝试中世纪的、神学的自然法理论的再生。在莱布尼茨看来，普芬道夫所关注的人在外部的行为，原本与其内部的动机是不可分的。规制这种动机的，是上帝之理性的对象，只能是属于依据永恒真理的客观秩序的自然法。为此，自然法学属于神学的一部分。相反，普芬道夫的近代的自然法理论则仅仅着眼于人的外部，这样就可能存在这样的问题：对于人内心的堕落，难免会加以允许。出于这种理由，莱布尼茨对普芬道夫进行了严厉的批判：普芬道夫"不太精通法学，几乎不知道哲学"。

莱布尼茨的批判目光还指向了普芬道夫对神圣罗马帝国之国家性的否定性评价。莱布尼茨没有采取让·博丹提出的主权一元论这种对近代国家的理解，而是根据帝国与各个联邦国家协调构成"普遍的共同体"这种所谓中世纪的世界性理解，来肯定神圣罗马帝国的国家性。

6. 托马西乌斯的自然法理论

与莱布尼茨相反，克里斯蒂安·托马西乌斯（Christian Thomasius，1655—1728年）则受到了普芬道夫的极大影响，推进了自然法理论的世俗化。新成立的哈雷大学成为德国启蒙的中心，托马西乌斯在此担任教授。由于他用德语授课，因而被誉为"德国启蒙之父"。

在其主要著作《自然法与万民法之基础》（1705年）中，与霍布斯一样，基于作为由常识所把握的心理性事实的、人的自我保存以及追求幸福的欲求，他将自然法的第一原理予以公式化，然后由该原理演绎性地推导出有关"美德""礼仪"与"正义"这三种善的原则。这样一来，属于正义领域的法律性的各种规则，在事关社会的组成，属于有从外部予以强制之可能这一点上，区别于其他种类的规则。经常被归为托马西乌斯所创的"法之外部性、道德之内部性"这种有名的公式,正是源于这种区别。

托马西乌斯认为,自然法将作为其基础的人们的和平、安宁与幸福确定为国家的最大目标。在此基础上,托马西乌斯运用社会契约的推理方法,从有效地实现这些目的的视角主张,唯有融入了君主向贤者寻求建言的启蒙主义性质的绝对君主制,才是最好的统治体制。

7. 沃尔夫的自然法理论

历经上述发展,德国的启蒙的法律思想,终于在克里斯蒂安·沃尔夫(Christian Wolff,1679—1754年)这里迎来了顶峰。沃尔夫尤其受到了莱布尼茨的影响,他以哈雷大学为据点,在心中描绘了宏大的梦想,希望能构建可以统合所有科学领域的哲学体系。在进行这种尝试的过程中,他展开了自己的自然法理论。

沃尔夫的自然法理论的基础,在于支撑其整个实践哲学的**完成**原理。实施能使自己或者他人的状态更加完全的行为,并且避免使自己或者他人的状态不完全,沃尔夫将这些假定为围绕"人之完成"的自然的义务,通过演绎性地从这种义务中导出,而开展自己首尾一致、前后连贯的自然法体系。沃尔夫的这种研究被评价为最为彻底地贯彻了几何学的方法。另外,尽管沃尔夫也谈到了自然权,但那被定位为终究是为了自然的义务而需要的派生物,为此,沃尔夫的自然法体系又经常被称为**义务的体系**。

沃尔夫从这种完成的自然的义务的视角出发来解释国家的产生。在自然状态下,人们形成婚姻共同体与家父长制的社会,由于没有充分完成自然的义务,因而国家通过社会契约而产生。但是,沃尔夫考虑的是,这个过程不会因国家的产生而结束,最终会发展至形成一种作为国家间的结合的"人类国家"。

Column7:启蒙专制君主与法典编纂

普鲁士的腓特烈二世(Friedrich Ⅱ,1712—1786年)是启蒙专制君主的典型性人物。他在加强绝对主义的统治的同时,将自己定位于"我是这个国家的第一公仆",实施了为了人民的福利与国家的安宁的相关政策。而且,从皇太子时代开始,他就对法国的文化艺术抱有浓厚的兴趣,其自身作为一名启蒙思想家,与伏尔泰亲密交往,并且在伏尔泰的协助下,创作了《反马基雅维利》(Anti-Macchiavell,1740年)。

法典编纂就是腓特烈二世实施的启蒙主义政策的成果。腓特烈二世认为,需要一部适用于自己治下的普鲁士全境的概括性法典,于是下令起草法典。在其死后的1794年,终于完成了《普鲁士普通邦法》,从该法中能清晰地看到正文所述的德国启蒙时期自然法理论的深刻影响。①

二、苏格兰的启蒙的法律思想

1.苏格兰启蒙的时代背景

在英国,在相对较早的时间就产生了中央集权国家,在这种国家强力的权力保护之下,形成了资本主义的经济体制。因受到这种体制的恩惠而成长起来的市民阶层逐渐壮大自己的势力,与

---

① 屋敷二郎:《纪律与启蒙 腓特烈二世的启蒙绝对主义》,ミネルヴァ书房1999年版。

依然保持着政治性的权力的封建贵族们相互协作,共同抵抗国王的权力。正如在本书第三章中谈到的那样,通过让两个市民革命取得成功,他们成功地取得了对市民权利的保障与民主的议会制度。

在苏格兰出现的一些启蒙思想,继承以洛克为代表的此前的经验论的哲学传统,在正在迎来巅峰的大西洋贸易与产业革命的恩惠下成长起来,以立足于当时的社会现实的形式而形成。当时面对的是以对等的市民之间的社交与交换为基础的"商业社会",从该过程中也产生了新的法律思想。

2. 来自大陆的影响

但是,苏格兰启蒙法律思想之所以得以形成自己的特色,实际上,在大陆地区展开的合理主义的自然法理论,尤其是普芬道夫的思想(本书本章之一)对此发挥了重大作用。格拉斯哥大学是形成这种思想的据点,在该大学的《道德哲学》讲座中,首任教授格森·卡迈克尔(Gershom Carmichael,1672—1729年)与其继承者弗兰西斯·哈奇森(Francis Hutcheson,1694—1746年)采取给普芬道夫的《论人和公民的自然法义务》进行注释的形式进行授课,并由此发展了普芬道夫的思想。

卡迈克尔与哈奇森原本处于自洛克以来的英国经验论的传统之中,却接受了以大陆哲学为基础的普芬道夫的思想。对此,能够想到的理由是,苏格兰的法律制度受到了罗马法的影响,以及这些法学家们曾留学欧洲大陆各国,由此形成了与欧洲大陆各国的人际交往;普芬道夫的思想对于处于私人所有制之延长线上的**商业社会**是持肯定态度的,在这一点上,也与当时的英国所处的社会状况合拍。

Column8：苏格兰法律的独特性

苏格兰原本同时具有英格兰与盎格鲁·诺尔曼(Anglo-Norman)的习惯。但是,两者之间持续地处于敌对关系,且各自构建了彼此不同的法律制度。

在英格兰,大不列颠王国全境能够看到的习惯被作为法律所接受,通过新设置的国王法庭的各种诉讼方式,形成了被称为"普通法"的固有的法律制度。相反,苏格兰在对自古以来的习惯进行体系化之时,积极地援引欧洲大陆各国的罗马法传统,由此形成了被形容为普通法与大陆法之"混合法系"的独自的法律体系。并且,1707年,通过联合条约,苏格兰与英格兰在政治上统合在一起,也设置了共同的议会与裁判所。即便是在这种受到英格兰的极大影响的情形下,苏格兰的这种独立的法律体系也继续得以维持。

为此,一般认为,在苏格兰出现了英格兰不曾有过的固有的法律思想。例如,在这种法律制度的形成过程中发挥巨大作用,也曾作为法官实际参与实务的第一代的斯太尔子爵(Stair Society,1619—1695年)主编的《苏格兰法提要》(Institution of the Law of Scotland,1681年)等,就是其中的典型代表。①

---

① Stair Society 编:《苏格兰法律史》,戒能通厚、平松纮、角田猛之编译,名古屋大学出版会1990年版。

3. 苏格兰启蒙之父哈奇森

弗兰西斯·哈奇森被尊称为"苏格兰启蒙之父",在其死后出版的《道德哲学体系》(A System of Moral Philosophy,1755 年)是其主要著作。在该著作及作为其简缩版的《道德哲学绪论》(1747年)中,哈奇森以普芬道夫的自然法理论为基础,同时也考虑到英国的思想传统与社会状况,展开了自己独特的自然法理论。

哈奇森的独特性在于在探究自然法之际,从分析由上帝所培植的、人与生俱来所具备的各种**感觉**,尤其是**道德感觉**开始,展开自己的研究。同时,作为这种道德感觉所认可的人物所具有的"德"之一,他列举了**仁爱**,亦即对他人的爱、对幸福的热情。在这种思路下,哈奇森使用了"最大多数的最大幸福"这一表述,由此,他被认为是由晚年的边沁予以体系化的功利主义的先驱者之一(本书第六章之一)。

哈奇森围绕自然法的体系性与政治社会建立的探讨,基本上遵照了普芬道夫的思想。但是,关于政治社会的建立,哈奇森从人民的公共善的视角出发,在承认主权的分割与共有的基础上,主张混合政体才是最好的统治体制。他援引洛克的**委托(信托)**政府理论(本书第三章之三),展开了明确承认有针对专制君主的抵抗权的余地等探讨。

4. 作为道德感觉学派的休谟

大卫·休谟(David Hume,1711—1776 年)作为将英国的经验论哲学推向极致的人物而广为人知。在年仅 29 岁之际,休谟便写出了《人性论》(A Treatise of Human Nature,1739—1740 年),但由于被认为属于怀疑主义的作品,他未能在爱丁堡大学与格拉斯哥大学谋得教授之职,只能一边在苏格兰律师公会的图书馆担任馆长等职,一边继续从事写作。随着《大不列颠史》(六卷本)(The History of Great Britain, 1754—1762 年)一书的问世,作为历史学家,休谟也赢得崇高声誉。

在《人性论》的第三卷《论道德》中,与哈奇森一样,休谟也将探讨的焦点对准**道德感觉**,其特点在于试图通过**共感**来说明这种道德感觉。对于共感,休谟是这样论述的:所谓共感,无非是通过观察,对他人的情感感同身受地加以接受的倾向性,人们由此承认他人的各种各样的"德",并形成自己的道德判断。不过,这种共感本身会随着自己与对象人物之间的亲近或者隔阂而发生变化。另外,道德判断被要求具有客观性与公平性这种性质。休谟由此导入了与特定的私人状况保持一定距离的、"不变且一般性的视角"这一要素。

5. 休谟的正义观

这种作为被人们的共感所认可的"德",休谟列举了**自然的德**与**人为的德**这样两种类型,**正义**被认为属于后者。

> 我们必须承认,正义与不正义的感觉不是从自然引导出来的,而是由教育与人的合意人工地引导出来的,尽管这种合意是必然的(《人性论》第三卷第二部第一节)。

休谟认为,人都是利己的,且心胸也有限,再加上必要的外部财产是稀少且容易更迭变化的,因而要维持社会,就需要通过人们的合意,产生正义的规则。这种合意不是一种约束,而是"全体对大家共通的利益的关注",是经过渐进的过程而形成的。作为正义的规则,休谟列举了有关财产之固定拥有的规则、基于同意而转移所有权的规则、命令履行约定的规则。

另外,正如休谟自己所指出的那样,这种正义的规则是由人制定的,在此意义上来说是属于人工的,但是,其绝非有意识制定的,而是一种必然形成。因而,值得注意的是,在此意义上,该规则能够被谓为"自然的"东西。

6. 休谟对社会契约论的批判

休谟也是社会契约论的著名的批判者。不过,人们最初在确定统治时可能是以契约为基础的,休谟并未连这种可能性也予以否定。休谟否定的是,即便是在随着时间的推移,统治者与被统治者已经完全更换的当下,仍然主张统治与忠诚的源泉在于契约这种观点。

休谟本人认为,这种统治与忠诚的源泉应该求之于,在人们之间确保正义的规则的执行与裁定,并增进社会整体的利益。对此,休谟是这样论述的:原本来说,人们同时具有为眼前的蝇头小利所诱惑、排斥正义所带来的宏大利益的弱点这种自然的倾向,为此,要实现正义,就以作为能够促使人们遵守规则之结构的统治为必要。

为此,休谟指出,在统治者通过暴政而让正义的利益丧失之时,人们就从忠诚的义务中解放出来,对统治者的抵抗就是被允许的。虽说如此,对实施暴政的统治者进行抵抗,也经常会使社会陷入无序状态,而且,也根本无法保证一定能够换成一个实施善政的统治者。因此,对于市民对统治者的抵抗,休谟本人是持消极态度的。

7. 作为道德感觉学派的斯密

因写作了《国富论》(An Inquiry into the Wature and Causes of the Wealth of Nations,1776年），亚当·斯密(Adam Smith,1723—1790年)被誉为"经济学之父"。不仅如此，斯密也师从哈奇森学习，并且承继了由哈奇森担任教授的讲座，也属于了不起的道德哲学家。正如斯密的另一部主要著作《道德情操论》(The Theory of Moral Sentiments,1759年)的书名所示，斯密也是以**道德感觉**为核心开展研究。

与休谟一样，斯密也是通过**共感**来解释道德感觉。不过，斯密是作为下面这种过程来理解共感的：他人的情感通过与该他人之间进行"想象上的立场交换"而得以把握，在他人的情感与自己的情感一致之时就加以赞赏，不一致之时则予以谴责。要求道德判断具有客观性与公正性这种性质，斯密对此是重视的。为此，斯密引入了属于不存在利害关系的第三者的**公平观察者**这种理想的视角。在斯密看来，这样就能够弥补共感的参差不齐。

8. 斯密的法学讲义

斯密在《道德情操论》的结尾曾提到过，要针对《法与统治的一般理论与历史》进行写作，但该计划终成未竟之举。尽管如此，斯密的构想也可以从听其授课的学生所作的笔记《法学讲义》(A笔记·1762—1763年、B笔记·1763—1764年)中窥见一斑。

将该讲义的内容与前面解释的道德哲学联系在一起的，正是**正义**的观念。在斯密看来，所谓正义，是一种道德性的德性，是指对于缺乏正义就可以从公平观察者的角度带来谴责这种否定的反应,并且,对于强制实现正义的行为则被认为是正当的。斯密将正义明确区别于慈爱等其他道德性的德性。比照基于亚里士多德的传统区别,斯密所谓的正义、慈爱分别相当于交换的正义、分配的正义(本书第一章之四)。

斯密认为,只有正义的各种规则才是市民统治的基础。并且,斯密将对于这种正义的各种规则进行分析、体系化作为"自然法学"的目的,并就财产法、婚姻家庭法、公法等进行体系性的讲授。另外,就统治的基础而言,与休谟一样,斯密对于社会契约论也持批判态度。

9. 斯密的商业社会与统治

正如在《道德情操论》中所预告的那样,斯密的《法学讲义》在前面解释的正义的各种规则之外,还就有关生活行政、公共收入、军备等的顺利实施的事项进行了考察,并且,以这些内容之成果的形式,出版了《国富论》。

《国富论》考察的着眼点,在于探求社会中的繁荣机制。斯密以分工与资本储备这种原理为线索,作为理想社会的姿态,描绘了以市场为中心的**商业社会**。在这种商业社会中,利己的个人服从正义的各种规则,基于各自的交换取向,进行自由的交易。

斯密认为,在这种商业社会中,统治者应该做的事情是,对于由正义诸规则所产生的"自然的、自由的体系",以为此提供保障为核心,止于从事防卫以及若干公共事业。为此,在当时的欧洲占主流的,那种奖励统治者积极介入经济活动的所谓**重商主义**,在斯密眼里,就属于最应该避免的政策。斯密的这种观点,被哈耶克等现代自由主义经济的思想所继承(本书第十二章之二)。

三、法国的启蒙的法律思想

1. 法国的启蒙的时代背景

即便在法国,由于在相对较早的阶段确立了绝对主义体制,在这种权力的庇护之下,也能看到市民阶层的社会性的跃进。但是,从路易十四统治的末期开始,法国王室面临财政困难,对市民的征税愈发残酷。伴随于此的是,针对绝对君主制与身份制等**旧体制**的不满情绪,在市民中不断累积,这种不满情绪最终导致了1789年法国大革命的爆发。

对于由市民阶层发动的这场大规模的革命,法国的启蒙思想提供了思想上的原动力。在此意义上可以说,与此前已经出现的英国、德国的启蒙思想相比,法国的启蒙思想呈现出了远超于此的激进性。

2. 伏尔泰的启蒙与改革

伏尔泰(François Marie Arouet de Voltaire,1694—1778年)是法国初期的代表性启蒙思想家之一。正如从他在写给友人的一封书信中所表述"敲碎应该感到羞耻的东西"的那样,通过理性来打破无知与旧习这种态度,一直贯穿其思想中。在其主要著作《哲学通信》(Letters Philosophiques Sur Les Anglais,1734年)中,受到自己在英国逃亡过程中曾经有过接触的洛克等人的自由主义思想的感化,伏尔泰尖锐地批判了遍布无知与旧习的法国的社会制度。但由于批判过于激烈,该书遭到查禁。

如同对上述激进思想进行实践那样,在因写作《论犯罪与刑罚》(Dei Delitti E Delle Pene,1764 年)而闻名于世的意大利人切萨雷·贝卡里亚(Ceasre Bonesana Beccaria,1738—1794 年)(本书第六章之一)的影响之下,伏尔泰晚年开始从事对故态依旧的法国刑事法制度的改革。当时,法国发生了一些残酷的案件,例如,雨格诺教徒让·卡拉斯因涉嫌杀害企图改宗为天主教的儿子而被判处死刑的"卡拉斯(Calas)事件"、某年轻人因涉嫌损毁基督教的耶稣受难像而被判处死刑的"拉巴尔(Labarre)事件"。接触这些案件之后,伏尔泰痛感有必要重新拷问法国悲惨的刑事制度。伏尔泰写作著名的《论宽容》(Traité sur la tolérance,1763 年),就是因为受到了"卡拉斯(Calas)事件"的影响。

3. 法国启蒙中的孟德斯鸠

查理·路易·孟德斯鸠(Charles-Louis de Secondat, Baron de La Brède et de Montesquieu,1689—1755 年)是与伏尔泰同时代的启蒙思想家。孟德斯鸠出身于贵族家庭,在波尔多大学法学院取得学位,曾在当地的高等法院担任副院长。自 1723 年开始,在欧洲各国旅行 3 年,这一经历极大地影响了他的思想的形成。

孟德斯鸠年轻时匿名出版的《波斯人信札》(Lettres Persanes,1721 年),甚至被称为法国启蒙思想的原点,该著作展现了支撑其法思想的独特性视角。该书的着眼点在于,针对自己熟习的法国的法律与政治等,孟德斯鸠借助波斯人这种异邦人的视角展开了批判。他认为,在将法律与政治这种社会性现象予以相对化、对象化的基础上,应该能从中找出与自然现象一样、基于因果性法则而认识的所谓"社会学的"探究的头绪。

4.《论法的精神》

在其主要著作《论法的精神》(De l'esprit des lois, 1748 年)中,孟德斯鸠也采取了这种社会学的视角。在该书的开头,他作出了"在最广义上,法,是事物的性质产生出来的必然关系"(《论法的精神》第一编第一章)这一定义。在此基础上,对于人们所创设的法律,他的理解是与该土地的自然条件、人们的生活形态、信仰以及发展程度等事物的秩序之间的关系,形成了**法的精神**,由此进行社会学的或者也可以被称为"比较法的"考察。

孟德斯鸠的这种考察,存在启蒙性的意图。对于法律,孟德斯鸠反对那种偏向于特定想法的所谓"才华横溢"的观点,鼓励那种从有广度的视角所进行的考察。通过这种考察,人们对于形塑自己社会的法律,会获得正确的理解,这才是《论法的精神》的目的。

立法者也应该包括在持有这种对法的正确理解者之内。对于那种立法精神仅朝一个方向倾斜,结果引起残酷状态的立法者,孟德斯鸠是持批判态度的。他主张,毋宁说,"温和的精神必须是立法者的精神"(《论法的精神》第二十九编第一章)。在这一点上,《论法的精神》的见识也作为对立法者的制约而发挥作用。

5. 孟德斯鸠的三权分立理论

孟德斯鸠是为英国的政治体制所感动而开始执笔写作《论法的精神》,这一说法是很有名的。那完全是因为虽然据说其理解也存在错误,孟德斯鸠感受到,将立法、执法与司法的权力进行分立,并且保持均衡与协调的政体,会确保政治的自由,这也正体现了**温和的精神**。

要创造温和的政体,就必须结合各种权力,并对此进行调整、缓和,让其活动。也就是,必须创造出给一种权力增加压舱货,使之能够抵抗另一种权力的状态(《论法的精神》第五编第十四章)。

按照孟德斯鸠的理解,无论是伴有王权之无节制的行使的专制政体,还是由有德的市民支撑的共和制,其精神都仅仅倾向于一方,都不符合**温和的精神**,属于不适当的政体。孟德斯鸠想的是要构建自由的国家,只有那种被设计成给予贵族适当的定位、防止国王与人民一起滥用权力、由权力来抑制权力的政体,才是适合这种精神的理想的政体。

6. 重农主义者的自然法理论

弗朗斯瓦·魁奈(François Quesnay,1694—1774年)与里维耶的梅西耶(Pierre-Paul Lemercier de la Rivière de Saint-Médard,1719—1801年)等所谓**重农主义者**,关注当时欧洲商业社会的发展,创立了自己独立的"统治的科学"。写作了《经济表》(1758年)的魁奈认为,人是一种感觉性的存在,以快乐与不快乐为基础,合理地进行利害打算,这是自然的。通过这种主体自由地追求利益,实现社会整体财富增加的状态,是一种理想的状态。他从社会经济的繁荣的视角主张,人们通过劳动所取得的所有权是一种"自然权",支撑这种自由竞争秩序的各种规则是"自然法"。

魁奈还从社会经济繁荣的视角主张,由"专制君主"实施的统治是最理想的。当然,专制君主的职能被限于保护人们的所有权,维持并促进自由的竞争秩序这种监护人式的作用。孟德斯鸠支持的温和的政体,由于承认由贵族所代表的特权中间集团的存在,会阻碍人们的自由竞争秩序,出于这种理由,魁奈对此是予以规避的。

7. 百科全书派的自然法理论

由丹尼·狄德罗(Denis Diderot,1713—1784年)与让·勒朗·达朗贝尔(Jean le Rond d´Alembert,1717—1783年)编写的《百科全书》(Encyclopédie méthodique, ou par ordre de matières,1751—1772年)体系性地对各种科学与技艺进行汇编,其目的在于供人们从中获得知识,是一种完全体现了法国启蒙精神的书籍。

在《百科全书》中,狄德罗自己负责撰写"自然法"部分。在该部分中,自然法被定义为正义的基础或者首要的根据,其内容取决于人类整体的共同利益即**普遍意志(一般意志)**。这种普遍意志绝不会错误,而总是善的,潜在于所有的社会现象之中,要发现这种普遍意志,需要**理性**。

在"政治权威"部分,狄德罗还谈到了政治体制。在该部分中,设想的是由单一的统治者进行统治的政治体制即君主制,君主的正统权威是基于人民的合意,是在自然法与市民法的制约之下行使权力。不过,对于人民的抵抗权,狄德罗总体上作了否定性的表述。狄德罗之所以为君主制所倾倒,据说是与重农主义者一样,立志于启蒙专制主义。

8. 法国启蒙运动中的卢梭

让·雅克·卢梭（Jean-Jacques Rousseau，1712—1778 年）出生于瑞士日内瓦共和国的一个钟表匠的家庭。孩提时代的卢梭郁郁不得志，没有接受学校的正规教育，16 岁时离开了日内瓦。此后，在颠沛流离的生活中坚持自学，终于在 30 岁那年步入巴黎社交圈，确立了自己作为法学家的声望。其波澜壮阔的生涯毫无隐瞒地记录于其著作《忏悔录》（Les Confessions，创作于 1764—1770 年，最终出版于 1782—1789 年）之中。

对于卢梭的评价一般是，曾参与执笔《百科全书》中的音乐部分，其著作对法国大革命给予了极大的影响；还被介绍为，与前述启蒙思想家一同被列为法国启蒙运动的代表性的人物。但是，实际上，对于人们的**理性**的行使会带来文明的发展与人类的幸福这种启蒙思想的核心教义，卢梭一贯持怀疑的态度，考虑到这一点，对于上述介绍就有必要持一定的保留态度。

卢梭针对理性的怀疑态度，在其最初的著作《论科学与艺术》（Discours sur les sciences et les arts，1750 年）中，就已经显现出来。对于第戎科学院有奖征文题目"科学与艺术的复兴是否对习俗的洗练作出了贡献？"，卢梭给予了否定回答。其理由在于作为理性之成果的科学与艺术，会引导人们追求外表的虚荣，并且诱使人们堕落，为此，会带来习俗的恶化。卢梭的这一回答，与其科学与艺术原本由野心、贪欲等各种各样的恶德所产生这一主张一同引发了巨大的论争。

9. 卢梭的自然状态理论

为了探求这种文明社会中的恶德的源泉,卢梭发表了《论人类不平等的起源和基础》(Discours sur l'origine et les fondements de l'inégalité parmi les hommes,1755年)。该作品也是作为对第戎科学院有奖征文题目"人与人之间的不平等的起源是什么,能够得到自然法的承认吗"的回答而创作。

首先,卢梭将自然状态定位于非历史的假说的状态,围绕人的本性进行考察。自然状态中的人具有**爱自己**与**怜悯他人**这样两种本能,具备**自由意志**与**自我改善**这样两种特性,基本上是无垢的,属于自由且平等的存在。并且,卢梭基于这种视角,批判霍布斯与普芬道夫对自然状态的理解。

其次,卢梭描绘了从这种自然状态向社会状态的过渡,即人的脱自然化、社会化的过程。人在这一过程中,通过发明各种各样的技术,产生**私人所有**的观念,确立为保障这种制度的统治。在这一进展中,人们丧失自由,产生出政治的、社会的**不平等**。在如此产生的人与人之间的不平等之中,卢梭找到了文明社会的恶德的根源。

10. 卢梭的社会契约论

这样,卢梭在其主要著作《社会契约论》(Du Contrat Social,1762年)中,着手解决这样的问题:在目睹坏的文明社会的存在之时,即便向自然状态的回归是不可能的,那么,如何能找回自由与平等呢? 这里,卢梭依据的正是**社会契约**的观念。

> 我们每一个人,将身体及其力量的整体共同地委托给普

遍意志的最高指导之下。作为人之集合的集团，将每个成员作为不可分的一部分予以接受(《社会契约论》第一编第六章)。

卢梭认为，在人们相互缔结这种契约之时，由于个人被平等地赋予相同的条件，被平等地给予相同的利益，因而得以确保平等。与此同时，由于个人"与所有人连接在一起，且仅服从于自己"，因而也得以确保自由。当然，这里的自由被称为与自然状态下的自由性质不同的**市民的自由**。

在卢梭看来，社会契约的结果是人们创设国家，自己成为国家的主权者。所谓主权，是不可转让、不可分割、不能被代表的权力，正是人们(人民)的普遍意志的行使。所有的法都是普遍意志的体现，由这种法律所指导的国家，无论采取何种统治体制，都被称为**共和国**。卢梭对英国的代议制持批判态度，正是基于这种主权的不可代表性视角。

11. 法国大革命的法律思想

法国大革命的成功产生了近代史上最重要的政治文件之一的《人与市民的权利宣言》(《法国人权宣言》，1789年)。在该宣言中，能够看到受到了孟德斯鸠的三权分立思想以及卢梭的社会契约论的影响。

对于法国大革命的成功，埃马努埃尔·约瑟夫·西耶斯(Emmanuel Joseph Sieyès, 1748—1836年)的《第三等级是什么》(Qu'Est-CE Que Le Tiers Etat, 1789年)也做出了重大贡献。这部小册子的开头有这样一个令人印象深刻的问答："第三等级是什么？是一切"。这部著作在显示了**制宪权**这种近代立宪主义的重要概念这一点上,迄今仍具有重要意义。

法国大革命的成功受到了多数思想家的欢迎,当然也存在批判者。例如,英国的思想家埃德蒙·伯克(Edmund Burke,1729—1797 年)在其著作《对法国大革命的反思》(Reflections on the Revolution in France,1790 年)中,从保守主义的视角出发,对于为民众的狂热所引导的这种激进的革命,提出了批判性意见。

表 4-1 启蒙的法律思想年表(主要的思想家)

	1600	1700	1800
以前		格劳秀斯(1583—1645年) 霍布斯 洛克(1632—1704年)	
德国		普芬道夫(1632—1694年) 莱布尼茨(1646—) 托马西乌斯	
英国		哈奇森 休谟 斯密(1723)	
法国		孟德斯鸠 魁奈 狄德 卢梭	
以后			康德 黑格尔 边沁

第三部分 近代法思想的展开

第五章　德国的观念论与历史法学

自18世纪后半期至19世纪前半期的德国，数个城邦各自独立，要形成近代的统一国家路途还遥远。但是，产业革命、在新大陆进行的国家建设，以及追求自由的市民所进行的政治革命这种时代大潮不容分说地扑面而来。德国人如何应对这种时代的变化呢？本章想概述下列内容：围绕自由与国家而展开不同的法律思想的二名哲学家即康德与黑格尔、构筑了德国法学之基础的法学家萨维尼的思想。

一、康德的法律思想

1. 康德生活的城市

伊曼努尔·康德（Immanuel Kant, 1724—1804年）出生于东普鲁士的首都柯尼斯堡（Knigsberg，现在为俄罗斯的加里宁格勒），他在此度过一生，几乎从未离开过。大学毕业后，康德担任过家庭教师、宫廷图书馆管理员、私人讲师等，终于在1770年返回母校柯尼斯堡大学，被任命为逻辑和形而上学的教授职务。除了哲学之外，他还担任数学、自然学、地理学、人类学以及自然法等课程。

康德的生活极有规律，每天几乎一成不变：清早起床，上午讲课与写作，下午与朋友进行社交活动或者散步，简单的晚餐之后，早早就寝。散步作为每天必修的功课，也几乎是在相同的时间经过相同的地方，甚至被周边的人戏称为是按照康德的散步时间来对表。柯尼斯堡面临波罗的海，作为"汉萨同盟"的重要成员城邦而繁华起来，商人与军人也从欧洲各地聚集在这里。康德与这些人亲切交流，而且还收集当时盛行出版的旅游日记，也感受到了正在发生巨大变化的时代气息。

2. 理性批判

被称为"批判三著作"的《纯粹理性批判》(Kritik der reinen Vernunft, 1781 年)《实践理性批判》(Kritik der praktischen Venunft, 1788 年)与《判断力批判》(Kritik der Urteilskraft, 1790 年)，是康德的主要著作。这三本著作的共同特征，在于对于以沃尔夫为代表的合理主义哲学一直以来的不加怀疑地予以相信的"理性"所陷入的错误或者欺瞒，即"假象"予以揭露，由此，认清人的"理性"能做到的事情与不能做到的事情，也就是进行"理性批判"。对于康德的这种批判哲学给予决定性影响的人物是休谟与卢梭。如后所述，了解到休谟针对人的合理性认识的怀疑之后，康德从**独断的打盹**[《未来形而上学导论》(Prolegomena Zu einer jeden Künftigen Metaphysik, dieals Wissenschaft Wird auftreten Köunen, 1783 年)]中苏醒过来。而且，康德还从卢梭那些学习了"对人的尊敬"，并将其作为自己的哲学的根基。

3. 人的认识能力

首先,在《纯粹理性批判》中,康德探讨了人的理性活动之中,属于自然科学之基础的对于外部事物的认识能力。在从莱布尼茨到沃尔夫的合理主义哲学中,"理性"被认为是对于正在变化的事物之中的不变的本质进行认识的能力,被视为像能够决定认识之真伪的最终法庭;相反,休谟的怀疑论则主张,毋宁说,形塑认识,是指人的感官所接受的对事物的印象(或者感觉数据)之累积,即"经验"。康德接受了这种观点,他认为,人绝不可能到达**物质本身**,不过是能够感知**现象**而已。不过,仅凭这一点,还只是存在杂乱的印象,无法充分解释人的认识能力。为此,康德认为,将对象作为对象来构成某种东西,那理应存在于人的主体即主观。"不是认识服从于对象,毋宁说,对象必须服从于我们的认识"(《纯粹理性批判》第2版序言)。康德将这种视角的逆转比作从天动说向地动说的转换,将其称为**哥白尼的旋转**。

作为构成对象的人的能力,康德列举了"感性"与"知性"。其中,感性是指以时间与空间的过滤器为介,接受事物的外在印象即现象的能力;知性是指通过理解的框架对此予以整理排序的能力。只有通过这两种能力,对于外部事物的现象的认识,即"经验"才是有可能的。

4. 理论理性与科学的界限

"理性"进行何种活动呢?在康德看来,"理性"先于经验,并与经验毫无关系地进行活动,意味着独立的逻辑能力。这种理性的活动决定科学的界限,被称为理论理性。

感性、知性与理性——康德有关人的认识能力的解释,成为以自然为对象的学问即自然科学的坚固基石,或者为之奠定基础。另外,上帝的存在、灵魂不灭等,那些通过感性与知性无法认知的东西,就不属于科学的对象。传统的合理主义哲学认为,通过"理性"证明灵魂不灭与上帝的存在是有可能的,但在康德看来,那属于越过了理性之界限的错误尝试。

5. 道德与实践理性

道德是"理性"的能力发挥重要作用的另一个领域。康德试图从先于经验的、属于独立的逻辑能力的"理性"的视角,推导出普遍的且必然的道德法则。理性在道德领域中的活动,被称为**实践理性**。

康德主要在《道德形而上学原理》(Gnandlegung aur Metaphysik der Sitten,1785年),以及3年后出版的《实践理性批判》中,阐述了自己的道德哲学。不过,一般认为,正是18世纪60年代的"卢梭体验"决定了康德的道德哲学的方向。一个很有名的插曲是,由于沉迷于卢梭的《爱弥儿》(Émile, ou Del'éducation, 1762年),康德甚至忘记了每天的功课散步,以至于周边的人都因为见不到他而为之担心。康德留下了下述《备忘录》:"我曾经蔑视过没见过世面的下层人,正是卢梭纠正了我的这种错误。为此,虚幻的优越感消失殆尽,我学到了尊重他人。如果我的想法是,对于承认所有他人的价值,并且能够确立人性的权利这一点不予相信,那么,我会将自己视为比那些平凡的劳动者更加无用的人"。

6. 作为普遍的道德法则的定言命令

康德认为，人与生俱来具备追求"善"的意志(**善的意志**)。亚里士多德以来的道德哲学所谓"幸福"，休谟及其后来的功利主义所主张的追求"快乐"，都不是人们实施善行。"幸福"与"快乐"以个人或者集团的经验为依据，因而，如果时间或者地点发生错误，是有可能发生任何变化的，不过是种不确定的。毋宁说，善，仅凭"是好的"这唯一的理由，就赋予人们实施善行的义务。因此，善所命令的义务，不是"为了(幸福或者快乐等其他的东西)……做……"这种附条件的命令，而是作为一种不以任何经验为依据的绝对的命令，采取"做……"这种无条件的命令的形式，康德将此称为**定言命令方式**。

定言命令方式，即不依存于其他任何东西，只能通过人的"理性"才能发现的，因而属于必然的且普遍的道德准则是种什么样的呢？康德对此作了如下定义：

> 你的行为要做到，你的意志的格准(行为规则)总是同时能够成为普遍的立法的原理(定言命令的根本方式。《实践理性批判》第一部第一编第一章第七节)。

> 你的行动，要把你自己的人格中的人性，以及所有其他人的人格中的人性，在任何时候都同样看作目的，永远不能只看作手段(定言命令的第二种方式。《道德形而上学原理》第二章)。

7. 作为自律的自由

这样，定言命令方式命令了下述义务。那种仅仅适用于自己,或者例外对待自己的行动指针,绝不能被称为道德法则,那必须是其他所有人也能够接受的。在与其他人之间的关系上,不得将他人单纯视为一种手段,而必须将他人作为与自己具有相同人性的人格,作为目的来加以尊重。

需要强调的是,这种定言命令方式,与属于康德的道德哲学之核心的自由理念是难以分离、紧密联系在一起的。对康德而言,所谓自由,不是指为了得到幸福或者快乐而任意地实施行为,或者自己的行为不受干涉;相反,康德所谓自由,是指必须服从于由自己的理性所立法的普遍的道德法则,即定言命令方式。康德将自己决定规则,并且自己服从的状态,称为**自律**。也就是说,对康德而言,所谓道德法则,也是"作为自律的自由"的法则。

8. 康德的法与道德

康德从动机的视角,将通过理性而被立法的道德法则,进一步区分为两种:作为道德法则,赋予实施某种行为的义务时,不问其动机的场合是"法",追问其动机是否正确的场合则是"德"(狭义的道德)。也就是说,从法的角度来看,问题仅在于是否合乎道德法则(**合法性**);相反,从德的角度来看,追问的则是服从这种道德法则之际的内心动机是否正确(**道德性**)。康德在《法学的形而上学基础知识》(Metaphysischen Anfangsgriinde der Rechtsle,1797 年)与《德行学的形而上学基础知识》(Die Metaphysischen Anfangsgriinde der rigendlehre,1797 年)中分别就前者与后者展开了论述。

9. 法的定义及其普遍的原则

康德之所以研究"法"的问题，是因为一般而言，法属于给人们施加某种强制的东西，这一点有可能与处于道德法则之根基的自由理念相矛盾。那么，就必须找到能够与作为自律的自由两立的"法"的理念，以及正确的法的条件。在《法学的形而上学基础知识》的序言中，康德对法作了下述定义，就"法的普遍的原则"进行论述。

> 法，就是那些使任何人有意识的行为按照普遍自由原则确实能与别人有意识的行为相协调的全部条件的综合（《法学的形而上学基础知识》序言）。

> 任何行为，该行为本身或者由该行为的格准所看到的该人的选择意志的自由，如果与其他人的自由都可以按照普遍的法则两立，那就是正确的（合乎正义的）（《法学的形而上学基础知识》序言）。

换言之，如果某种法律是由包括自己在内的所有人一起确定，同时，通过服从普遍的自由的法则（属于普遍的道德法则的定言命令方式），与其他所有人的自由能得到两立，那么，就可以将该法律称为正确的法。在这种场合，即便是强制自己或者他人的东西，该法与自己是自己的立法者即作为自律的自由是不矛盾的。

10. 私法、原始契约、公法

正如前面所提到的那样，康德曾作为大学教师讲授自然法，基本上是吸收了德国自然法论（本书第四章之一）的内容，但在《法学的形而上学基础知识》中，其理论基础则被置换为由作为普遍的道德法则的定言命令方式所推导出来的新的法律理念，从而展开了自己独特的社会契约论。

《法学的形而上学基础知识》的第一部、第二部分别研究了私法、公法。不过，与现代的通常含义不同，这里的私法是指社会契约之前的自然状态的法，而公法则是指社会契约之后的法。首先，在私法中，区分了（1）属于天生的权利的自由的权利，与（2）通过某种行为而取得的权利。后者还进一步研究了①所有权等对物的权利（物权）、②契约等对人的权利（债权）以及③家族关系等，将对象作为物予以占有或者作为人格加以使用的权利。

但是，仅仅存在私法的状态是不稳定的，即便存在"保护的正义"与"交换的正义"，也难以指望"分配的正义"的实现。为此，作为理性的要求，所有人都负有移转至伴有分配正义的法律状态的义务。所有人均取得合意，在法律状态下实施符合正义的统治，康德称其为**原始契约**（根源契约）。不过，这里需要注意的是，原始契约终究是**理念上的**契约。霍布斯、洛克的社会契约论（本书第三章之三）是解释法秩序即国家的**正统性**的原理；相反，康德的原始契约是作为衡量个别的法是否正确，亦即衡量其**正当性**的原理而发挥作用。

在原始契约的理念之下，构筑法律状态所需要的法则之总和（全部法律），就是公法。公法由国家法、国际法与世界法三部分构成。

11. 作为理想的统治状态的共和制

沃尔夫甚至被誉为康德之前的德国自然法之翘楚，他认为，国家的目的在于实现国民的"幸福"。但是，那无非是国家将人们作为子女来对待的一种父权性的支配，康德在《理论与实践》（1793年）中对此展开了猛烈的批判。在康德看来，国家的目的在其他地方。"能够想到，体制与法律的诸原理最大限度地相一致的状态。理性通过定言命令方式约束我们，向这种状态而努力"（《法学的形而上学基础知识》第一部第四十九节）。也就是说，追求的是将所有人的"作为自律的自由"予以最大化的公法秩序，即实现了这种自由之最大化的国家。

"共和制的国家"正是作为这种国家形式而提出。在《永久和平论》（1795年）中，作为为了永久和平的第一确定条款，康德认为，"任何国家的市民体制都应该是共和制"。统治的"形态要么是共和制要么是专制制度。共和制是执行权从立法权中分离出来的国家原理，相反，专制制度则是国家自己独断地执行国家自己制定的法律的国家原理"。也就是说，康德所谓共和制，是指"立法者不得同时也是执法者"，可以说其体现了与立宪制度、法律的统治等相近的思想。康德还敲响了警钟：如果轻视这一点，无论法的执行者仅仅是一个人（独裁制）还是数人（贵族制），抑或是多人（民主制），最终必将陷入专制政治，人们的自由也会轻易地遭到侵犯。

康德否定抵抗权即革命权，在这一点上，他经常受到诟病。然而，可以说，那也是他主张的共和制的理论归结。因为如果作为主权者的国民拥有抵抗执行者、审判执行者的力量，那么，作为主权者的国民就会独占立法权与执行权这两个方面的权力,结果就有走向专制的可能性(不过,康德晚年却对以共和制与国民主权为目标的法国大革命给予了肯定性评价)。

12. 永久和平论与国际法

但是,即便顺利地确立了共和制的国家体制,如果受到其他国家的侵略,人们的自由与财产也会丧失。为此,康德将"要把你自己的人格中的人性和其他所有人的人格中的人性,在任何时候都同样看作目的,永远不能只看作手段"这种普遍法则,扩大至国家之间的关系。如果认为其他国家的人们也属于作为道德之目的的人,而非谋求自己国家的繁荣与幸福的手段,那么,作为由理性发出的命令,就必须放弃战争,代之以通过通商与协商来解决纠纷为目标。这样,康德构想了一个作为诸国民之缓和的联合体的**和平联盟**。

一般认为,康德的这种永久和平的理念,成了联合国的样板。与共和制国家的理念相并列,这种永久和平的理念,作为由理性导出的属于普遍的道德原则的定言命令方式的必然的延展,在规制现实的国际法的同时,也作为国际法所应该追求的理想而发挥作用。

13. 世界法、理性的公共性的行使

公法中的第三个领域是世界法(世界市民法)。世界法是事关尚未构建友好关系、但有可能进行交流的地球上所有人之间的关系的法律。康德以"所有国家的人都拥有尝试进行交流的权利,仅凭这一点就将尝试进行交流者当作敌人来看待,不能承认外国人具有这种权能"为理由，主张即便有可能被滥用，"尝试与所有人之间建立共同体。出于这种目的访问地球上的所有地方，地球市民的这种权利是不能被废弃的"（《法学的形而上学基础知识》第一部第六十二节）。

不过，这并非是在其他国家的土地上定居的权利。因为要在其他国家的土地上定居，还需要订立特别的契约。出于其他国家的居民对土地的所有权归属毫不关心这一理由，随意将这些土地据为己有；或者出于矫正那些尚未开化之人的理由，对他国进行殖民的行为等，这些行为都是不正义的，绝对不能被允许。

在将其纳入道德哲学之前，康德就已经提出了这种世界市民性的远景。在论文《何为启蒙？》（1784年）中，康德做了下述论述：所谓启蒙，就是人们"从自己招致的不成熟状态中摆脱出来"，不仰仗他人的指示，拥有行使自己的理性的勇气。为此，就需要能够自由地进行探讨，这里重要的是不得从自己的职业性立场或者狭隘的国家利益来推进这种探讨。因为那不过是"理性的个人性的行使"。毋宁说，作为一位面向世界上的听众的世界市民进行探讨，也就是"理性的公共性的行使"才是重要的。

正如前面所提到的那样，康德几乎终生没有离开过这座城市。但是，在这座未必有多大的边境港口城市，康德却从世界市民的视角，对道德、法律、国家以及世界的相关问题进行了深入的考察。

Column9：费希特与国民国家

作为德国观念论的重要论者，J. G. 费希特（Johann Gottlieb Fichte，1762—1814年）的名字是不能被忘记的。在法国大革命的影响之下，他彻底贯彻康德哲学中的主观、主体的一面,开展论述"自我"的能动性与绝对性的"知识学",并由此导出作为保护个人的自律与自由的框架的独立的国家论。另外,自1807年至1808年,面对总是无法形成统一的国家,并且因被拿破仑打败而失去自信的德国国民,费希特作了题为《对德意志民族的演讲》(Addresses to the German Nation)的演讲。在演讲中,费希特论述道,只有那些共同具有相同的语言与历史的语言文化共同体,才是"国民、民族"(nation)的核心,以这种共同体的国民为单位,对"人类"作出贡献。费希特的这种思想,与强调"记忆的共有""走向共生的意思"的法国的欧内斯特·勒南(Joseph Ernest Renan, 1823—1892年)的国民论相并列,成为"国民国家"这种观念的先驱,即便是在现在,这种观念也是我们在思考一个国家的法律制度与国际政治时的根本。①

二、黑格尔的《法哲学原理》

1. 黑格尔的哲学观

G. W. F. 黑格尔(Georg Wilhelm Friedrich Hegel, 1770—1831年)是与康德相比,更加与新时代的精神和社会变革保持同步的思想家。他在与康德完全不同的意思上使用"理性"这一用语,构建了自己独特的法与权利的哲学。他在其主要著作《法哲学原

---

① 欧内斯特·勒南、J. G. 费希特等:《何为国民》,鹈饲哲等译,インスクリプト1997年版。

理》(Grundliniender der Philosophiedes des Rechts,1821 年)的序言中写的、作为展示其哲学观的下述内容非常有名：哲学的使命，不是梦想这里没有的东西，而是把握现在存在的实际的东西；"理性的东西是现实的，现实的东西是理性的。"也就是说，对黑格尔而言，所谓哲学，是在将人们的各种活动把控为"被现实化的理性"的基础上，对此加以概念性地理解。并且，他也是从这一视角，将法作为哲学的对象来论述的。

2. 黑格尔的青年时代

黑格尔出生在德国南部的小城邦巴登·符腾堡公国的首府斯图加特，就读于德式文科的完全中学之后，进入图宾根大学的神学院学习。在此期间，与同居一室后来成为哲学家的谢林（Friedrich Wilhelm Joseph von Schelling, 1775—1854 年），以及成为诗人的荷尔德林（Friedrich Hölderlin, 1770—1843 年）交往密切，一起学习了新教的正统派神学。他们深受入学次年发生的法国大革命及其精神的感召，作为纪念，他们种植了作为革命象征的"自由之树"。当然，年轻的黑格尔心目中的英雄无疑是共和主义者卢梭（本书第四章之三）。

大学毕业之后，黑格尔长期在伯尔尼、法兰克福担任家庭教师。在此期间，接触到康德的著作以及旧友荷尔德林的浪漫主义思想，从而加深了自己的思考。而立之年之后，在谢林的介绍下，他谋得耶拿大学的民间讲师的职位。他在感叹神圣罗马帝国因对法战争的失败而崩溃的同时，在 1806 年 10 月的耶拿会战前夜，偶然亲眼目睹了正在进军的拿破仑的英姿，也留下了"我看到了这个世界精神为了侦察而骑马经过城市的样子"这样一句感叹。从拿破仑的身上,黑格尔再次看到了在德国形成新秩序的可能性。当日,黑格尔完成了其主要著作《精神现象学》(The Phenomenology of Spiri,1807年)的正文。在该书的序言中,他写下了这样一句话:"我们的时代是诞生的时代,是向崭新的阶段转换的阶段"。

3.《精神现象学》

在《精神现象学》中,黑格尔以新的认识自我与认识世界的方法为目标,超越对于区分物体本身与现象、自然世界与意志世界的康德的认识论,对康德的主观方面作了进一步深化的 J.G. 费希特的绝对自我的理论,以及属于浪漫主义者的荷尔德林与谢林的直观主义的主客观融合论等所有理论。那大致属于由下面三个阶段组成的**精神**的运动:

(1)认识的对象与认识的主体成为浑然一体的状态,被原封不动地、不自觉地、加以接受的阶段[**自在(en-soi)阶段**]。

(2)对主体与客体的融合状态进行反省(否定),认识对象作为客体被分离的同时,将进行认识的一方本身作为"主体"予以对象化的阶段[**自为(pour-soi)阶段**]。

(3)对于第二个阶段的状态再进行反省(否定之否定),规定认识的对象的正是认识主体本身,在此意义上,对象、客体中的自己、主体被投影这一点就能被认识到。在以主、客体分离作为媒介的基础上,再进行主体与客体的统合(**自在且自我的阶段**)。

4. 辩证法与科学的体系

在《精神现象学》中,黑格尔运用图表解释了宗教的发展史。但是,有关认识与精神的这种发展图表,理应是解释人的所有精神活动的产物——艺术、道德与法律、历史。1816 年，受聘担任海德堡大学教授的黑格尔出版了《哲学科学全书纲要》(Enzyklopaedie der philosophischen Wissenschaften, 1817 年)，展示了由逻辑学、自然哲学与精神哲学三个部门组成的哲学体系的整体图景。

在作为第一部门的"纯粹的理念之学"的逻辑学中，《精神现象学》所显示的作为精神的运动的理解世界的框架，作为**辩证法**的过程：两个对立的东西经过各种否定的阶段，在更高层面得到统一而被公式化，进而作为所有学问的基础而被普遍化。第二部门的自然哲学涉及"实现阶段性发展的理念的运动"，包括数学、物理学以及生理学三个领域。第三部门的精神哲学被分为三个部分：处理人类学、现象学、心理学等人的认识即黑格尔所谓"概念"的开始的**主观的精神**；处理道德、伦理、法律这种概念之实现的**客观的精神**；处理客体与宗教、哲学等概念之间的一致**绝对精神**。

5.《法哲学原理》

1818 年，应普鲁士改革派教育大臣阿尔滕斯坦因（Karl Sigmund Franz Freiherr von Stein zum Altenstein, 1817—1838 年）之邀，作为 J. G. 费希特的继任，黑格尔担任柏林大学教授。实际上从前一年开始，黑格尔就已经在《自然法与国家学》这一题目之下，讲授相当于他的思想之大系的《精神哲学、客观的精神》的部分。1820 年出版的《法哲学原理》，就是供听课的学生参考之用的入门书。

在该书的序言部分，黑格尔首先提出了下述主张：一直以来被称为自然法的东西，毋宁说应该被称为"哲学的法学"。这也是因为不同于处理制定法等"法律"的法学,那属于处理"法、正确的概念"的哲学的一部分。属于哲学的法学之出发点的法的概念,就是"自由的意志"。

> 总的来说,法的基础是精神的东西,其更加正确的场所与出发点是意志,这是自由的意志。为此,唯有自由才构成法律的实质与规定。法律的体系是被实现的自由的王国,是由精神本身所产生的精神的世界,是第二的自然(《法哲学原理》第四节)。

6. 抽象的权利、道德、伦理

这样,黑格尔剔除了就是在康德那里也多少能够见到的社会契约论的残渣,展开了自己独立的法学理论。

《法哲学原理》的本论首先由抽象的权利与法(抽象法)、道德、伦理三部分构成。它描绘了意志的自由的概念按照内在于该概念之中的辩证法的过程,从最抽象的阶段,逐步进入具体的阶段,最终到达现实的法的"理念、理想"的样子。

在第一部分"**抽象法**"中,黑格尔论述了下面四点内容:(1)人是作为人格的存在;(2)由此产生所有的权利(所有权);(3)从所有向契约的转移;(4)不法。

所谓人格,是自己针对自己的纯粹且抽象的关系,那拥有自由的意志。人格性包括权利能力,成为抽象法的抽象的、形式的基础。"法、权利的命令如下:成为一个人格,并且也作为人格来尊重他人"(《法哲学原理》第三十六节)。人格通过将自己的意志置入外部事物之中,并将其作为自己之物而占有,其被客观化,成为所有的权利(所有权)。放弃对某物之所有的人的选择意志,与试图对某物产生所有的他人的选择意志联系在一起之时,就产生契约。进一步而言,在人格(自在地)认为是法的东西实际上属于虚空的假象的场合,那被称为不法,通过对这种不法的否定,法就变得更加坚固等。这样,黑格尔尽管接受了自普芬道夫以来的近代自然法理论(本书第四章之一),但作为"自由的意志"的概念的展开过程,又从基础开始对其进行了重组。

在第二部分"**道德**"中,作为"自由的意志"所带有的主观方面的问题,黑格尔研究了内部的道德。黑格尔基于康德的"合法性"与"道德性",或者法律的外部性与道德的内部性的区别,采取与强调作为"义务"的道德法则、动机的纯粹性的康德完全不同的方法,来解释道德。不同于康德,黑格尔承认个人的主观的、特殊的欲求满足,黑格尔认为,由于这种欲求满足有可能与抽象法相冲突,因而,为了在更高层面调停两者之间的对立,就需要善与良心的理念即道德。

但是,既然这种内部的道德仍然属于止于主观的东西,其内容就完全交由个人的确信,是不确定的。否定抽象法与主观的道德这种对立的二者,再在更高层面肯定二者。为了由此给予"自由的意志"以坚固的**现实的**基础,就必须进入到第三阶段即**伦理**阶段。

7. 家庭——伦理的最初阶段

黑格尔的所谓**伦理**,是指自由的理念在现实的社会制度中形成的具体的形式。"所谓伦理,是作为活着的善的自由的理念……所谓伦理,是在成为现实世界的同时也成为自我意识之本性的自由的概念"(《法哲学原理》第一百四十二节)。伦理分为家庭、市民社会与国家三个阶段,由相对单纯的阶段辩证地发展至更高层次的阶段。

最初的伦理阶段是**家庭**。家庭是由爱连接在一起的共同体,以成员之间的整体感作为其特征。家庭由作为自我意识的整体性的婚姻而产生,保持所有权与财物、教育子女、因子女成年与父母的死亡而解体。成年之后的子女们作为独立的人格,各自缔结外部的关系,由此进入下一个伦理阶段,产生**市民社会**。

8. 市民社会——伦理的中间阶段

市民社会不是由参与公务的"公民",而是由在共同体之中为了满足自己的欲求而开展活动的"有产者"所缔结的这样一种关系:"个人的生计、幸福与法律地位,被纳入其他所有人的个人的生计、幸福与权利之中,以此为基础,只有在这种关联之中才是现实的,受到保障的"这种"全面相互依存的体系"(《法哲学原理》第一百八十三节)。由下面三个环节构成:(1)以通过所有人的劳动,调整、满足个人的欲求的,作为**欲求的体系**的"市场经济"为中心;(2)为了保护在这种体系之内属于自由的具体化的"所有"的"司法";(3)即便运用司法也无法处理的偶然具备的"福利行政"(警察)与"同业公会"。

在黑格尔的这种有关**市民社会**的描述中,随处可见各种新的关注点与论点:提及了詹姆士·斯图亚特(James Denham Steuart,1712—1780年)与亚当·斯密的古典经济学;参与了萨维尼(Friedrich Karl von Savigny,1779—1861年)与梯鲍特(Anton Friedrich Justus Thibaut,1772—1840年)有关赞成与反对法典化的论争;通过"福利行政"(警察)与"同业公会"解决贫困问题等。尤其重要的是,黑格尔很早已经着眼于市场经济的负面影响:属于"欲求的体系"的市场经济必然会带来,一方面是"奢侈",另一方面却是"依存与贫困"的无限扩大(《法哲学原理》第一百九十五节),以及被抽象化、机械化的劳动(《法哲学原理》第一百九十八节),还有"资产与技能的不平等"(《法哲学原理》第二百节)。要调停市民社会所带来的社会的不平等,以及阶层之间的分割与对立,就需要转移至伦理的第三个阶段即**国家**阶段。

9. 国家——伦理的最终阶段

"所谓国家,是伦理的理念成为现实的形式"(《法哲学原理》第二百九十七节)。也就是说,对黑格尔而言,所谓**国家**,是属于理性之目的的自由的概念被最高程度地现实化的阶段。在作为自由的理念、理想被达成之状态的国家,唯有共同的利益才是个人利益的基础这一点已经成为共识。一方面,个人的利益不会受到轻视;另一方面,也不会出现因个人过度追求利益而破坏共同利益的情况。在被国家承认自由的权利的同时,个人也为被客观化的自由的精神这种普遍的存在即国家而工作。

> 国家的强大在于下面这一点:其普遍的终极目的与各人的特殊利益结为一体。个人在对国家承担义务的限度内,同时享有权利(《法哲学原理》第二百六十一节)。

这样,在属于自由理念之最终实现形态的国家之下,抽象法、内部的道德、家庭、市民社会(市场、司法、警察、同业公会)等,各自被赋予了新的定位。

10. 黑格尔的国家构想

黑格尔考虑的国家形象具体是指下面这些内容：(1)由有机联系的立法权、执法权与君主权组成的立宪君主政体；(2)由贵族组成的上议院，以及由同业公会与自治体的代表组成的下议院；(3)国家与教会的分离；(4)对外的独立与以此为目的的国民军；(5)不是通过康德提倡的国家联合，而是通过主权国家之间的相互承认与战争国际法来解决纷争。

当然，这些内容未必与普鲁士当时的情况是一致的。集权且安定的国家主权、以各阶层之间的绥靖为目标的国民代表、虽然还是国际协调但也属于现实主义的对外关系论，可以看出，这些是基于当时的现实而设想的，从稳健的自由主义的立场而作出的制度构想。

11. 学派的形成与其后的影响

黑格尔的讲课得到了极高评价，在 1820 年左右，由其信奉者形成了所谓**黑格尔学派**。黑格尔本人于 1831 年去世，其个人全集于同年开始发行，黑格尔学派长时间成为德国哲学界的核心力量。但是，围绕对大卫·施特劳斯(David Friedrich Strauss, 1808—1874 年)否定圣经的史实性的著作《耶稣传》(1835 年)的评价，黑格尔学派开始分裂：黑格尔右派(老年黑格尔派)以圣经的内容是历史事实为理由，倡导忠实地继承黑格尔哲学；黑格尔左派(青年黑格尔派)则认可大卫·施特劳斯的观点，采取激进的立场。黑格尔左派人才辈出，既有以批判神学而闻名的 L. 费尔巴哈(Ludwig Andreas Feuerbach, 1804—1872 年)，也有无政府主义的哲学家麦克斯·施蒂纳尔(Max Stirner,1806—1856年),还有后来成为共产主义与社会主义革命的创始人的卡尔·马克思(Karl Marx,1818—1883年)(本书第九章之一)。

黑格尔的法哲学极大地影响了此后的世界,但是,即便是在今天,对其评价仍然存在分歧。既有观点批判黑格尔的法哲学属于国家中心的有机体的社会论,是一种准备实施整体主义的思想[卡尔·波普尔(Karl Popper,1902—1994年)等];也有观点对其作出了肯定性评价,认为黑格尔的法哲学原本属于"自由的哲学",不仅是共同体主义的先驱,更接近于当今的政治的自由主义(约翰·罗尔斯)。

在《法哲学原理》的序言之后,有这样一句话:"密涅瓦的猫头鹰只有在傍晚时分才会展翅飞翔"。密涅瓦(Minerva)是罗马神话中的智慧女神,猫头鹰是其使者。也就是说,作为"密涅瓦的猫头鹰"的哲学是,在现实完成了其过程之后,才开始其工作。① 如果这句话是正确的话,针对黑格尔的国家构想,以及黑格尔的哲学在历史进程中所起的作用的评价,也许当然还会不停变化。

三、萨维尼与历史法学

1. 萨维尼的生平

黑格尔在柏林大学哲学系讲授法哲学时,被誉为近代法学之鼻祖的弗里德里希·卡尔·冯·萨维尼(Friedrich Karl von Sav-

---

① 亦即哲学是一种反思活动,是一种沉思的理性。——译者注

igny，1779—1861年）也在柏林大学的法学系担任教职。

萨维尼出生于美茵河畔的法兰克福的富裕的贵族之家。虽然少年时期接连遭遇父母亡故的不幸，但被担任皇室法院裁判官的远亲收留，16岁时进入马尔堡大学（University of Marburg）学习法学。年仅24岁时，他公开发表了《论占有权》（Das Recht des Besitzes: Eine civilistische Abhandlung, 1803年），该书成为其出世之作。凭借该著作，萨维尼作为法学家一举成名，先后在马尔堡大学、兰茨胡特大学（拜仁）执教，1810年，就任普鲁士新设立的柏林大学教授。将萨维尼招入柏林大学的，是为柏林大学的创建费尽心力的政治家、语言学家威廉·冯·洪堡（Karl Wilhelm von Humboldt，1767—1835年）。

2. 法典论争的时代背景

此后，萨维尼开始迈向大法学家之路。第一步是与 A. F. J. 梯鲍特之间进行的**法典论争**。萨维尼在凭借这场论争而引起广泛关注的同时，也作为历史法学派的创始人，开始活跃于德国法学的最前线。

法典论争的契机是海德堡大学教授梯鲍特所发表的小册子《论德国制定一部普通民法的必要性》（1814年）。梯鲍特主张迅速制定统一的民法典，下述时代背景也成为支持其观点的"东风"：首先，从18世纪末期开始，各国都制定了接受近代自然法理论影响的近代法典，如在腓特烈大帝的策划之下1794年制定的**《普鲁士普通邦法》**（全称为《普鲁士国家的一般邦法》，Allgemeines Landrecht für die Preußischen Staaten，1794年），因拿破仑积极参与而广为人知的**《拿破仑法典》**（Napoleonic Code，1804年），以及在法典论争几年前刚开始施行的《奥地利普通民法典》(Allgemeine Buergerliches Gesetzbuch fuer die gesamten Erblander der osterreichischen Monarchie,1811年)。其次,在这种法典化的潮流中,德国在针对拿破仑的解放战争(1814年)中取得胜利,整个国家充满着德意志民族的高昂的自豪感。因此,制定一部德国全境通用的民法典,此时被认为是一个绝佳的机会。

3. 法、语言、历史

在上述情势之下,对梯鲍特摆开辩论阵势的是萨维尼。他迅速发表了针对性的论文《论立法和法学的当代使命》(Vom Beruf unsrer Zeit für Gesetzgebung und Rechtswissenschaf,1814年),对照德国的现状,主张编纂统一法典还为时尚早。这种对时代的认识,被萨维尼独特的法律思想所佐证,正如后面所看到的那样(本书第八章之一),对于19世纪的德国法学给予了决定性的影响。

在萨维尼看来,法同语言一样,也是由"民族的共同确信"所产生。首先是法在习俗与民众的信仰中得到培育。其次是社会发展,法曹的身份登场,法学促进了法律的发展。也就是说,法,是由"默无声息地发挥作用的内在的力量"历史性地孕育,而非由立法者的恣意所制定。

对萨维尼而言,所谓法典编纂,原本应该是收录既存的所有法律,只有法学充分发达的时代,才有可能进行这种法典编纂。在法学的发展尚未达到那个阶段之时,即便匆忙地编纂了法典,也只会造成毫无意义的混乱与产生弊端。正是出于这种考虑,萨维尼指出了《普鲁士普通邦法》等上述三个法典所包含的问题,进而得出了现在的德国法学还没有编纂卓越的法典的能力这样一个结论。

4. 历史与体系

与梯鲍特一样,想必萨维尼也不会认为,德国的法律的分裂状态是一件好事。不过,对萨维尼而言,法律的统一不是通过法典的编纂,而首先应该是由法学来进行。对重视法律的历史性的萨维尼来说,作为这种法学的方法,当然会强调历史性的要素,在《论立法和法学的当代使命》中,与此相并列,萨维尼将体系性的要素也推到了前面。

> 对从事法律的人而言,两种感觉是不可或缺的:一个是为了敏锐地把握各个时代、各个法律形式的特点而必须具备的历史性感觉;另一个是在所有概念、命题与整体之间的活生生的关联或者相互作用之中,也就是在只有这才是真的、是自然的这种关系之中,为了进行考察而必须具备的体系性的感觉(《论立法和法学的当代使命》第四章)。

支撑萨维尼法学的两种方法,即**历史的方法**与**体系的方法**,在《论立法和法学的当代使命》之前的讲义中也能找到,在后叙的《当代罗马法体系》中依然在运用。但是,从对后世的影响这一点来看,与历史的方法相比,体系的方法在重要性上无疑是压倒性的。

5. 概念法学的萌芽

与这一点相关,在《论立法和法学的当代使命》中,萨维尼采取了有名的三角形的比喻。萨维尼认为,正如只要给出三角形的两个边及其角度，就完全能够证明三角形的所有性质那样，法律也存在这样的要素，只要给出了这种要素，就能证明其他的一切。萨维尼将这种要素命名为"指导原则"，他进一步主张，发现这些指导原则，并由此出发，理解各种概念与法律条文，这才是法学的课题。

在萨维尼的这种试图对比性地把握几何学与法学的观点中，我们可以看到萨维尼试图从原则（公理）来演绎一切的这种强烈的体系性志向。正如另外还在"通过概念来计算"等表述中可以看到的那样，可以说，后来的概念法学的萌芽已经孕育在萨维尼自身的法律思想之中（本书第八章之二）。

6. 与黑格尔之间的争执

需要顺便提一下的是，对将国家定位于伦理的最终阶段的黑格尔而言，对于法典编纂提出异议的萨维尼似乎是一个很不受欢迎的存在（"苦主"）。尽管避免了直接指名道姓，但可能是针对萨维尼，黑格尔讲了这样一段话（依据听黑格尔讲课的学生的笔记）：

> 对种种国民而言，制定法典现在是不可能的，有人这么说。对国民以及从事法律的人而言，这是莫大的侮辱。因为，这无疑是说，尽管法律的数量已经数不胜数，但不可能存在一个可以将其予以归纳的一贯体系，使谁都可以使用法律的手段（《法哲学讲义》第二百一十一章）。

黑格尔与萨维尼之间，除了存在这种围绕立法的理论对立之外，还有闲话说，围绕柏林大学的人事，两人之间还存在个人间的相互倾轧。不管怎样,黑格尔与萨维尼分别作为代表近代德国属于旷世英才的哲学家、法学家,两人之间的关系并不亲密,这一点是不争的事实。

7. 活跃的历史法学派

解放战争之后的德国的政治生态朝着有利于萨维尼主张的方向推移。因为通过维也纳会议(1814—1815 年)结成的德国联邦(1815—1866 年)由于各个加盟邦国具有很强的独立性,似乎没有编纂统一法典的希望。在此意义上,法典论争以萨维尼取得压倒性胜利而结束。

这样,萨维尼结束了与梯鲍特之间的论争之后,又于 1815 年创办了属于**历史法学派**之开创性标志的《历史法学杂志》。作为创刊号的卷首语,萨维尼撰写了《本杂志的目的》。在该文中,萨维尼高声讴歌,"历史……是真正了解我们自身的状态的唯一方法"。该文与《论立法和法学的当代使命》一同被评价为历史法学派的纲领性论文。

萨维尼作为历史法学派的首领,自己也从事历史研究,作为其成果,六卷本的《中世纪罗马法史》(Geschichte des Römischen Rechts im Mittelalfer,初版 1815—1831 年)非常著名。年轻时为了收集资料,萨维尼曾游历欧洲各地,游历的收获也被活用在这部著作中,《中世纪罗马法史》也成为其主要著作之一。

8. 德国对罗马法的继受

以萨维尼为首的德国法学家,从事原本是异国的罗马法的研究,但这实际上是有其理由的。用一句话来概括的话,是因为在当时的德国,罗马法作为普通法,在拉丁语中被称为"ius commune",是具有效力的。

往前追溯可知,德国早在15世纪中叶就已经开始正式继受罗马法。作为补充德国各地的固有法的普通法,被继受的罗马法被运用于神圣罗马帝国全境,伴随于此的是与德国社会当时的实际情况相适应,罗马法本身也作了一定的修正。在17～18世纪迎来鼎盛期的这种德国法学的尝试,被称为"**潘德克顿法学(Pandektenrecht)的现代的惯用**"。潘德克顿法学这一名称来自《查士丁尼国法大全》(本书第二章之二)中的《学说编纂》的希腊语名称。

9. 历史的方法

萨维尼的另一个重要著作是八卷本的《当代罗马法体系》(System des heutigen Römischen Rechts, 1840—1849年)。著作的标题"当代罗马法",并不是指古代的纯粹的罗马法本身,而是与在德国和当时的世风相联系的罗马法相重合的部分。如下所示,萨维尼的所谓历史的方法,也是试图在可以为当代所使用的限度内探究罗马法,是基于一种极具实践性的意图[与之相对,作为区别于历史法学派的纯粹的法史学者,编辑了《学说汇纂》校对版的特奥多尔·蒙森(Theodor Mommsen, 1817—1903年)等非常有名]。

毋宁说,从事法律工作的人作为严谨的历史学方法应该努力的是,对所有既存的素材都探究至其根基,这样来发现有机的原理。由此得以现在仍然保持生命者,区别于已经死亡而仅仅属于历史的东西(《论立法和法学的当代使命》第八章)。

10.《当代罗马法体系》的概要

《当代罗马法体系》是萨维尼后期的著作,公开发行于其作为普鲁士的立法大臣活跃于政坛之时。本书提出的民法理论对于其后的民法学的发展给予了重大影响。在处理法律冲突的第八卷,也广泛涉足了国际私法的领域。

在包括这些内容的《当代罗马法体系》中,全面展开其法学观念的是在第一卷。在《论立法和法学的当代使命》中的"民族的共同确信",在该书中被改称为"**民族精神**",各种法律也分别在习惯法、立法(制定法)、科学法(法曹法)之下被重新整理。对于法律的解释,也能看到系统的论述。萨维尼论述道,解释由语法的要素、逻辑的要素、历史的要素与体系的要素四部分组成。

11. 内部有机的法律体系

这样,《当代罗马法体系》第一卷的叙述涉及很多方面的内容,如果要找到一个贯穿全书的关键词,那就是本书标题也用到的**体系**(最终可以说,对萨维尼而言,与**历史**相比,**体系**更为重要)。当时,由**体系**这一词语所意识到的是法律的内在的联系,而且,体系也表现为有机的统一体。

> 我将体系性的方法的本质置于内在的关联或者存在亲近性的认识与叙述中,由此,各个法律概念与法规被结合成一个大的统一……在丰富鲜活的现实之中,所有的法律关系组成一个有机的整体……(《当代罗马法体系》第一卷

序言）。

各个法律概念与法律条文不是零散地、独立地存在，而是在内部密切相连，像一个有机体那样，相互关联而发展——只有将整个实定法把握为这种内在的体系，才有可能在该体系内部补全实定法的缺陷与矛盾。萨维尼说道，"我们的实定法，通过我们承认其中的有机的形成力，由其自身得到补充"（《当代罗马法体系》第一卷第四十六节）。正如这一段话所暗示的那样，如果实定法自律地展开，就无须自然法来补充实定法。

对原本将法律理解为民族的历史的产物（民族法、实定法）的萨维尼而言，被认为是由理性所导出的普遍的自然法等就属于难以服从的，在实定法的有机的体系中，自然法也不被认为是必要的。这样，随着历史法学派的登场，直至18世纪之前一直受到广泛研究的自然法就从德国法学的表面舞台消失了，从此拉开了以实定法为中心的近代法学的时代序幕。

Column10：法典论争

在19世纪初期的德国，柏林大学教授萨维尼与海德堡大学教授梯鲍特之间，展开了被一场称为法典论争的学术大讨论。

在同世纪末期，在日本，也发生了一场堪比德国的法典论争的激烈论争。当时的论争情况，详见穗积陈重的《法窗夜话》（1916年）。

明治政府急于废除治外法权，在帝国议会召开之前便制定并颁布了民法典与商法典，为此，在明治23年（1890年）的第一届帝国议会上，围绕这两个法典的施行，断行派与延期派展开了激烈辩论,最终延期派取得了胜利。在明治25年(1892年),除了主张这两个法典应该延期施行之外,延期派还试图编纂新民法,而断行派则认为这次无论如何不能再输,于是,两派之间再次展开大辩论。断行派、延期派基本上与法国法学派、英国法学派相重合(当时,只有少数学者学习德国法)。穗积陈重在其著作中将这两次论争分别比作"关原合战""大阪之阵"。并且,对于这种"二分天下"的局面、夹带着胁迫的书面文章,以及将对方称为"痴子""疯子"的双方"激昂"的样子等,穗积陈重也略带幽默地加以了描述。其中,还想出了延期派著名的口号"民法出,忠孝亡"。

按照穗积陈重的记述,与德国的法典论争一样,在断行派与延期派之间,也存在主张"法律是普遍的"的自然法理论,与主张"法律是历史创造的"的历史法学之间的对立。

在论争以延期派取得最终的胜利而结束之后,众所周知,由延期派的富井政章、穗积陈重以及断行派的梅谦次郎组成法典调查会,双方携手进行法典的编纂。①

---

① 穗积陈重:《法窗夜话》,岩波文库1980年版。

第六章　近代英国的法律思想

法国大革命越过多佛尔海峡(Strait of Dover),也给英国造成了巨大的冲击。作为最早开展产业革命的国家,英国在取得经济的飞跃发展的同时,也面临着各种各样的社会问题。尽管帝国主义的海外扩张也属于问题解决方式之一,但与此同时,也有要求对既往的法律与政治进行根本性改革的呼声。在这种改革时期的英国,会孕育何种法律思想呢?下面以边沁、密尔、奥斯丁与梅因为核心进行介绍。

一、边沁的功利主义与立法思想

1. 边沁的目标

杰里米·边沁(Jeremy Bentham,1748—1832年)出生于伦敦,12岁那年,以史上最小的年龄进入牛津大学,并于15岁时获得学位,属于所谓"早熟的天才"。毕业之后,边沁在林肯律师学院学习法律实务,虽然在1769年取得了律师资格,但他的兴趣已经转向于不同于成功律师的其他方向。边沁将此后的生涯奉献于创建基于以实现所有人的最大幸福为目标的功利原理的立法科学。

2. 对普通法的批判

边沁的热情首先是针对牛津大学的第一任英国法教授威廉·布莱克斯通（William Blackstone，1723—1780年）的彻底批判。布莱克斯通在牛津大学的法学讲义，是自中世纪以来首次在英国进行的有关**普通法**的体系性解说。该讲义不久以四卷本的《英国法释义》（Commentaries on the law of England，1765—1769年）的形式出版。布莱克斯通的大名不久便漂洋过海传开了，甚至传到了独立前后的北非。

不过，对实际参与听课的边沁而言，布莱克斯通的《英国法释义》在下面几点上是不能得到认可的。首先，援用自然法理论的布莱克斯通的讲课混同了"现在存在的法律"与"应该存在的法律"，将包含很多问题的普通法予以理想化。对于《英国法释义》将不过是一种空想的社会契约论置于政府的基础，以及赞美由国王、平民院、贵族院组成的当时的混合政体的主权理论，边沁也提出了批判。

在1776年匿名出版的《政府片论》（A Fragment on Government），以及虽然执笔于1775年，但直到20世纪也未被出版的《释义批判》中，边沁展开了针对《英国法释义》的批判。原本对边沁来说，由被认为是从"超越记忆的往昔"继承而来的判例的积累，以及由数量众多的例外与拟制所组成普通法，不仅是一种充满混沌莫名其妙的制度，作为便宜主义的溯及法（按照边沁的话来说，是"犬法"）的拼凑，更属于一种绝不能被称为合理的法律的替代物。在当时的英国，先例拘束力原理尚未完全确立，普通法的繁杂沦为法律人士（其中很多人是出生于地主等富裕阶层）进行恣意判决的隐身衣,其结果无非是使由法律人士进行的"人的统治"成为可能。这样的话,普通法的不合逻辑的迷途,就必须被由一个合理的原理贯穿始终的法典的编纂所替换。边沁就是这样考虑的。

3. 爱尔维修与贝卡里亚

那么,这种成为法典之基础的合理的原理是什么呢?那就是**功利主义**。按照边沁自己的说法,他是在 1769 年,将由迄今所阅读的各种各样的著作中得到的想法联系在一起而获得了该原理。尤其重要的是,在休谟的经验论哲学之外,还加上了法国的爱尔维修(Claude Adrien Helvétius,1715—1771 年)与意大利的贝卡里亚(Ceasre Benesana Boccaria,1738—1794 年)的思想(本书第四章之三)。爱尔维修在《论精神》(De lésprit,1758 年)中展开了谋求个人的欲望满足与公益之间的调和的唯物论的道德理论;贝卡利亚在《论犯罪与刑罚》(1764 年)中展开了预防性质的刑罚理论:"大凡一种刑罚要取得效果,如果犯罪人因刑罚处罚而遭受的损失超过了他通过犯罪所获得的利益,就足够了"。边沁将二人的想法作为自己理论的基石,在此基础上,展开了有关法律与统治的体系性理论。

4. 功利主义

《道德与立法原理导论》(An Introduction To The Principles Of Morals And Legislation,1780 年执笔,1789 年出版)是边沁进行这种尝试的成果之一。在该书序言中,边沁开门见山的一段话非常有名:

自然将人置于两大主宰之下,那就是快乐与痛苦。只有它们才不仅决定我们做什么,更指示我们应该做什么。一方面是是非准则,另一方面是原因与结果的关系链,与这些王座是联系在一起的(《道德与立法原理导论》序言)。

所谓人的幸福,无非是**快乐**,以及没有**痛苦**。由于这些是完全有可能进行计算的,因此,社会整体的幸福就是,从其成员整体的快乐之和之中,减去痛苦之和。因此,立法者的使命就在于,为了增加社会整体的幸福之和,应该允许、奖励带来快乐的行为,禁止带来痛苦的行为,并且,对于那些针对禁止行为的侵害行为,通过刑罚这种人工的痛苦来予以抑制。这样,作为指向那些从事社会统治的立法者的法律制度的设计原理,边沁倡导以社会整体的幸福的最大化为目标的**功利主义**。

在《政府片论》中,边沁就已经提出,"是非的判断尺度是,最大多数的最大幸福"。在此后的大约40年间,边沁基本没有再采取这种表述,但从其开始热心地论述英国政治制度的根本改革的1820年之后,他开始采用**最大幸福原理**这一表述,以取代功利主义的表述。这样,唯有组成社会的尽可能多的人的幸福,才是立法与政治制度即统治的唯一正当且适当的目的,这一点得到了明确。

5. 完整法典

与被确立的**功利主义**联系在一起,边沁针对基于由犯罪而得到的利益与社会由此所遭受的损害进行计算的刑法制度进行了论述,并进一步展开了自己详尽的犯罪类型论。在作为《道德与立法原理导论》之续篇的《论一般法律》(Of Laws in General,1782

年执笔,1945年出版)中,边沁探讨了法律的结构、权利与义务等法律概念、各个法律部门的区分等问题,尤其重要的是,他还研究了"何为法律"。边沁认为,法,就是"宣示主权者之意志的记号的集合"。其将主权者规定为,由处于人们服从的习惯中的某一个人或者数人所组成的集团。这样,所谓**主权者命令说**就被公式化,也开辟了走向后来的法律实证主义的道路。

这个时候的边沁开始认为,唯有起草完整且概括性的法典(他自己还为此造了一个词"综合法典"),才是将社会整体的幸福予以最大化的最善之策。首先,他构想的是,作为实体法,是以人们的安全、生计、富裕、平等的最大化为目的的。在此意义上,应该以直接与最大幸福原理相关的民法典为核心,再制定通过制裁而抑制犯罪对社会的损害的刑法典,以及涉及官吏的权力、义务与任命的宪法典。其次,他还设计了保证这些实体法具有实效性的各种程序法与司法制度。这种完整法典必须避免那些传统的、因循守旧的专门用语,而用含义唯一的术语来表述,不得存在未知的领域与漏洞,以及省略或者未被规定的事项。贯穿各个条文、个别法规,并给予整个法典以统一性的,是**主权者的意志**。

6. 圆形监狱构想与激进的改革理论

从1790年至1810年,边沁的兴趣转向一系列的发明创造。其中最有名的是**圆形监狱**(panopticon)的构想,即一览无余监视型的环形监狱。这种监狱是一种圆形建筑物,虽然从里面能看到外面,但从外面无法看到里面,监视塔位于监狱的中心位置,像环绕监视塔一样,周边设置了很多独立的囚室,其目的在于通过让囚徒产生自己总是处于被监视的状态之下这种意识，而从内心来对犯罪人进行矫正。不仅是监狱，边沁还考虑这种设计也可以用于医院、学校、济贫院、工厂等[例如，通过设置"全国慈善公社"而让人养成勤劳的习惯，与贫困对策相结合；设立"功利主义示范学校(chrestomathia)"这种面向中产阶级子弟的、以教授科学技术为核心的独特的教育计划等]。

圆形监狱构想可谓产业革命与发明的时代以及最大幸福原理的结晶。为了在伦敦实际建造这种设施，边沁花费了大量的时间与金钱，也积极地给当时的政府做工作，但在1803年，该计划最终归于失败。也许对此事的失望也起到了作用，边沁转而认为，腐败的不仅仅是法律人士，而是英国的整个统治阶级，从而开始倡导激进的政治改革方案。以论述司法制度的根本性改革的《审判证据原理》(1803—1806年执笔)为开端，在《议会改革方案》(1817年)中，边沁提出了男子的一般选举权、选区的平等、议员的年津贴、秘密投票等主张。并且，在其晚年最后的著作《宪法典》(Constitutional Code, 1822年开始执笔，1827年印刷第1卷，1830年出版)中，他推进激进的改革要求，甚至于要求伴有君主制与上院以及所有称号的废止、由"舆论法庭"进行监视与制裁等的、基于完全公开原则的代议制民主主义。

7. 世界的立法者

边沁认为，他自己倡导的完整法典在世界任何地方都是可以通用的。这是因为作为完整法典之基础的最大幸福原理，被他看作对于任何社会、任何民族都可以通用的普遍原则。实际上，日内瓦出生的友人E.迪蒙(Étienne Dumont)对边沁的立法论进行整理,并将其翻译为法语的《民事以及刑事立法理论》(1802年),这对于扩大边沁在欧洲各国以及拉丁美洲的新兴国家等海外地区的影响贡献很大。据传,深度参与法国民法典的制定的拿破仑也曾高度评价边沁的业绩,边沁自己也企图向世界各国的首脑积极推销法典的编纂。他不仅曾向美国的詹姆斯·麦迪逊总统(James Madison,1751—1836年)、俄国的亚历山大一世(AlexanderⅠPavlovich Romanov,1777—1825年)写信,还向西班牙、土耳其、希腊与哥伦比亚的征服者申请由自己来为其编纂法典。在这种文脉之下,曾经参与拉美各国建国的危地马拉的哲学家、法学家、政治家何塞·德尔瓦莱(José Cecilio del Valle),在给边沁的信中,甚至给予了其"世界的立法者"这一称号。

8. 边沁的影响

通过一系列的改革提案,晚年的边沁不仅在海外,在英国国内也开始拥有巨大的影响力。詹姆斯·密尔(James Mill,1773—1836年)、大卫·李嘉图(David Ricard,1772—1823年)以及让·巴蒂斯特·萨伊(Jean-Baptiste Say,1767—1832年)等经济学家,还有向边沁请求制度改革的构想与建言的议员等各色人等,作为其友人或者弟子纷纷来拜访他。聚集在边沁周边的这些热心的信奉者不久就被称为**边沁主义者**,据说晚年的边沁本人也很享受被其弟子们看作是"立法界的牛顿"。

论及边沁在法律思想中的影响,下面的这一点是很重要的。如前所述,边沁在其处女作《政府片论》中论述了"现在存在的法律"与"应该存在的法律"之间的不同,那么,由此便会产生面对法律的两种态度:一种态度是分析"现在存在的法律",尝试对"现在存在的法律"进行整合性的解释的**分析法学**;另一种态度是对"应该存在的法律"进行思考的**批判法学**。边沁本人无疑最终是以批判法学为目标。可以说,其对后世的影响是,由此产生了两种学术潮流,亦即分析法学产生了从奥斯丁(本书本章之三)到20世纪的亨利·哈特(本书第十章之二)的**法律实证主义**的潮流,批判法学则由约翰·密尔(本书本章之二)、亨利·希季威克(Henry Sidgwick,1838—1900年)等倡导的**功利主义**所继承与发展。

Column11:边沁的遗言

在离大英博物馆不太远的伦敦大学学院(University CollegeLondon,UCL)主建筑物南端的北部回廊处,放着一个镶着玻璃窗的巨大的木制橱柜,边沁端坐其中。边沁身着生前的服装,但身体以上的头颅是蜡像(边沁的头颅已经木乃伊化,保存状态很不好,因而被保管在其他地方)。大学的一角,怎么会安放这种奇妙的东西呢?这是因为边沁本人要求保存并展示自己的遗体。在他遗言的结尾,有这样一段话:"出于让大家记起有关道德与立法之最大幸福原理的创始者的目的,一年可以有几次朋友与弟子聚集的机会。在那个时候,可以将柜子整个搬至会场,放在参会者可以清楚看到的地方"。边沁人生最后的片段也被赋予了这样一个称号:"Auto-Icon——为了生者对死者的进一步利用"。据传,伦敦大学学院是边沁的友人与弟子为了实现边沁的理想而创建的。边沁将自己发现的原理适用于自己的遗骸,死后也仍然为实现"最大幸福"而继续工作。

二、密尔与自由的哲学

1. 社会改革的时代

维多利亚女王(Alexandrina Victoria, 1819—1901年)统治英国的时期是自1837年至1901年,这个时期被称为**维多利亚王朝**(Victorian era)。作为产业革命与帝国主义海外扩张的结果,带来了经济的快速发展,与之并行的是,这也属于自由主义的政治制度与市民文化,以及各种文化艺术之花盛开的时代。但是,也必须看到,这同时也是一个存在贫苦、公众卫生等不少深刻的社会问题的时代。埃德温·查德威克(Edwin Chadwick, 1800—1890年)年轻时曾担任边沁的助手,以通过引入科学的手法来刷新行政制度为目标,他有志于通过改革济贫法来解决贫苦问题。他还执笔撰写了著名的《关于英国劳动人口卫生状况的调查报告》(1842年),和同样与边沁交往密切的友人托马斯·索斯伍德·史密斯(Thomas Southwood Smith)医师一道致力于公共卫生的发展。

2. 密尔的《功利主义》

约翰·密尔(John Stuart Mill, 1806—1873年)是同样深受晚年的边沁的影响的詹姆斯·密尔的长子,他对查德威克与史密斯的社会改革的尝试提供了帮助。不过,对约翰·密尔而言,边沁提倡的功利主义理论的有些地方是难以接受的。在仅仅由快乐与痛苦来决定行动正确与否这一点上,密尔继承了边沁的功利主义。但是,正如在《功利主义》(1861年)中主张的那样,密尔认为,快乐存在"所希望的、高质量的快乐"与并非如此的快乐。这样的话,密尔的观点就与"不带偏见地说,按瓶子的游戏与音乐、诗歌等文艺具有同等价值"这种边沁的立场针锋相对。

> 在两种快乐之中,如果所有或者大部分经历过这两种快乐的人,都与道德的义务感毫无关系地清楚地选择其中某一种,那这一种就是所希望的快乐(《功利主义》第二章)。

密尔也承认,人有时候会抵挡不住诱惑,选择低质量的快乐。然而,那未必意味着无法认识到,不同快乐之间的质的不同。

> 当一个没有得到满足的人,好过当一头心满意足的猪;宁愿做没有得到满足的苏格拉底,也不愿意做一个心满意足的傻瓜。如果傻瓜与猪存在不同意见,那是因为他们仅仅从自己的立场考虑问题(《功利主义》第二章)。

边沁的目的是在数量上计算快乐与幸福,然后在此基础上构建能使其最大化的法律与政治制度。从边沁的这种目的来看,密尔主张追求快乐的质量,这无疑是一种巨大的僭越。毋宁说,是因为被理解为,那是诉之于人的尊严与人格的自由那样的道德观念。

3. 密尔的《论自由》

实际上,在德国哲学家威廉·冯·洪堡(Karl Wilhelm von Humboldt,1767—1835年)的影响下,密尔在以自由的含义与权力的界限作为主题的《论自由》(On Liberty,1859年)中论述道,只有个人的自由才是人的多样性发展不可或缺的条件。

唯一值得享有自由之名的自由，是在不剥夺他人的幸福、不妨害他人追求幸福的努力的限度内，用自己的方法去追求自己的幸福的自由。人，都有自己守护自己的身体健康，以及自己的精神与心灵健康的权利。相互承认各自喜欢的生活方式，远比将自己认为好的生活方式强加给他人，要更有利于人类（《论自由》第一章）。

密尔提出这种观点，其脑中想到的是，被谓为代议制民主制这种政治制度之宿命的**多数人的专制**，亦即社会的多数派将自己的意见强加给少数派。在最坏的时候，还有可能以法律为手段来实施这种强制。但是，在密尔看来，社会可以通过法律与舆论对个人施加强制的情形，仅限于满足了下述原理的情形：

无论是个人还是团体，在人类能够干涉作为其中之一员的某人的行动自由的场合，被视为正当的、唯一目的就是自卫。在文明社会，针对其成员的权力行使能被谓为正当的，仅限于出于防止危害及于他人这一目的（《论自由》第一章）。

后来，这一原理作为划定由法律进行强制的界限的原则，被称为**危害原理**。对于推进废止那些针对以思想犯、同性恋为代表的没有被害人的行为的刑罚，该原理属于强有力的论据。

4. 维多利亚王朝的思想家密尔

除此之外，密尔还执笔写了下述重要著作：成为经济学之经典著作的《政治经济学原理》（Principles of Political Economy, 1848 年）；与友人阿历克西·德·托克维尔（Alexis de Tocqueville,

1805—1859年)(Column12)一样,通过与美国的民主制进行比较分析,而展开自己独特的议会制度论与文明发展论的《论代议制政府》(Considerations on Representative Government,1861年);对此后的女性参政权运动产生了极大影响的《女性的屈从地位》(The Subjection of Women, 1869年);等等。他长期在东印度公司工作,晚年也担任过由伦敦地区选出的下院议员。同时,密尔作为社会改革者,也给很多杂志社投稿,也属于新派的知识分子。从这些工作中,想必密尔能感受到,由海外殖民地支撑的维多利亚王朝的英国所特有的气息。不过,不同于边沁,而与以利己主义、直觉主义、功利主义之统合为目标的亨利·希季威克(Henry Sidgwick,1838—1900年)的《逻辑学的方法》(1874年)一样,密尔的一系列工作都未必是以有关统治的体系性科学为目标。

三、奥斯丁的分析法学与梅因的历史法学

1. 奥斯丁的法理学讲义

约翰·奥斯丁(John Austin,1790—1859年)继承了边沁的解释性法理学。约翰·奥斯丁的目标是,法律概念的定义、分类与体系化,后来被称为**分析法学**。

年轻时的奥斯丁是一名有志于社会改革的律师,与边沁以及密尔父子交往密切。在35岁左右,他从法律实务界"金盆洗手",并于1826年被任命为为了实现边沁的理想而创建的伦敦大学学院的第一任法理学教授。

为了准备讲义,奥斯丁在德国伯恩度过了大约2年的时

间，系统地学习了当时的德国法。比当初的计划晚了 1 年之后，终于在 1829 年 11 月，讲课得以开始，这也是首次在牛津与剑桥之外开设的法学课程，第一次讲课吸引了不少学生参加（并且，听众里面，以其友人约翰·密尔为首，还包括很多政治家，甚至爱尔兰的司法长官也在内）。但是，此后每次上课学生数量都有所减少，1833 年，奥斯丁终于放弃了继续开课的念头。在度过了失意的晚年之后，奥斯丁于 1859 年离世。

奥斯丁的法学理论主要记载于下面两部著作中：讲义的前半部分收录在《法理学的范围》(The Province of Jurispredence Determined, 1832 年)；奥斯丁去世之后，由他夫人萨拉整理出版的《法理学讲演录》(Lectures on Jurispredence or The Philosophy of Positive Law, 1863 年)。

2. 法理学的对象

奥斯丁区分**特殊法理学**与**一般法理学**，他自己说，讲课的对象是后者。特殊法理学解释的是实在于特定国家的具体法律，而一般法理学的目的在于弄清楚，"不是应该存在的法，而是自然就是那样的法"，亦即如果是发达国家，就一定能够见到的法律的原理、概念、区别。奥斯丁试图通过这种**一般法理学**，描绘出一张有助于法典编纂的"法律地图"。

为此，最初的工作是通过切分通常以暧昧的方式被所称"法律"，以确定法理学的对象。首先，法律可以被分为"适于被称为法律的法"与"不适于被称为法律的法"。在"适于被称为法律的法"之中，包含基于上帝的命令的"上帝之法"（神法）与作为人之命令的"人定法"（人法）。并且，人法还能进一步分为由政治上的上位者制定的或者通过履行法律权利而确定的法，以及并非如此的法。前者被称为"实在法"或者"严格意义上的法"，后者也就是不是基于政治上的上位者的制定行为或者法律权利的履行的法，尽管其与法律相似，实际上不过是针对行为的意见或者感情，在此意义上，与被称为"不适于被称为法律的法"一同被命名为"**实在道德**"（按照奥斯丁的观点，国家法也包括在内）。作为"不适于被称为法律的法"，也有一些通过比喻或者单纯的语言修饰而被称为法律，重力法则就是其中一例。

这样，成为法理学对象的仅仅是，作为"严格意义上的法"的"**实在法**"（这里顺便提到一点，"神法"被赋予作为有关人法之善恶的判断标准的功能，"功利主义"被当作知晓这种"神法"的线索。在这一点上，与无神论者边沁的观点形成鲜明对比）。

3. 法律实证主义与主权者命令说

这样，奥斯丁的一般法理学，在仅以现存的实在法为对象这一意义上，可以说是与边沁一样，属于**法律实证主义**的尝试。

> 法的存在是一回事，其好和坏是另一回事。法律的存在与不存在是一种探究，它是否符合某种假定的标准则是另一种探究。现实存在的法……即便我们不时地讨厌它……就是法（《法理学的范围》第五讲）。

那么，**实在法**的判断标准是什么呢？奥斯丁认为，其标准是那是否是由某个主权者作出的一般性命令。所谓命令，是有关实施一定行为或者不实施一定行为的，由某个人针对其他人作出的"欲求的明示的表明或者默示"，在其属于明示的表明的场合，就成为**一般命令**即"法律"。这种命令的特点在于,当命令遭到无视时,其具有给对方施以恶害或者苦痛的力量。这种恶害被称为制裁,正是这种遭受制裁的可能性,才构成了法律义务的本质。另外,所谓主权者,是指受到该社会之大多数人习惯性地服从,而他却不习惯性地服从于其他任何上位者的人。这样,在奥斯丁看来,**主权者——一般命令—制裁—服从的习惯**这种链条,在判断法律与非法律之际,就处于核心位置了。

4. 奥斯丁的遗产

由上可见,奥斯丁的法律理论以边沁从霍布斯(本书第三章之三)那里继承的法律实证主义与主权者命令说作为其理论基础,尝试进行人法与物法、各种权利的分类、实体法与程序法等所谓法律的结构的分析。不同于在彻底批判普通法的基础上再构想基于**功利主义**的完整法典的边沁,奥斯丁的做法对属于当时的现行法律制度的普通法,尤其是,由法官事实上确定法律(司法的立法),是怀有好意的。

奥斯丁期望他自己描绘的"法律地图"能够有助于法典的编纂,但其愿望未必得到了实现。但是,进入19世纪后半期之后,借法曹学院与大学的教育改革的"东风",他的讲义长期被用作提供有关法律之整体知识的教科书,极大地影响了英国的法学。奥斯丁等的分析法学其后被 T. E. 霍兰德(Thomas Erskine Holland, 1835—1926 年)、新西兰的萨尔蒙德(John William Salmond, 1862—1924 年)等法学家继承,在 20 世纪中期,又被哈特(Herbert Lionel Adolphus Hart, 1907—1992 年)注入了新鲜的气息。

5. 梅因的历史法学

在被称为大不列颠帝国鼎盛期的这个时代，不同于奥斯丁的分析法学的研究路径，出现了另外一种**法律科学**的尝试，那就是亨利·梅因（Henry James Sumner Maine，1822—1888年）建立的历史学的、比较法的、人类学的路径。对于不考虑历史的文脉，将某个时代特定的法律予以一般化，展开抽象的法律理论的奥斯丁，梅因在提出批判的基础上，通过比较各种各样的社会中的法律，展开了进化论的法律发展理论。

不同于度过苦涩的后半生的奥斯丁，梅因年纪轻轻就成为母校剑桥大学的教授，此后，作为学者与行政官员，度过了一个华丽的人生。1862年至1869年期间，梅因担任受东印度公司间接统治、属于英国直辖的殖民地的印度帝国总督府的法律顾问。他在当地除了参与各种立法活动之外，还针对不同民族与文化之间存在冲突这种殖民地特有的政治问题，提出自己的意见。在印度工作期间，梅因还兼任加尔各答大学的副校长。回国之后，历任牛津大学最早的比较法教授以及剑桥大学的国际法教授等。同时，作为位于伦敦的印度省的参事，终生参与对印度的统治。

6. 法律的发展阶段论

在1861年出版的《古代法》中，英国的普通法自不用说，基于有关古希腊法、罗马法，以及当时的印度诸法的博大精深的知识，论述进化论的法律的历史发展论。首先，在文明的最初阶段，某个具有权威的特定个人的命令被当作上帝的启示而被接受，基于这种命令进行裁决。但是，随着时间的推移，讲授法律知识的少数人形成所谓的特权阶层,他们进行不成文法的裁判,这就是所谓**习惯法**的时代。正如从古罗马的《十二铜表法》所看到的那样,最后发展至以文字形式将法律刻在石板上,使之广为人知的**法典**的时代。

在梅因看来,以印度、中国为首,在占世界多数的**停滞的社会**,法律的内在的发展结束了。但是,在欧洲诸国那样**进步的社会**,为了让法律适应社会的发展,法律的下述新形式即技术得到了发展:将原本不同的案件放在统一规则之下进行处理的"法律的拟制";从公平性的角度,将个别案件作为一般规则的例外予以处理的"衡平法";不经过裁判而直接制定法律的"立法"。而且,在法律的内容的层面,其重心从有关固定的"地位"与"身份"的法律,转向基于个人之间的自发的交涉的"契约"。**从身份转向契约**,这种表述准确地概括了梅因描绘的这种法律发展的阶段。

7. 历史法学与进化论

有关梅因的这种历史法学理论,也有人说是受到了萨维尼等德国历史法学的影响(本书第五之三、第八章之二)(在《古代法》中,梅因确实提到了萨维尼的名字)。二人在下面几点上存在类似性:针对在历史的文脉中把握法律的必要性展开论述;对于法学与比较语言学之间的相关性的关注;将古罗马法学视为法律的高度发展阶段。但是,不同于论述法律与国民性(或者"民族精神")之间存在密切关联的萨维尼,梅因更关注的是,任何社会都要历经的一般的发展阶段(或者"法律的自然史")。在针对法典编纂的态度这一点上,与展开强硬的反对理论的萨维尼不同,梅因认为,法律实证的历史研究有助于立法改革与法典编纂。

《古代法》不仅受到专家的欢迎,也被不同层次的读者广泛接受,一度成为畅销书籍。在《古代法》出版的两年前,达尔文(Charles Robert Darwin,1809—1882 年)的《物种起源》(On the Origin of Species)于 1859 年出版,该书提出的基于自然选择的进化论,可谓刮起了一阵旋风。赫伯特·斯宾塞(Herbert Spencer,1820—1903 年)的社会进化论也是如此,因而,当时的读者在《古代法》中读到了进化论的精神,这也是有可能的。

8. 梅因的遗产

除了《古代法》之外,梅因还为世人留下了下述著作:《东西方村落共同体》(1871 年)、《古代法制史》(1875 年)、《古代法律与习惯》(1883 年)以及《平民政府》(1885 年)。沿着梅因倡导的这种历史的研究路径的潮流,还诞生了弗德雷克·波洛克爵士(Frederic Pollock,1845—1937 年)、梅特兰(Frederic William Maitland,1850—1906 年)、保罗·维诺格拉多夫(Paul Gavrilovich Vinogradoff,1854—1925 年)等英国法制史的巨匠。梅因的比较的研究路径被视为法人类学的肇始之一,最后由马林诺夫斯基(Bronislaw Kaspar Malinowski,1884—1942 年)的《西太平洋上的航海者》(Argonauts of the Western Pacific,1922 年),以及拉德克利夫·布朗(Alfred Reginald Radcliffe-Brown,1881—1955 年)的《安达曼岛民》(The Andaman Islanders,1922 年)等确立下来,并与其后的英国人类学联系在一起。

第七章 美国建国

1492年,哥伦布到达西印度诸岛,自此以后,就开始了欧洲人对北非大陆的殖民。大约300年后,在北美,历经为了从英国的殖民地统治中独立出来的独立战争,诞生了美利坚合众国。在这个新国家的建设中,以宪法为首的法律是如何制定的呢?本章探究从摸索的时代走向确立法律体系的时代的美国法的步伐。

一、美国法的起始

1. 从"发现新大陆"开始

哥伦布到达美洲海域之后,西班牙不仅在南美,在北美也建立了几个据点与传教区。16世纪,法国与英国也开始着手对北美的殖民事业。试图更加严格地推进宗教改革的英国的清教徒们,为了开辟新天地也来到了北美。在"五月花号"(May flower)登陆美洲大陆前,这批被称为"清教徒前辈移民"(Pilgrim Fathers)的开拓者们缔结誓约,虽承认自己是英国国民,但宣称自己属于为了自由信仰的新的政治市民团体,发誓制定并服从于平等且公正的法律。

在整个17世纪,开拓地扩大了,农业与产业也发展起来。在开拓的同时,他们也驱逐原住民,包括从非洲带来的黑人奴隶在内,开拓地人口增多,也形成了由大商人、大地主组成的上层阶级。此后,在与西班牙、法国的战争中取得胜利的英国,尝试加强在北美的殖民地政策。但是,在殖民地,北美人已经产生了作为"美国人"的独立意识,以及应该守护自己的财产的感觉。

2. 殖民地时代的美国法

直至18世纪前半期,还不存在能被称为**美国法**或者**美国法律理论**的东西。这是因为在北美殖民地广泛通用的是英国的普通法。所谓法律人士,是那些学习英国法律者,或者由英国本土任命的法官。

但是,同时也能看到,出于对殖民地政策的反感而随之出现的厌恶英国与英国法律的倾向。美国的所谓"开拓者精神",由于是以浪漫的自然的正义与自然法、朴素且单纯的法律为理想,因而与职业法律人士相比,陪审员与素人法官更受欢迎。法律人士不过是被视为一种单纯的技术职务,并没有获得像在英国那样高的社会地位。不仅如此,那些保护英国权益的法律也招致了反感。即便开庭审理违反此类法律的行为,陪审员们也会试图阻止作出有罪判决。

3. 美国独立战争的背景

殖民地人们的不满情绪此后也在进一步累积、加剧。由于作为母国的英国出于筹集陷入拉锯战的对法战争的费用的目的,加征了税收。13个殖民地州召开大陆会议,试图摸索和解之路,但未能成功,1775年4月终于揭开了战争的盖子。此后,英国国王不仅没有改变此前的方针,而且转向武力镇压。因而,在殖民地,独立的气氛开始高涨。

托马斯·潘恩(Thomas Paine,1737—1809年)写的小册子《常识》(Common Sense,1776年)加速了这种独立的推进。在这个小册子中,潘恩主张:原本来说,所谓政府,理应是在统治领域扩大之时,由被选出的能够代表各个领域的人们的利益的代表所组成。但是,英国政府现在正在因国王与贵族的暴政而阻碍美国的发展。鉴于下面这一点,英国是美国的母国这一事实,也变得完全不重要:原本来说,英国的国王与贵族尽管具有来自法国的起源,但那是因为被认为是,英国从法国获得了独立。为此,美国为了自己的繁荣,是需要独立与共和制的政府的。

4. 美国独立宣言的思想

1776年7月4日,13个殖民地州召开第二届大陆会议(Second Continental Congress),一致采纳了托马斯·杰斐逊(Thomas Jefferson,1743—1826年)起草的《美国独立宣言》(The Declaration of Independence)。该宣言被评价为,是由(在本书第三章与第四章中所提到的)那些欧洲各地的各种各样的思想家所培育、锤炼,并且继承下来的近代自然法、自然权利思想的结晶。《美国独立宣言》的前言就体现着这种思想:

> 我们认为这些真理是不言而喻的:人人生而平等,造物者赋予他们若干不可剥夺的权利,其中包括生命权、自由权和追求幸福的权利(《美国独立宣言》前言)。

此后,这种思想再次跨越大西洋,对法国大革命的成功以及**法国人权宣言**的颁布助了一臂之力。

这种由殖民地单方面宣布的独立宣言,当然不会轻易得到英国本国的承认。此后,战争继续进行,13个殖民地州真正获得独立是在1783年9月,经过本杰明·富兰克林(Benjamin Franklin,1706—1790年)等人的外交努力,并得到法国的支持,通过签订《巴黎和约》而获得英国的承认。

5. 美利坚合众国宪法的制定

尽管如此,独立之后存在于北美大地的是继承了旧的13个殖民地的各州,仍然没有建立一个统一的政府。尽管存在基于独立战争期间的1781年缔结的《**邦联条例**》而成立联邦议会,但其权力极其有限,还不存在共同的行政机关与司法机关。但是,大家已经意识到,为了筹措战争经费而需要实施的征税,以及保持州与州之间通商的顺畅,所有这一切的实现,都需要成立一个统一的政府。

为此,1787年,以位于费城的宾夕法尼亚州议会议事堂作为会场,旧殖民地各州的代表聚集一堂,召开了制宪会议。独立战争的英雄乔治·华盛顿(George Washington,1732—1799年)当选为议长,以维持各州之自治权的同时建立统一的政府为目标,开始起草新的**美利坚合众国宪法**。

在新宪法之下,政府被称为**联邦政府**。说到联邦,一直以来都意味着数个独立国家为了在外交等问题上有限协调合作,而建立的松散的联盟。但是,在以"我合众国民"(We the people of the United States)这一表述开始的合众国宪法的序言中,设想的是合众国国民成为一体,拥戴通过间接选举选出的总统,由联邦政府直接统治人民。

试图维持各州自身独立的反对派对于带有中央集权性质的新宪法展开了猛烈的批判。宪法支持派出于要维持联邦,宪法的制定不可或缺这一理由,将自己称为**联邦主义者**(Federalists),而将反对派称为**反联邦主义者**(Anti-federalists),尝试由此来缓和人们对新宪法的反感情绪,推进新宪法获得批准。

6. 联邦主义与反联邦主义

自此以后,围绕宪法制定前后的美国法律的论争的特征,就是倡导统一的中央政府的**联邦主义**与倡导尊重各州自治的**反联邦主义**之间的对立。

在各州履行批准合众国宪法的程序之际,因反感强力中央政府的出现而缩小各州自治权的反联邦主义的势力很强大,因而进展很不顺利。为了与之相对抗,约翰·杰伊(John Jay,1745—1829年)、亚历山大·汉密尔顿(Alexander Hamilton,1755—1804年)与詹姆斯·麦迪逊(James Madison,1751—1836年)三人在报刊上共计发表了85篇论文,力陈要革除派系政治的弊端、获得优秀的政治家,大共和国的形式更为有利。这些被汇编成政治思想史上的经典著作《联邦党人文集》(The Federalist Papers,1787—1788年)。

1788年,宪法生效之后,围绕各种各样的问题,联邦主义与反联邦主义之间的对立更加尖锐。例如,有关1791年设立的合众国银行的是非对错、围绕联邦法院与州法院何者地位更为优越的争论等,就是其中的主要论点。其中,最为深刻的问题是围绕奴隶制的争论。对于联邦政府试图推进废止奴隶制度的做法，存续奴隶制度的各州试图将存续的根据求之于各州的自治，最终发展至南部各州脱离联邦，联邦面临分裂的危机。这样，联邦主义与各州自治之间的对立，终于引发了南北战争。

7. 联邦党与共和党

顺应联邦制潮流的联邦党，与拥护各州自治的共和党均以共和主义为目标，但各自所主张的共和主义的内容却大相径庭。

联邦党以建立像欧洲列强那样强有力的统一国家为目标，重视产业的振兴。为此，联邦党认为，由企业家、专家以及高学历的精英阶层进行统治是很有意义的。这是因为在他们看来，一般市民更加忠诚于离自己更近的州政府，执着于追求个人私利；反之，如果是精英阶层，他们就会从美国的整体利益的角度来考虑问题。

与之相反，共和党的托马斯·杰斐逊则认为，属于共和制之基石的公德心最为显著地体现于一般国民，尤其是已经自立的农民，不应过度地推进制造业与工业的发展。对于联邦政府行政权的扩大，詹姆斯·麦迪逊也担心是否会使共和制陷入危机之中。

8. 马伯里诉麦迪逊案

在联邦党与共和党之间的这场政治斗争的过程中，联邦最高法院于1803年审理了著名的"**马伯里诉麦迪逊案**"。

本案发端于作为第二任美国总统的联邦党人约翰·亚当斯（John Adams，1735—1826年）在总统选举中败给共和党人托马斯·杰弗逊，在向杰斐逊移交政权之际，突击任命了数名联邦党党员担任联邦法院的法官，打算政权移交之后也能维持联邦党的势力。然而，由于将这些联邦党党员任命为法官的任命工作是在政权移交的间隙仓促完成，约翰·亚当斯将部分已经盖章的委任状忘记在白宫而没有及时发送出去。新任总统托马斯·杰弗逊及其新国务卿詹姆斯·麦迪逊自然也不会发送这些委任状。于是，作为未收到委任状的一名候补法官，威廉·马伯里（William Marbury，1762—1835 年）向联邦最高法院提起诉讼，要求最高法院下达执行令（writ of mandamus），命令国务卿麦迪逊按法律程序交出委任状。

9. 司法审查制度的确立

联邦最高法院首席大法官约翰·马歇尔（John Marshall，1755—1835 年）对于该案做出了判决。1789 年制定的《司法条例》第 13 条承认法院具有包括命令相关部门执行发送委任状等在内的职务的权限，但合众国宪法却不承认法院具有这种权限。这样，在宪法与法律之间发生冲突之时，理应优先适用作为基本法的宪法。

>……成文宪法的制定者们都会认为，该宪法属于国家的根本的且至高无上的法律。为此，违反宪法的立法归于无效，这是拥有这种宪法的政府应该具备的观念。这种观念是本质性地附随成文宪法，因而，本法院必须将其置于我们的社会的根本原则之一的位置。

为此，约翰·马歇尔的结论是，法院必须宣告《司法条例》第 13 条因违宪而无效，无法发出执行违宪的职务行为的命令。

在最高法院没有作出有违其意愿的命令这一点上,该判决对于新掌握政权的共和党而言是有利的。但是,尽管合众国宪法的条文中没有任何相关规定,最高法院却自己确立了"最高法院能够判定违反宪法的立法无效"这种司法审查制度,在此意义上,该判决能够被评价为有助于建立统一的**联邦司法**,尤其是有助于加强最高法院的职权。

10. 美国法的创建期

所谓**美国法**,是在美国实现从英国的殖民统治中独立、制定了美国宪法之后,逐步发展起来的。尽管美国法不得不以英国的**普通法**为基础,但由于自1812年至1815年展开的美英战争(本书第二次独立战争)也起到了作用,持续维持了反英情绪,因而对普通法的反感根深蒂固。有几个州甚至立法禁止使用英国法。例如,新泽西州就禁止法院在1799年至1819年期间,引用独立战争之后的英国的判例,连英国法律的注释书籍、解说、论文等也一概禁止使用。

但是,对于普通法的这种否定不可能永久持续。因为有时候出于实际需求,不得不使用普通法。对于普通法的不足部分,则通过立法以及审判中的创造性判决来补充。这样,初期的美国法是由这三个支柱来构成的:对普通法的承继为基础、加上新的立法以及法官的法律创造。

11. 美国的普通法

这个时期的美国法没有大力推进法典化,而是更多地依赖**判例法主义**。

正如在本书第六章所述，英国哲学家边沁以基于功利主义的制度改革为目标，倡导普通法的法典化。1881年，边沁向美国当时的第四任总统麦迪逊提出申请，希望能替美国编纂法典，但麦迪逊没有接受。因为他的考虑是，在美国，应该以通过判例积累而形成的普通法为基本，仅限于商业等特别需要统一的领域，将已经确立的判例法予以法典化即可。

那么，为已经确立的判例法以及这些判例奠定基础的一般性命题究竟是什么呢？一般认为，曾在哈佛大学执教的联邦法院法官约瑟夫·斯多利（Joseph Story，1779—1845年）的著作，以及纽约州大法官詹姆斯·肯特（James Kent，1763—1847年）的《美国法释义》（Commentaries on American Law，初版在1826年至1830年发行）对此产生了很大影响。詹姆斯·肯特的《美国法释义》深受欢迎，甚至到了19世纪70年代已然发行了第12版。顺便说一句，《美国法释义》第12版的编者正是后面（本书第九章）将要介绍的奥利弗·温德尔·霍姆斯（Oliver Wendell Holmers Jr. 1841—1935年）法官（尽管如此，但年轻的霍姆斯对《美国法释义》的评价却似乎不高）。

12."宏伟风格"的时代

托马斯·杰斐逊描绘的理想国家图景是由自耕农的自助努力所支撑的农业社会。但美国已经从早期的农业社会脱离，步入产业化的道路，日益需要那些能够适应社会变化的判例法的发展。曾于1811年至1845年担任联邦法院法官的约瑟夫·斯多利与首席大法官约翰·马歇尔一同指明了联邦宪法针对州宪法与州法律的优越地位这种方向性。约瑟夫·斯多利高度赞善英国的曼斯费德伯爵

(William Murray, 1st Earl of Mansfield,1705—1793年)的裁判手法。曼斯费德伯爵曾于1756年至1788年担任王座法院首席法官,作为革新派的法官而知名。一般认为,曼斯费德伯爵基于自然的正义的革新的裁判手法,在重视先例的威廉·布莱克斯通式的裁判观念很强的英国本土,并没有多大影响力。但是,在美国,曼斯费德伯爵式的法律创造则引起了判例法的强力发展。这种由联邦宪法与以法官为核心的法律创造的组合所形成的早期的美国独特的普通法的发展模式,后来被法学家卡尔·卢埃林(Karl Llwellyn,1894—1962年)称为"宏伟风格"(grand style)。这个时代一直从南北战争持续至19世纪的末期。

Column12：托克维尔眼中的美国

法国的思想家阿历克西·德·托克维尔(Alexis de Tocqueville,1805—1859年)曾用自己独特的视角观察、分析了建国初期的美国社会,这一点广为人知。出身于贵族世家,走上法曹之路的托克维尔将被称为对美国监狱制度的考察的在美国逗留的经验,以及由此所产生的思考,一同归纳在《论美国的民主》(De la démocratie en Amérique,第一卷1835年、第二卷1840年)之中。

托克维尔在美国目睹的是,人与人之间的"境遇的平等",平等地拥有自由的人们为了追求自己利益而参与社会的建设,这正是所谓"民主制"的样子。托克维尔从美国的地域共同体、结社以及陪审员制度中,发现了美国的民主制。

托克维尔关注的是,美国的地域共同体中的自治制度。因为在他看来,这里存在由人民作为主权者来建设社会这种美国的民主制度的原型。对于结社的自由,托克维尔也将其定位于美国民主制度中的重要因素。可以说,在这一点上,美国受到卢梭的社会契约论的启示,与全面禁止结社的大革命之后的法国形成鲜明的对比。①

二、法学院的成立与案例教学法

1. 南北战争之后的美国

1861年,因围绕奴隶制度之是非的意见对立,南部11州脱离了联邦,以此为契机,爆发了将美国一分为二的**南北战争**。1865年,南北战争以北部各州的胜利而结束,与此同时,美国社会发生了彻底的变化。

也属于战争的原因之一的**奴隶制度**的废止尤其重要(不过,以南部诸州为中心,针对黑人的歧视待此后仍然在存续)。面对这一问题,合众国宪法增设了三个修正条款,其中之一的第十四修正案第1款所包含的法律的正当程序条款(due process of law),后来围绕宪法的解释,也引起了极大论争(本书第九章之二)。

除此之外,经济也得到了显著发展。由于美国全境铺设了铁路,很多人可以跨州长距离移动。同时,随着大量海外移民的涌入,美国的人口数量也飞速增长。这样,由于补充了大量劳动力,以及取之不尽的资源,无数新兴产业得以发展起来,美国也由

---

① 托克维尔:《论美国的民主》(全四卷),松本礼二译,岩波文库2005—2008年版。

此开始步入作为世界最大工业国的发展之路。

2. 兰德尔其人

随着南北战争的结束，美国法律的发展又迎来了新一轮浪潮，尤其是 1880 年至 1900 年这一时期的美国法律，后来被罗斯科·庞德（Roscoe Pound, 1870—1964 年）称为"法律的成熟期"、卡尔·卢埃林（Karl Llewellyn, 1893—1962 年）则称其为"正式风格"（formal style）即"形式主义的时代"。

这个时期的美国法律的标志性人物是克里斯托弗·哥伦布·兰德尔（Christopher Columbus Langdell, 1826—1906 年）。兰德尔试图将法律确立为不是解决纷争的单纯技术，而是一种具备统一体系的学问。

抱有这种观念的兰德尔感觉到，此前的普通法不过是杂乱且不统一的庞大的判例的累积而已，为了适应社会的近代化与合理化，有必要以合理的方式将法律予以体系化。在兰德尔看来，为了实现法律的学问性的体系化，唯有当时被认为是近代的进步与合理化之理想方法的"科学"才能被当作模本，从而提出了**作为科学的法律**这种法学观。

3. "作为科学的法律"

兰德尔的科学的方法论将法律的真理视为科学的真理之一。与科学法则一样，法律命题也是客观的且普遍的东西，一旦被发现，就不会再改变。"基本法理的数量，远比我们能想到的要少"，从而被单纯化，越单纯其适用范围才越广。

兰德尔尝试从庞杂众多的判例中发现一般的、抽象的命题,并将其整理为少数的单纯的命题。

> 这种作为科学(也就是法律)的素材而使用的,全部被包含在已经印刷的书籍之中……图书馆……对我们所有人(法学者)而言,就如同大学实验室对于化学学者、物理学学者,自然史博物馆对于动物学学者,以及植物园对于植物学学者那样(《合同法案例选集》)。

对于合同法与不法行为法,兰德尔将案例以及能够从中得出的一般命题写成了案例汇编(case book)。1870年,兰德尔就任哈佛大学法学院(Law School)院长,向学生开展了这种使用案例汇编的体系性的法学教育。后来,这种教育方式被作为**案例教学法**,被全美的法学院所采用。这种教育方法就像古希腊的苏格拉底问答那样,通过提问答疑的方式,让学生从案例之中找到一般的法律规则与原理,在此意义上,也被称为**苏格拉底教学法**。

4. 作为法曹教育方法论的案例教学法

这种全新的案例教学法对于全美的法学教育,以及接受这种教育之后的法律人士的法律思维,都产生了极大影响。法学院此前大多是录用退职的实务人士担任法学教师。但是,兰德尔选择优秀的学生,在其毕业的同时,即将其录用为教师。这些人没有实务经验,而是专注于教学与论文写作,兰德尔由此打下了一种此前未曾有过的、大学的法学教育方式的基础。首次接受兰德尔式教育的学子,从二十几岁开始直至退休的几十年间,热心地将这种教育传授给下一代学子,这种方式在其他法学院(Law School)也得到推行,从而形成了那个时代共通的法律思维方式与法律人的身份(identity),这种身份也为社会的合理化与近代化作出了贡献。不仅如此,对于提升消除混乱、带来安宁、司掌正义这种作为专家、法律人士、学者的法曹的形象也极为有利。

5."作为科学的法律"的实质

通过运用科学的手法来发现法律的一般性命题,这究竟是什么样子呢?下面以合同法为例进行说明。

一般认为,直至16世纪,在英国的普通法中,也没有"合同责任"之一般概念。例如,请铁匠铺打造马掌,因造出不好用的马掌而产生的责任就属于不法行为责任。而且,诸如履约迟延等,由不遵守所缔结的约定而产生的合同责任,当时也不存在。在产业化之前的社会,合同责任并不重要,如就是在威廉·布莱克斯通的《英国法释义》中,也仅有寥寥几页涉及合同之项。

不过,产业革命之后,合同在社会中的重要性急剧增加。在英国,开始出版有关合同的书籍;就是在美国,1844年也发行了有关合同的最早的著作,即威廉·斯多利(William Wetmore Story)的《有关没有盖章的合同法之论》(顺便说一句,该书作者是前述约瑟夫·斯多利法官的儿子)。

对于这种合同责任,兰德尔认为,无论交易的东西是什么,也不论交易对象是谁,都属于基于自发的合意所产生的,是所有不履行债务的行为都会产生的抽象责任。

但是,这种"以自发的合意为根据的责任"的一般命题,仅仅是从那些被认定违约的损害赔偿的少数案例中提炼出来的。按照兰德尔的观点,只能从判例集中选择正确的判决,而必须将那些错误的判决排除出去,但正确的判决极少。也就是说,正确的一般命题,是从少数判决中得出来的。由此可见,**作为科学的法律未必是基于实际存在的多数判决。**

6. 形式主义的必要性

形式主义经常被作为针对新思想的反动而出现。美国法中的形式主义的倾向,也是在科学发展、产业条件具备、大企业出现、人们生活发生巨大变化的时代,作为其反动而产生的。那是这样一种尝试:试图将急剧的变化在法律这种框架之内予以固定,控制在可以接受的范围之内。

作为反动的形式主义,也与当时的判例的出版情况相关。至此只是零星知晓的美国判例,通过19世纪80年代的西方(West)出版社发行的《国家报告制度》(national report system)的确立,也开始大量公开出版。但是,这种出版没有充分的计划性,州法院与联邦法院的判决每年都能问世。为此,法律人士面对如此庞杂的判决,只能是望洋兴叹无计可施。给出抽象化的、单纯化的命题的这种形式主义的方法论,正好解决了法律人士的烦恼。

从特定的利益集团确立了其利益基础的时点开始,就是出于维护既得利益的目的,也会出现形式主义。19世纪后半期,美国的这种利益集团主要是那些涉及铁道、石油等的大企业。南北战争之前的奴隶主也可以说是以农业社会为基础的时代的既得利益者。这种形式主义,也与对于试图将国家的介入控制在最低程度的**自由放任主义**经济的拥护结合在一起。因为兰德尔的信奉者大多对由国家实施的产业政策、产业立法持怀疑态度,而相信只有基于所有权与契约原则的对个人利益的追求,其结果才会最终与公共利益联系在一起。

Column13：英国与美国的法曹教育

即便是共同具有普通法之传统的英国与美国之间,在法曹教育的模式上,也存在很大的不同。

在英国,自古以来,在牛津大学与剑桥大学,一直教授的是教会法与罗马法,而带有实务性质的普通法则不被看作学问,因而主要由不同于大学的伦敦四大律师学院(Inns of Court)(或者翻译为法曹学院)来承担法曹教育的职责。在13世纪左右,因土地纷争的加剧等原因,对法律人士的需求增加,为此,根据爱德华一世的命令,那些集中在伦敦的希望成为法曹的人,开始在几个固定的场所(旅馆),听前辈法曹的授课。这就是 Inns of Court 的发祥。其中最有名的是,格雷律师学院(The Honourable Society of Gray´s Inn)、林肯律师学院(The Honourable Society of Lincoln´s Inn)、中殿律师学院(The Honourable Society of the Middle Temple)以及内殿律师学院(The Honourable Society of the Inner Temple)四处旅馆(Inn)。由于旅馆也是开展教育的场所,因此,与前辈法律人士一同会餐,与同辈一同食宿,也占据了法曹修炼的重要部分。

另外,作为美国的法曹教育机构的法学院,可以追溯至1784年在康涅狄格州创建的里奇菲尔德学校(Richfield School)。在此之前,一般要么是去英国的法曹学院学习,要么是去已经取得成绩的法律人士那里做门下弟子。

但是,南北战争之后,对法律人士的需求增加,法学院的数量也随之增加。起初是以实务人员的讲授为中心,但随着兰德尔方式的引入,由体系化的课程与教材进行教育、严格的成绩评定、法务博士(J. D.)的学位授予、各州的司法考试等,这种新的法律人士的培养方式被标准化,一直延续至今。①

---

① 戒能通弘、竹村和也:《英国法入门——从历史、社会、法思想来看》,法律文化社2018年版。

第四部分 从近代法到现代法

第八章　德国法学的展开

自明治时代以后,对于致力于继受西洋法律的日本而言,19世纪德国构建的近代法律,直至今日仍然是一个典范。本章以私法学(民法学)和公法学(宪法学)为中心,学习对于日本法学也产生了重大影响的德国法学是如何产生的,以及如何展开的。

一、潘德克顿法学与德国民法典的编纂

1. 德国的政治统一

在拿破仑的威胁消除之后的德国,历经"三月革命"(1848年)等迂回曲折,终于以在"普奥战争"(普鲁士对奥地利战争,1866年)以及"普法战争"(普鲁士对法国的战争,1870—1871年)中取得胜利的普鲁士为中心,成立了德意志帝国(第二帝国,1871年)。此后,帝国的运营就完全交由宰相俾斯麦(Otto Eduard Leopold Fürust von Bismarck,1815—1898年,1871—1890年担任宰相)卓越的政治手腕。

这样,在19世纪后半期,德国虽然正式完成了政治上的统一,但仍然未能实现法律的统一,其依然属于各个邦国各自分裂

的状态。正是如在本书第五章之三中所谈到的那样，由于历史法学派以"法典论争"（1814年）为契机而抬头，法典编纂为时尚早这种观点处于支配性地位。

2. 罗马学派

历史法学派尊重**民族精神**（民族共同的确信），反对通过立法仓促地统一法律。根据研究对象的不同，历史法学派又分为两种不同的立场。其中一个是从事罗马法研究的**罗马学派**（Romanisten），直译的话，就是"罗马法学者"；单数的话是 Romanist，历史法学派的创始人萨维尼也属于罗马学派。

萨维尼以由法学来统一法律为目标，对他而言，罗马法才是最好的法律素材。因为罗马法具有近代社会也通用的自由主义的、个人主义的性质，在实务中，长达几个世纪，也一直是德国的普通法。乍看上去似乎相互矛盾的**罗马**法与**德国**民族的精神，在罗马法学派看来，是完全有可能两立的。

3. 从历史法学到潘德克顿法学

所谓罗马法学派学问上的使命，用一句话来说，就是返回至古典时期的纯粹的罗马法，从中提炼出基本原理，重构一个适于现代的法律体系。要做到这一点，其方法就是此前已经解释过的**历史的方法**与**体系的方法**。不过，自萨维尼以后，罗马学派不再关注历史的方法，而仅强调体系的方法，这样，他们的法学不再是历史法学，而是被称为**潘德克顿法学**（Pandektenwissenschaft）（正如本书第五章之三所指出的那样，潘德克顿法学这一名称由来于《查士丁尼国法大全》中的《学说编纂》的希腊语名称，是《学说编纂》的别名）。正如被经常指出的那样，在潘德克顿法学中，能看到受以自然法的体系化为目标的近代自然法理论（参见本书第三章）的深刻影响。

4. 潘德克顿教科书与普赫塔

潘德克顿法学这一名称由来于罗马学派为了潘德克顿的教学，撰写了很多冠以该名称的教科书。这些教科书的特征在于按照所谓潘德克顿体系，将民法分为总则、物权、债权、亲属、继承5编的方式进行阐述。从《学说编纂》本身无法看到的这种编排，正是在潘德克顿法学的发展中培育起来的。

格奥尔格·弗里德里希·普赫塔（Georg Friedrich Puchta, 1798—1846年）为这种潘德克顿法学的发展作出了巨大贡献。普赫塔年轻时受黑格尔的熏陶，但作为法学家，他赞同罗马法学派，晚年接替萨维尼在柏林大学的教席。正如"概念的谱系学"这种普赫塔自己的表述所体现的那样，他心目中理想的法学是有可能进行科学的演绎的概念体系的建构。其具体成果见于《潘德克顿教科书》（Lehrbuch der Pandekten, 1838年）以及《法学阶梯教程》（三卷本）（Cursus der Institutionen, 1841—1847年）。

5. 格林的日耳曼法研究

日耳曼学派（Germanisten）——直译的话，就是"日耳曼法学者"；单数的话是Germanist，是与罗马法学派相并列的另一个历史法学派的分支。他们致力于研究符合德国民族精神的，属于德意志民族之固有法律的日耳曼法。

雅科布·格林（Jacob Ludwig Carl Grimm, 1785—1863年）是

日耳曼学派的代表性法学家,同时,他与其弟弟威廉·格林(Wilhelm Carl Grimm,1786—1859年)一同作为《家庭和儿童童话集》(《格林童话》)的编著者广为人知。雅科布·格林作为萨维尼的弟子,他忠实地遵从历史法学派的纲领,重视法律与语言的历史性。他在语言学领域的主要著作是《德语语法》(四卷本)(1819—1837年);他作为法学家的代表作是《德意志法古事志》(二卷本)(1828年)与《习惯法判告录》(四卷本)(1840—1863年,在其死后,增补为七卷本)。这些作品积极收集了日耳曼自古以来的习惯法与审判记录,与致力于体系建设的潘德克顿教科书划清了界限。

6. 罗马学派与日耳曼学派之间的对立

罗马学派与日耳曼学派原本处于相互补全历史法学派所标榜的民族精神论的关系,未必是相互对立的学派。但是,进入19世纪三四十年代之后,两派之间的沟壑越积越深,日耳曼学派对罗马学派进行了严厉的批判。其中,最著名的批判者是格奥尔格·贝塞勒(Georg Beseler,1809—1888年)。贝塞勒的主要著作《民众法与法曹法》(1843年)的主题是,与由法曹主导的罗马法相比,应该拥护原本就属于民众的日耳曼法。在该书中,贝塞勒甚至断言,对德意志而言,罗马法的继受完全是"国族的不幸"(Nationalunglück)。

日耳曼学派在政治上与自由主义结合在一起,对于"三月革命"也产生了不小的影响。雅科布·格林是"哥廷根七教授事件"(1837年)的当事人之一——因抗议汉诺威国王的保守政策,7名教授遭到免职的事件,就充分体现了他们的自由主义的政治姿态。在革命之后的法兰克福国民议会(1848—1849年)中,雅科布·格林与格奥尔格·贝塞勒还曾当选为议员。

7. 日耳曼法的素材

不过,与政治上的活跃形成对比的是,日耳曼学派未能成为法学上的主流派。这是因为日耳曼法缺少能与《查士丁尼国法大全》相匹敌的素材,对实务的影响也很有限。日耳曼法的史料主要是,普布利乌斯·科尔涅利乌斯·塔西陀(Publius Cornelius Tacitus,约55—约120年)描绘古日耳曼人的习惯与风俗的《日耳曼尼亚志》(Germania,98年),以及埃克·冯·雷普高(Eike Von Repgow,1180—1235年)的《萨克森明镜》(Sachsenspiegel,约1230—1235年)。但无论是从质上还是从量上,其都无法与《查士丁尼国法大全》相提并论,这也是事实。为此,近代德国私法学的基础是以作为主流派的罗马学派(潘德克顿法学)为中心而形成。

8. 温特海得与第一草案

私法统一的契机终于随着**德意志帝国的成立**而到来。1874年,为了**编纂民法典**,设立了起草委员会。在起草委员会中,发挥指导性作用的是潘德克顿法学的代表性人物温特海得(Bernhard Windscheid,1817—1892年)。

在温特海得去世之前,他的主要著作《潘德克顿法教科书》(三卷本)(1862—1870年初版)曾7次再版,对于当时的法律学、法律实务,以及民法典的编纂,产生了压倒性影响力。在近年的研究中,尽管尽量避免过度强调温特海得的贡献,但作为起草委员会之成果的第一草案(1888年)仍然被评价为"小温特海得"。

9. 对第一草案的批判

第一草案公布后,遭到了不少批判。其中,以奥托·基尔克(Otto von Gierke,1841—1921年)与安东·门格尔(Anton Menger,1841—1906年)的批判最为著名。

基尔克曾在柏林大学接受过格奥尔格·贝塞勒的指导,他立足于日耳曼学派的立场撰写了《民法典草案与德国法》(1889年),对第一草案提出了下述批判:"这个草案既不是德国的,也不是民众的,更没有创造性"(本书第一章)。基尔克认为,第一草案不过是将潘德克顿教科书移植为法律条文而已,与德国民众的法律意识并不兼容。

在批判者的眼里还能感受到,个人主义的第一草案缺少社会的、共同体的视角,其中之一就是缺少对弱者保护的视角。自19世纪50年代之后,工业化在德国也正式开始发展,与此相随的是开始出现苦于贫困的工人。基尔克作为社会法之创始人也非常出名,基尔克在《私法的社会性使命》(Die Soziale Aufgabe Dez Privatrechts,1889年)中就曾指出过这一点。被称为法曹社会主义的安东·门格尔在《民法与无产阶级》(1890年)中,对于完全没有考虑对工人阶级(贫民)的保护的第一草案,进行了严厉的批判[顺便说一句,安东·门格尔的兄长卡尔·门格尔(Carl Menger,1840—1921年)是确立了现代边际效用理论的著名经济学者]。

10. BGB 的公布、施行

为了应对针对第一草案的各种各样的批判,1895年德国又制定了第二草案。这个修正案受基尔克等人的影响很大。民法典终于在1896年颁布,并于1900年1月1日开始施行。取字面意思,即"民法典"的德语Bürgerliches Gesetzbuch的首字母,《德国民法典》又被简称为BGB。

以BGB的颁布为标志,德国国内民法的分裂状况得以解消,同时,致力于学说编纂的体系化的潘德克顿法学也完成了其使命。自此以后,如何解释、适用BGB便成为民法学的主要课题,直至现在也是如此。

二、耶林与对概念法学的批判

1.法律学的无价值性

正如在本章之一中所确认的那样,主导19世纪德国私法学的是由萨维尼开始,经过普赫塔,再到温特海得的潘德克顿法学家(罗马学派)。通过他们的努力,德国私法学的基础得以建立,最终以BGB的形式取得成果。但围绕法律学的本质与法律解释的方法论的原理性考察,经过来自敌对者的批判也得以进一步深入。针对潘德克顿法学的怀疑的目光,迫使法律学这一科学本身重新进行考虑,不久便掀起大的波浪,发展至被称为**自由法运动**的法学革新运动。

这一潮流的先驱者是柏林的检察官尤利乌斯·冯·基尔希曼(Julius Hermann von Kirchmann,1802—1884年),他于1847年发表了演讲《作为科学的法学的无价值性》(公开出版于第二年即1848年)。在《作为科学的法学的无价值性》中,基尔希曼对法律学与自然科学进行比较，提出了法律学不足以成为科学这一过激的主张。

2. 法律学与自然科学

在基尔希曼看来，不同于处理不变的自然法则的自然科学，作为法律学之对象的法，基尔希曼称其为"自然的法"总是处于变化之中，因此，实定法所规定的事项大多不过是偶然的。实定法中存在不少缺陷与矛盾，对这种不完备的应对，就成为法学家们的主要使命。基于上述分析，基尔希曼发表了能够代表该演讲的下述警句：

> 法学，由于是以偶然作为对象，其本身也成为偶然，亦即如果立法者修正三句话，那么，所有的藏书都将归为废纸（《作为科学的法学的无价值性》第八节）。

基尔希曼的这种观点未必得到了很多人的赞同，但难免会从根基上颠覆法律学之存在价值的这种主张，也对当时的法学界造成了巨大的冲击。

3. 耶林的生平

基尔希曼是从实务人员的角度提出了这种辛辣的批判，鲁道夫·冯·耶林（Rudolph von Jhering，1818—1892 年）的批判则是来自潘德克顿法学的内部。

耶林出生于德国北部的一个法律名门世家，青年时代在柏林大学求教于普赫塔，然后以巴塞尔大学（University of Basel）为开端，作为一名罗马学派学者辗转在各地大学任教。在担任吉森大学（University of Giessen）教授时公开出版的《罗马法的精神》

(1852年初版,1866年第2版)是耶林早期的代表作。在第二版开头的一句话"罗马曾经三度给世界定下规则,也曾三度统一各个民族":第一次是国家的统一,第二次是教会的统一,第三次是法律的统一,现在仍然是罗马史文献中被频繁引用的内容。此后,耶林继续撰写了《罗马法的精神》的第二卷第一部(1854年)、《罗马法的精神》的第二卷第二部(1858年)。尤其是在第二部中,虽基于潘德克顿法学的方法论,但也曾就"法律的结构"展开过探讨。

4. 耶林的转向

作为法学家的研究生活一直一帆风顺的耶林,以对某个案件的鉴定(1858年12月)为转折点,他的法学观念发生了变化。这是一起有关危险的承担的案件,据说,参与鉴定的耶林也为问题的解决而煞费苦心。这也是因为根据罗马法缜密的法律结构与严格的逻辑推理,也就是按照潘德克顿法学的方法论很难得出令人信服的结论。

据耶林本人的回忆,该事件成为他研究生涯的决定性转换点。《罗马法的精神》的第三卷第一部(1865年)中的"不是生活为了概念而存在,而是概念为了生活而存在"(第五十九节),作为直接反映耶林转向的名言而广为人知。对耶林而言,潘德克顿法学不过是无视现实、玩弄概念与逻辑的游戏而已,属于应当被超越的批判对象。《法学中的玩笑与认真》(Scherz und Ernst in der Jurisprudenz: Eine Weihnachtsgabe für das juristische Publikum, 1884年)就是为了进行这种批判而撰写的著作。

5. 法学的概念天国

在《法学中的玩笑与认真》的第三部,加上了"法学的概念天国"这样一个奇妙的标题,以幽默的形式描绘了只有潘德克顿法学家死后才能进入的"概念天国"的样子(内容当然是虚构的,但令人玩味的是,第一个进入"概念天国"的是普赫塔)。在其中一节,耶林回顾了自己也曾信奉的潘德克顿法学:

> 我也曾一直认为,法学这种东西就是法律的数学。所谓法学家,如同数学家用数值来计算那样,是通过概念来计算的。只要结果在逻辑上是正确的,法学家就没有必要在意在此之前的过程(《法学中的玩笑与认真》第三部)。

6. 概念法学的形象与真实面貌

在话锋突转采取严厉口吻的第四部,耶林指出,对于具备上述特色的法学,可以将其改称为概念法学。即便是现在,这一表述作为对偏重概念的法学的揶揄之语,也已经固定下来。一般来说,从概念法学这一名称大多可以有以下三点印象:(1)对概念法学而言,法律是没有缺陷的体系;(2)为此,通过法律体系内部的逻辑性操作(概念的计算),所有法律问题的解答都可以演绎即推导出来;(3)因此,不需要法官造法,他们只要将案件涵摄在法规之中即可(法官就等于自动包摄机)。

不过,对于概念法学的这种印象,在多大程度上与潘德克顿法学一致,还需要作详细的探讨。有志于"概念的谱系学"的普赫塔,以及在论文中明确提出"对伦理、政治、国民经济考虑这个考虑那个，这不是法律人士本身的工作"（论文《法律学的使命》（1884年））的温特海得确实存在这种倾向，这也是不争的事实。他们试图将非法学的要素排除在法学之外的这种姿态，被称为科学的实证主义。但是，就个别观点而言，他们有时候也会显现出脱离了概念法学的刻板印象的柔性思考，未必是无视现实而盲从于概念的。

7. 权利利益说与目的法学

耶林本人没有止步于只是批判潘德克顿法学，而是在一直摸索能够取代潘德克顿法学的新的法学形象。在《罗马法的精神》的第三卷第一部中，耶林反对主张权利的本质在于意思的力量的这种既往学说（**权利意思说**），提出了"权利是法律上受到保护的利益"（第六十节）这种新观点。这种**权利利益说**也能被理解为，耶林的这种新的法学尝试的一环。对耶林而言，围绕权利的争议不是抽象的概念上的对立，而是应该作为具体的利益冲突的问题来加以解决。

后来，耶林公开出版了《法律中的目的》（Der Eweck im Recht，第一卷1877年、第二卷1883年），该书中著名的一句话，就是序言中的"目的才是所有法律的创作者"。在耶林看来，法的目的在于"确保社会的生活条件"，法律被定义为用于通过国家的强制力来达到该目的的形式。尽管该著作最终并未完成，但从中也能看到将视线指向现实社会的耶林的一贯态度。

8.《为权利而斗争》

耶林于1892年在哥廷根去世，在其逝世的20年前，在辞别此前的工作地维也纳之际，他发表了告别演讲。《为权利而斗争》（Der Kampf ums Recht, 1872 年）就是以该演讲原稿为基础而成的小册子。该书提出，为了自己的权利而斗争，这也是针对国家共同体的义务。该书出版伊始，便赢得了很多读者的喜爱，至今仍然在世界各地广为传阅。

> 对于挑战人格本身的无礼的不法，以及以无视权利、侮辱人格的形式进行的权利侵害进行抵抗，这是义务。首先，那是针对权利者自身的义务。因为那正是对保存自己作为伦理的存在这种命令的服从。而且，那也是针对国家共同体的义务，因为那是为了实现法律（即正义）所必需的（《为权利而斗争》）。

顺便提一句，年长耶林 1 岁的温特海得专程从莱比锡赶过来参加耶林的葬礼。不过，仅仅在 6 周之后，温特海得 75 年的人生也落幕了——作为讲述二人之间友谊的插曲，这件事至今仍在被传诵。

尽管转向之后的耶林对概念法学进行了严厉的批判，但他并没有放弃潘德克顿法学所重视的法律结构本身。而且，在近年的研究中，对于将温特海得看作偏离现实的概念法学者的典型这种一直以来的理解，也被要求进行反思。鉴于这一事实，正如二人的友好交往所体现的那样，与旁观者所看到的相比，也许他们两人的法学观念出乎意料地接近。

三、从自由法运动到利益法学

1. 埃利希的生平

所谓**自由法运动**(Freirechtsbewegun），是从19世纪末期至20世纪初期兴起的法律学的刷新运动。参与这种运动的人的观念未必是铁板一块，但在继承耶林对概念法学的批判，承认法官造法这一点上基本上是一致的。尤根·埃利希(Eugen Ehrlich, 1862—1922年)是与赫尔曼·坎托罗维奇(Hermann Kantorowicz, 1877—1940年)齐名，能够被称为该运动的主导者之一的法学家。

埃利希出生于当时属于奥匈帝国领地的布科维纳省(Bukowina）省会切尔诺维茨(Czernowitz，现在属于乌克兰）的一个犹太人律师家庭。在帝国的名门大学维也纳大学研修法律学之后，回到故乡的切尔诺维茨大学执教。当时处于德国法学界之边缘地位的他写作了《法律社会学基本原理》(1913年)，与后述的韦伯(本书第九章之三)一同被当作**法社会学**的开拓者而闻名于世。在该书的序言中，他写道，"法律发展的动因，在所有时代都是一样的，即便是在现代社会，不在立法、法学与司法，而在于社会本身"。正如该表述所宣称的那样，埃利希持续关注的是，为社会一般人所认可并遵守的"**活的法**"。

2. 法国注释学派与科学学派

埃利希在写作《法律社会学基本原理》之前，曾以《法律的自由发现与自由法学》(1903年)为题作了一个著名的演讲。这个演讲旗帜鲜明地抛出了自由法理论的思考,其中,出于褒义地参照了法国的法学家弗朗索瓦·惹尼(François Gény, 1861—1959年)。与德国的自由法运动大致相同的时间,法国也掀起了针对传统法学的批判浪潮,立于这种批判之急先锋地位的是惹尼与雷蒙·萨莱耶(Sébastien Felix Raymond Saleilles, 1855—1912年)。他们的学风今天被冠以**科学学派**的名称而广为人知。

原本在19世纪的法国,以1804年颁布的《法国民法典》为前提,对此进行详尽的注释,已经成为私法学的主流。那些从事这种工作的法学家,被统称为**注释学派**(不同于本书第二章之三中提到的中世纪的注释学派)。按照注释学派的信念,民法典穷尽了针对一切案件的规范,因而所有的法律问题都能够根据法典的规定予以解决。他们基于这种牢固的信念,绝对地看待法典(制定法)的条文,否定法官造法。注释学派的这种态度类似于德国的概念法学。

3. 科学的自由探究

时代很快进入19世纪后半期,随着资本主义经济快速发展,整个社会也发生了戏剧性的变化。这样,民法典与社会的现实之间就出现了乖离,注释学派的条文解释也开始出现"阴影"。正是在这个时候,科学学派走上了前台。

弗朗索瓦·惹尼(Franocis Gény, 1861—1959年)在《实存私法上的解释方法与法源》(1899年)中毫不留情地批判的是所谓法典万能这种注释学派的设想。惹尼坦率地承认,有关立法者在立法当时未能预见的问题,在制定法的规定中,一定存在不完备之处。在此基础上,他主张,在那种存在法律漏洞的场合,法官就不能拘泥于制定法,而必须由此自由地且科学地探究能够弥补漏洞的法律规范,找出妥当的解决路径。惹尼本人将这种研究方法命名为**"科学的自由探索"**。

4. 法律的自由发现

尽管在"科学地"这一点上,注释学派与科学学派的构想有所不同,但埃利希与惹尼都同样肯定**"法律的自由发现"**。埃利希在前述《法律的自由发现与自由法学》的演讲中的主要内容,可以概述如下:

> 在以国家的制定法为核心的现代社会,要求作为官僚的法官的所有判决都必须从制定法中导出,为此,即便是在法律存在漏洞的场合,法官都应该运用法律技术从制定法中发现应该适用的法律。乍看上去,这种"法律的技术性发现"排除了法官的恣意与个性,有利于维护法律的稳定性。但是,既然法律的技术性发现实际也介入了法官的价值判断,就难言发挥了其长处。这样的话,在制定法的规定存在漏洞的场合,就是为了谋求个案的公正解决,法官也应该自由地发现法律。

埃利希的这种观点,与其晚年最后时期运用更丰富的素材尝试进行法律的技术性分析的著作《法律逻辑》(1918年)也是一脉相承的。正如该著作的最后一章所述,最终而言,"试图从法规中找出其中蕴涵的内容之外的东西,按照这种技术,只会得出错误的结论"。

5.《为法学而斗争》

将埃利希、弗朗索瓦·惹尼以及后面将要谈及的菲利普·黑克(Philipp von Heck, 1858—1943年)等人分别展开的法学批判,统合在**自由法运动**这一口号之下,将其提升至宏大的法学刷新运动的高度的,是赫尔曼·坎托罗维奇。他在28岁的年纪以化名格耐奥·弗拉维乌斯(Gnacus Flavius)出版的《为法学而斗争》(Der Kampf um die Rechtswissenschaft, 1906年)引起了极大反响,迄今仍被作为自由法运动的纲领性作品而保有牢固的地位。

如果要用一句话来概括坎托罗维奇的主张,应该是这样的内容:"国家法"必有漏洞,这种漏洞必须通过被认为妥当地独立于国家权力的"自由法"来补充。并且,致力于进行这种自由法之研究的新的法学进行"法律的自由发现",从而占有作为法源的地位。

不过,在《为法学而斗争》中,还介绍了能够例证法学是基于个人的意思的意味深长的趣闻。按照《为法学而斗争》的描述,代表注释法学的中世纪法学家巴尔托鲁(本书第二章之三)一听到案情,是首先给出结论,然后再让友人出示所需要的法律条文。提到坎托罗维奇,往往只会关注他的自由法运动,但事实上,其作为以趣闻为题材对中世纪罗马法学进行研究的学者也是声名远扬的。坎托罗维奇在这一领域的代表作《对罗马法注释学派的研究》(1938年),是作为犹太人的他逃离纳粹统治,在流亡地英国发表的作品。

6. 自由法运动的终焉

尽管自由法运动也曾影响了以恩斯特·富克斯（Ernst Fuchs, 1859—1929 年）为首的实务人士，一度呈现出欣欣向荣的景象，但随着第一次世界大战的爆发，终究"凄凉地"迎来了终焉。而且，原本来说，自由法运动的赞同者在增加，但反对者也不少。无论是埃利希还是坎托罗维奇，"法律的自由发现"也并非推崇那些无视制定法的裁判，但批判者的指责是，有陷入恣意裁判的危险。实际上，时代再往前走，进入 20 世纪 20 年代之后，也甚至出现了像赫尔曼·伊赛（Hermann Isay, 1873—1938 年）那样，主张法律不能约束法官，不过是作为判决的理由而被引用而已的学者。

在这种状况下，菲利普·黑克，一边批判那种仅仅承认出自制定法的逻辑性演绎的概念法学（或者，仅仅将制定法视为法的制定的法律实证主义），另一边，又尝试与那种呼吁承认法官之广泛造法的自由法运动划清界限。根据其本人的回忆，他起初专攻数学，但在友人的推荐下，他阅读了耶林的《罗马法的精神》，从而转向研究法学。耶林在《罗马法的精神》中提出的**利益**概念，对于黑克主导的**利益法学**产生了极大影响。

7. 利益法学

对利益法学而言，法，无非是立法者通过衡量各种各样的利益冲突而制定的东西。为此，就要求法官，"历史性地正确认识这些利益，在判定案件之际考虑到这些所认识到的利益"，用黑克的话来说，就是要求法官进行"利益的历史性探究"[《*法律解释与*

利益法学》(1914年)第四章A]。的确,黑克以"对法律的忠实"为座右铭,要求法官服从法律。但是,他眼中的服从,正如"利益的历史性探究"所暗示的那样,不是指无批判地服从法律(盲目地服从),而是指考虑到立法者所作的利益衡量而服从法律(有思考地服从)。并且,在黑克看来,即便是那些法律存在漏洞的情形,法官也不是自由地创造法律,而必须是将目光转向从制定法中找到的类似的利益衡量,以此为线索作出判决。

8. 增额评价问题与一般条款

黑克生活的时代从第二帝政时期到纳粹后期,他对于魏玛时期所作的增额评价判决(1923年)持批判态度,这一点广为人知。利益法学的特色,在他的这种姿态中得到了最充分的体现。

该判决的契机是,此前未曾有过的通货膨胀袭击了魏玛共和国。从那些在通货膨胀之前取得债权的人的角度来看,在货币价值暴跌的情况下,即便收到了等额的偿还,也无法感到满意。为此,尽管明知违反有关货币的现有法律,德国的大审院(当时的德国最高法院)仍然基于诚实信用原则(BGB第242条),承认了债权的增额评价。

尽管存在应该予以考虑的异常的通货膨胀现象,但对讴歌"对法律的忠实"的黑克而言,这种判决仍然是难以接受的。不管怎么讲,该判决无视了制定法(有关货币的法律)中立法者的利益衡量。在针对该判决的评论中,黑克写道,"法官是法律的贡献者、辅助者,不是法律的主人"[论文《有关抵押权之增额评价的1923年11月28日的大审院判决以及法官权限的界限》(1924年)]。

不过,与黑克的担忧形成鲜明对比的是,此后,以诚实信用原则为代表的一般条款,作为法官造法的工具,其重要性不断增加。所谓**一般条款**,是指对要件等予以抽象地规定的条款,由于其具体判断交由法官的裁量,因而被置于不停地遭到滥用的危险之中。一般条款的这种危险,在纳粹时期就被予以现实化。

Column14：日本的"法解释论争"

在"二战"后的日本,围绕法律解释的方法论与法学的科学性,以民法学者为中心,进行了被称为"法解释论争"的一系列论争。来栖三郎(1912—1998年)打响了论争的头炮。他在1953年的私法学会会议上对法解释的客观性提出了质疑,主张将解释者的主观价值判断混入法解释之中;相反,川岛武宜(1909—1992年)则主张,在法学领域,经验科学的研究也是成立的,活跃于法意识的研究等法社会学领域。

此后,进入20世纪60年代之后,加藤一郎(1922—2008年)与星野英一(1926—2012年)提倡"利益衡量(考量)论"。尽管对利益衡量的标准存在各种各样的批判,但作为法解释的一种有力方法,仍留有不少影响。平井宜雄(1937—2013年)以卡尔·波普尔(Karl Popper,1902—1994年)的反证可能性论为线索,倡导基于"争辩"的法律学,与星野英一之间反复进行了论争。这种论争发生在来栖三郎等人最初的论争之后,在此意义上,又被称为"第二次法解释论争"。[①]

[①] 《来栖三郎著作集Ⅰ 法学家·法的解释·财产法》,信山社2004年版;平井宜雄:《法律学基础论备忘录》,有斐阁2001年版。

四、德国的公法实证主义的产生

1. 近代公法学的前史

在德国,晚于私法学,直到19世纪后半期才产生近代性质的公法学(宪法学)。与私法一样,公法这一概念本身可以追溯至罗马法,公法学这一门科学领域也并非直到19世纪才出现。然而,此前的围绕国家的法律思想中,包含哲学、历史学与政治学等各种各样的要素,这些要素浑然一体,用现在的眼光来看,难以称为纯粹的公法学。作为这种综合性的法律思想的一个例子,想必会想起黑格尔的法哲学(本书第五章之二)。黑格尔的影响也及于当时的公法学,不少公法学者吸收了他的有关社会、国家哲学的想法。

在这种状况下,有学者将潘德克顿法学的概念的、体系的方法转用至公法学,对**公法实证主义**的产生作出了重大贡献。卡尔·弗里德里希·冯·格贝尔(Carl Friedrich Wilhelm von Gerber,1823—1891年)就是其中一人。

2. 格贝尔从私法学到公法学

格贝尔是作为一名研究日耳曼法的私法学者而开始其学者生涯的。但是,不同于既往的日耳曼法学派,受到普赫塔之极大影响的格贝尔以日耳曼法为素材,尝试进行潘德克顿式的体系化。其成果就是《德国普通私法体系》(1848年)。后来,从私法学向公法学转向的格贝尔为了进一步向这种体系化方向推进，与密友耶林共同主编并发行了机关刊物《当今罗马与德意志私法教义学年鉴》(1857年)(不过，耶林后来转向于批判概念法学)。

格贝尔在公法学领域的代表作是《公权论》(1852年)与《德意志国家法体系纲要》(1865年)。这些著作的目标是，从公法学中排除非法学的要素，构建科学的公法体系。在《公权论》中，格贝尔明确表示，"那种考察应该完全是法学的，政治的东西不是目的而不过是素材"。在《德意志国家法体系纲要》的序言中，格贝尔如下论述了体系的必要性："按照我的看法，只有为(科学的)体系奠定基础……德意志国家法才会获得科学上的独立性，被给予切实的科学的演绎的基础。"

3. 拉班德与宪法斗争时代

代替离开学界转而成为政治家的格贝尔，并且承继格贝尔的科学的精神者是保罗·拉班德(Paul Laband, 1838—1918年)。拉班德被称为"格贝尔的精神遗言的执行人"，正是因为他的存在，才实现了公法实证主义的完成。拉班德原本是商法学者，其作为公法学者而广受关注的契机是惊动整个普鲁士政界的**宪法斗争**。

所谓宪法斗争，是指普鲁士在国王(政府)与议会之间反复展开全面对决的事件(1862—1866年)。在这场斗争中，普鲁士首相俾斯麦(1862—1890年在任，自1871年开始兼任德意志帝国宰相)在未经议会同意的情况下，继续执行军备扩张预算。众所周知，为了使其种做法得以正当化，俾斯麦激烈辩论，主张"眼下的大问题不是通过演讲与多数表决，而是需要通过铁与血来解决",由此获得了铁血宰相(Eiserner Kanzler)的别称。

4. 拉班德与《预算法论》

拉班德的《预算法论》(1871年)就是以上述宪法斗争为题材,围绕议会的预算承认权的问题,从法学理论上进行研究的著作。对于预算的法律性质,拉班德作了以下解释:预算是指对岁入与岁出的预计,确定预算应该属于行政的职能。为此,预算在实质意义上不能被谓为法律(立法),不过是在形式意义上属于法律而已。因此,即便没有议会的承认,政府也可以执行预算,另外,议会也并非能够自由地否决预算。

这样,拉班德采取基于实质意义上的法律与形式意义上的法律这种二元论(二重法律概念)的法律结构,将俾斯麦执行预算的行为予以合法化。

5. 拉班德与《德意志帝国国家法》

因《预算法论》而收获学术上成功的拉班德于1872年从柯尼斯堡大学(Albertus–Universität Königsberg)转入斯特拉斯堡大学(University of Strasbourg),此后,直至离世一直在斯特拉斯堡大学担任教授。顺便提一句,斯特拉斯堡(Strasbourg)是因普鲁士取得了与法国之间的普法战争的胜利,由法国割让而来的阿尔萨斯·洛林(Elsass·Lothringen)的中心城市[现在属于法国领地阿尔萨斯·洛林的斯特拉斯堡]。拉班德等教授被赋予了重整斯特拉斯堡大学的重任。

《德意志帝国国家法》(全三卷)(初版于1876—1882年)是拉班德接受这一重任之后完成的主要著作。该书第二版(1888

年)序言中的下面一段话,明快地反映了他的实证主义的态度:

> 实定法的教义学(解释学)应当完成的科学的课题是,构成各个法律制度,亦即要么将各个法律命题(法律条文)还原至一般性的概念,要么反而由这些概念导出明确的结论……要解决这些课题,不存在逻辑之外的其他手段……对于处理具体的法律素材的教义学,任何历史的、政治的、哲学的考察,都是不重要的……(《德意志帝国国家法》第二版序言)。

尽管《德意志帝国国家法》遭到了奥托·基尔克(本章之一)的猛烈批判,但仍然席卷整个第二帝政期的公法学界,对于帝国宪法(俾斯麦宪法,1871年制定)的解释,发挥了压倒性的影响力。

6. 耶里内克的《国家通论》

不过,如果试图按照公法实证主义,完全从法学的角度来把握国家,那么,作为由此所推导出来的一个理论性的归结,国家会被作为法律人格(权利主体)来理解。格贝尔与保罗·拉班德倡导这种被称为**国家法人说**的学说,与他们齐名的该学说的另一位主要倡导者是格奥尔格·耶里内克(Georg Jellinek,1851—1911年)。

世纪末公开发行的《国家通论》(Allgemeine Staatslehre,初版1900年),是耶里内克在海德堡大学讲授国家法学的观点之集大成。在该书中,耶里内克如下提到了国家法人说:

> 将国家作为权利主体来予以把握,应运用不劣于将人作为权利主体予以把握的科学的正当性来进行。仅仅通过这

一理论,也有可能从法学的角度来理解国家的统一性、国家组织的统一性以及由此所产生的意思的统一性(《国家通论》第六章第二节)。

除此之外,耶里内克的下述观点也很有名:试图从"将反复出现的事实视为规范的一般的心理特征"(《国家通论》第十一章第二节)中找到规范的妥当根据的想法(事实的规范力);"所有法律只有不仅仅是约束臣民也约束国家权力,才称为法律"的观点(国家的自我约束)。

7. 法学的考察与社会学的考察

除了非常精致地展开论述的各个论题之外,《国家通论》的整体结构也值得关注。一方面,耶里内克继承了格贝尔与保罗·拉班德的公法实证主义;另一方面,他也强调不仅从法学的角度,还有必要从社会学的角度来考察国家。耶里内克的国家理论(国家学)大致可以分为两个领域:

> 国家理论必须从国家存在的所有侧面来研究国家。与观察国家的两个视角相对应,国家理论也包括两个主要领域。首先,国家是社会的形成物。其次,国家是法律制度。与此相对应,国家理论分为社会国家理论(社会的国家学)与国家法理论(国法学)。(《国家通论》第一章第二节)。

在耶里内克这种被称为"国家两面性说"的观点中,能够看到其受到了从方法论上区分"**存在**"与"**当为**"的**新康德学派**的影响。据说,新康德学派的代表性哲学家,后来在海德堡大学与耶里内克成为同僚的威廉·文德尔班(Wilhelm Windelband,1848—

1915年),就对他产生了巨大影响。在耶里内克的这种国家理论中,他的国家法理论(国家法学)由一段时间曾在其门下学习的汉斯·凯尔森(Hans Kelsen,1881—1973年)(本书第九章之三)加以淬炼纯化,其社会国家理论(国家社会学)则由凯尔森的批判者们所承继。

8. 迈耶的行政法学

在宪法学被作为近代的法学而得到发展的同时,与之属于相邻领域的行政法学之科学性基础也得到构建。承担这种工作的是被誉为德国行政法学之父的奥托·迈耶(Otto Mayer,1846—1924年)。

在被称为"行政法之母国"的法国,从19世纪初期开始,以最高行政法院(Conseil d'État)为中心,行政法学得到了很大的发展。迈耶以法国的这种行政法学为范,写作了《德国行政法》全二卷(初版于1895—1896年),将德国行政法学提升至完成之域的高度。正如其曾站在保罗·拉班德就职的斯特拉斯堡大学的讲坛所象征的那样,迈耶的行政法学也属于极具实证主义性质的学问。

在《德国行政法》(1924年第三版)的序言中,有一句话特别能够显示迈耶作为一名行政法学者的自负:"宪法消亡,行政法存续。"德国历经第二帝政、魏玛共和国、第三帝国(纳粹德国)以及联邦共和国这种跨度极大的宪法体制的变革。但是,正如迈耶所言,行政法是"源于法律的行政的原理",以此为起始的他的行政法学说,现在仍持续在行政法的教科书中大放光彩。

Column15：明治宪法与天皇机关说事件

规定天皇为国家元首的明治宪法（大日本帝国宪法）于1889年公布、1890年施行。在起草该宪法之际，为了进行相关调查而前往欧洲的伊藤博文（1841—1909年），请教的是维亚纳大学的洛伦茨·冯·施泰因（Lorenz von Stein, 1815—1890年）与柏林大学的鲁道夫·冯·格耐斯特（Rudolf von Gneist, 1816—1895年）。他们被定位于比前文所述格贝尔与保罗·拉班德等人的公法实证主义要早一个时代的公法学者。

在大正民主运动的发展过程中，提出对民主宪法进行自由的（liberal）解释的是，东京大学教授美浓部达吉（1873—1948年）。将天皇定位于国家最高机关的美浓部达吉的学说，是基于格奥尔格·耶里内克的国家法人说，属于日本当时的通说观点。但是，进入军部开始抬头的昭和初期之后，美浓部达吉的著作遭到了查禁处分，这就是"天皇机关说事件"（1935年）。顺便说一句，美浓部达吉非常出色地翻译了迈耶的《德国行政法》，不仅对日本的宪法学，对日本的行政法学也留下了极大功绩。①

---

① 大野达吉、森元拓、吉永圭：《近代法思想史入门——从日本与西洋的交集来看》，法律文化社2016年版。

第九章 从革命到两次世界大战

自19世纪后半期到20世纪初期,是这样一个时代:产业结构的变化带来社会形态的极大改变以及贫富差距的加大,与此同时反复出现经济恐慌,以及作为其对策的社会革命与大规模战争。在这种激烈变化的时代洪流中,围绕法律与国家的思想发生了什么样的变化呢?本章主要以俄国、美国以及德国的法律思想的变迁为中心进行探讨。

一、马克思主义与俄国革命

1. 产业化与社会主义的出现

18世纪末,始于英国的**产业革命**从根本上改变了世界的存在方式。由纺织机、蒸汽机等技术革新而产生的大量廉价商品,在市场上驱逐了地方上的传统小规模经营,将失去土地的人们驱赶到城市,出现了在恶劣的环境下,为了廉价薪水而劳作的大量工人群体。与之并行的是,新兴产业所产生的巨大财富,通过银行、股票等新的金融机制,集中到极少数人手中。

这样,在19世纪的中期,出现了以改善工人过于残酷的生活状况,以及纠正社会中财富的不平等分配状况为目标的运动,这种运动后来被称为"**社会主义**"。例如,尝试进行合作社式的交流实验的英国企业家罗伯特·欧文(Robert Owen,1771—1858年)、倡导产业社会的改革的法国贵族克劳德·昂列·圣·西门伯爵(Claude-Henri de Rouvoy, Comte de Saint-Simon, 1760—1825年),以及同样在法国,开展基于独特的思想的合作社论的哲学家夏尔·傅立叶(Charles-Fourier,1772—1837年)等,就是早期著名的社会主义者。

通过技术革新而引起的市场经济的扩大,即由资本主义的兴起所引起的社会的根本性变化,在科学领域也会产生对事物的新的看法,那是,一种试图实证性地探明不止于个人的行动,包括集体即作为大量现象的人们的行动机制的态度。并且,这种新的看法被法国的奥古斯特·孔德(Auguste Comte,1798—1857年)命名为**社会学**。

关于工人的贫困与**社会主义运动**,以及**社会学**这种新的科学的视角,本章想首先介绍与此相关的重要思想家德国的卡尔·马克思(Karl Marx,1818—1883年),看这些变化会给法律带来何种影响。

2. 马克思的生平与业绩

马克思出生于摩泽尔(Mosel)河畔的特里尔城,先后在波恩大学、柏林大学学习法律。不久开始关注黑格尔的思想,立志成为哲学教授,但未能如愿,遂作为一名新闻工作者维持生计。马克思在这一时期撰写的《论犹太人问题》(1843年)与《黑格尔法哲学批判》(1843年),是试图对黑格尔法哲学进行批判性超越的一种尝试。

1843年移居巴黎之后，马克思开始关注社会主义运动及其思想，在参加共产主义者同盟的同时，与其盟友弗里德里希·恩格斯(Friedrich Engels, 1820—1895年)共同撰写了《德意志意识形态》(1845—1846年)与《共产党宣言》(The Communist Manifesto, 1848年)等社会主义的重要著作。1849年流亡至伦敦，在继续维持与社会主义运动之间关系的同时，成天把自己关在大英博物馆，潜心研究亚当·斯密与大卫·李嘉图等人的古典经济学。并且，由此创造了试图科学地分析资本的再生产与集中之机制的《政治经济学批判》(1859年)以及《资本论》第一卷(Das Kapital, 1867年)。

3. 历史唯物论中的法律

从"物"的生产机制的历史的变动来说明社会的产生，在这一意义上，马克思的理论被称为**历史唯物论**。按照这种理论，首先在社会的底部，物质的生产力，以及与生产相关的各种各样的关系等作为**下层结构**，并且，在这之上，法、政治、宗教、艺术以及哲学等观念体系以**上层结构**(上层建筑)的形式而存在。

> 物质生活的生产方式，为社会的、政治的以及精神的生活之全部过程创造条件。人的意识不会决定人的存在，相反，人的社会性存在决定着人的意识。社会的各种物质的生产力的发展达到某种阶段，就会与一直以来在其内部运行的既存的各种生产关系，或者所有关系——不过是用法律用语表达关系产生矛盾。这些关系就会从各种生产力的发展形式演变为其桎梏。这时，就开始了社会革命的时代。无论早晚，经济基础的变化都会与整个庞大的上层建筑的变革联系

在一起(《经济学批判》序言)。

在马克思的社会理论中,法律不过是经济的从属物,如果经济发生大的变化,法律关系也会从根本上发生改变。

4. 法律与国家的消灭

马克思的这种观点,在其此前撰写的《德意志意识形态》与《共产党宣言》中,也曾以与社会运动、阶级斗争相关联的形式体现出来。法律与国家总是被各个时代的统治阶级作为统治、控制、压榨的工具而发挥作用。在现在的资产阶级社会,法律与国家已经成为统治阶层即资本家的工具——"近代的国家权力,不过是处理整个资产阶级之共同事务的一个委员会而已"(《共产党宣言》第一章)。

但是,如果工人通过阶级斗争成功地获得政治权力,将生产手段掌握在自己手中,那么,社会就从部分资本家的东西转换为工人阶级的东西。这样,如果阶级的统治、控制与压榨被根绝,合作社式的共产主义社会得以实现,那么,以往的法律与国家就会结束其使命。

> 取代伴有阶级与阶级之间的对立的以往的资本主义社会,我们会实现,每一个人的自由发展会成为所有人之自由发展的条件的合作社会(《共产党宣言》最后部分)。

马克思的这种观点作为论述**法律与国家的消灭**的学说,被《家庭、私有制和国家的起源》(Der Ursprung der Familie, des Privateigenthums und des Staats, 1884 年)等恩格斯的相关著作,以及后文所述,在马克思主义的名义下领导俄国革命的 V. I. 列宁

(Vladimir llyich Ulyanov, Lenin, 1870—1924 年)，以及同样属于苏俄的法学家的 E. 帕舒卡尼斯（E. Broniuslavovich Pashukanis, 1891—1937 年）等所继承。

5. 无政府主义

正如"アナーキズム"（anarchism）被翻译为"无政府主义"那样，这种思想的目标是，废除由国家给予的外部强制，实现个人的自由与自律的最大化。德国的麦克斯·施蒂纳尔（Max Stirner, 1806—1856 年）、法国的皮埃尔·约瑟夫·蒲鲁东（Pierre Joseph Proudhon, 1809—1865 年）以及俄国的米哈伊尔·亚历山大罗维奇·巴枯宁（Mikhail Aleksandrovich Bakunin, 1814—1876 年）等属于著名的无政府主义者。

哲学家施蒂纳尔在其主要著作《唯一者及其所有物》（The Ego and His Own, 1844 年）中，将黑格尔（本书第五章之二）的绝对精神置换为绝对自我，展开了哲学的无政府主义，这种哲学强调作为唯一的存在的个人自由。

蒲鲁东在《什么是财产？》（1840 年）中的一句话即"财产，那就是盗窃"，作为其名言而广为人知。他通过《贫困的哲学》（Philosophie de la misère, 1846 年）等著作，否定卢梭的《社会契约论》（本书第四章之三）所倡导的通过个人权利的放弃而建立国家的观点，主张市民社会与市场中的个人的自由联合。他的这种联合主义的思想与中世纪的相互扶助组织也联系在一起，直至 20 世纪初期，一直在法国工人运动中承担核心作用。

贵族出身的巴枯宁年轻时在德国学习哲学之后，往来世界各地，推广了无政府主义运动（在日本就要打开国门之际，在函馆、横滨曾经留下过他的足迹)。在撰写《上帝与国家》(God and the State, 1882 年)、《国家制度和无政府状态》(1873 年),宣扬集体主义的无政府主义的同时,他还主张,由于任何政府都会带来统治与压制,因而有必要通过起义来根除所有的国家权力。在他看来,即便是马克思等人倡导的无产阶级国家也同样如此。在 1864 年设立的国际劳工联合会(International Workingmen's Association)(第一国际)上,马克思与巴枯宁的意见激烈对立。

6. 社会民主主义

马克思在第一国际的另一个论敌是斐迪南·拉萨尔(Ferdinand Lassalle, 1825—1864 年)等人的**国家社会主义**。与马克思一样属于黑格尔左派的拉萨尔,批判马克思的历史唯物论与阶级斗争论,其目标是通过国家对市民社会的扬弃,也就是通过工人获得普选权,由议会制民主主义来消除贫富差距与社会经济的不平等。马克思与之对抗,撰写了《哥达纲领批判》(1875 年),论述无产阶级专政在革命过渡时期的必要性。马克思论述道,如果这个阶段进一步发展至更高程度,劳动就不再仅仅是生活的手段,而是生活的第一要求,其结果就是,超越资产阶级的法律与权利,实现基于平等主义之正义原理的理想社会,实施"各取所需,按劳分配"的财产分配制度。

1875 年,拉萨尔派与马克思派合并成立了德意志社会民主党。即便是在远渡重洋的英国,也以悉德尼·韦伯(Sidney James Webb, 1859—1947 年)与比阿特丽丝·韦伯(Beatrice Webb, 1858—1943 年)夫妇为核心,结成了"**费边社**"(1884 年)。费边社在里奥纳德·特里劳尼·霍布豪斯(Leonard Trelawney Hobhouse, 1864—

1929年)的、处于约翰·斯图亚特·密尔的自由主义的延长线上的、以通过国家介入社会经济生活来保障实质的自由为目标的新自由主义的影响之下,力主通过议会制民主主义的社会改良,为后来的劳动党提供了思想基础。

爱德华·伯恩斯坦(Eduard Bernstein,1850—1932年)在流亡英国的过程中,受到"费边社会主义"的影响,否定阶级斗争与革命,主张应该以通过议会制民主主义获得普选权、工人保障立法以及结成工会为目标,在德国社会民主党内部掀起了**有关修正主义的论争**。但是,中间派的卡尔·考茨基(Karl Johann Kautsky,1854—1938年),以及左派的罗莎·卢森堡(Rosa Luxemburg,1871—1919年)则力陈世界恐慌与革命的必然性,对其观点进行了批判。

7. 俄国革命

1917年,在资本主义的落后国家俄国,爆发了世界上最早的社会主义革命即**十月革命**。革命的领导人列宁结合俄国当时产业资本主义不发达,尚属于以农业为中心的社会这种情况,制定了革命战略,率领布尔什维克党,实现了无产阶级对国家权力的掌握。列宁撰写著作《国家与革命》(1917年),就革命过渡时期的法律与国家进行了论述,但那属于适合落后国家俄国的独特理论,遭到了卡尔·考茨基与罗莎·卢森堡等西欧社会主义者的批判。随着布尔什维克即共产党领导的苏维埃政权的一党执政的加强,拥有广袤的领土与多民族的社会内部的矛盾与对立就开始显现出来。对外通过共产国际(第三国际)集合海外的社会主义势力,对内压制反革命势力与不满分子,这些都成为此后的苏俄政权所面临的重要课题。

8. 苏俄的法律理论

十月革命的成功给世界造成了很大冲击,也带来了法律思想的变化。在革命引起的混乱告一段落,根据新经济计划,新的法律不断施行的 1924 年,苏俄的法学家 E. 帕舒卡尼斯（Evgenii Bronislavovich Pashukanis, 1891—1937 年）公开出版了《法律的一般理论与马克思主义》。在该书中,他依据马克思的《政治经济学批判》与《资本论》,对于不是经济这种下层结构的单纯反映的法律固有的机制进行了分析。

法律关系是独立且平等的主体之间的意志的关系,作为权利义务的关系来体现。但是,所谓法律的权利,不过是主体之间的意志关系的"物象化",其真正的基础在于商品交换。这样,包括婚姻家庭法与刑法在内,各种法律概念都能从"市场"这种物质基础中得到解释。

不过,自20世纪30年代之后,随着政治主导的农业集体化与经济的中央集权化的加强,E. 帕舒卡尼斯的这种理论被当作藐视国家与苏俄法律固有之意义的理论而遭到攻击。他在斯大林时代大清洗运动的狂风暴雨中,被当作反革命势力而定罪,结束了其短暂的生涯。

9. 马克思主义法律理论之后

此后,在苏俄的法律理论中处于指导性地位的是,在清洗 E. 帕舒卡尼斯的审判中担任检察官的安德烈·雅奴阿列维奇·维辛斯基（Anndrei Yanuarievich Vyshinskii, 1883—1954 年）。但是，正如其著作《苏俄社会主义法学的基本任务》(1938年)所显示的那样，维辛斯基的法律理论认为，法律是统治阶级，也就是无产阶级意志的体现，是无产阶级统治的工具，理应在共产主义国家之外没有什么影响力。毋宁说，对于此后的法律理论产生了影响的是，那些将马克思的视角通过各种各样的方法加以运用的各种理论。例如，将马克思主义与弗洛伊德的精神分析融合在一起，对现代社会特有的各种现象进行尖锐分析的德国的马克斯·霍克海默(Max Horkheimer, 1895—1973年)、西奥多·阿多诺(Theodor Wiesengrund Adorno, 1903—1969年)与赫伯特·马尔库塞(Herbert Marcuse, 1898—1979年)等**法兰克福学派**的理论家(本书第十一章之五)，以及展开自己独特的主导权(Hegemonie)理论的意大利的安东尼奥·葛兰西(Antonio Gramsci, 1891—1937年)。

二、霍姆斯法官与现实主义法学

1. 自由放任主义与洛克纳判决

19世纪末，美国发展为世界第一的工业大国。不过，一方面是煤矿、铁道、银行等大企业攫取了巨大财富，另一方面是劳动力大量流入城市，且面临特别残酷的劳动条件，尤其是经济不景气时他们的困顿，都成为严重的社会问题。但是，由于存在传统的开拓者精神，以及产业、工业日新月异的发展，原则上来说，大家更加相信那种基于国家不应介入市民的经济生活这种守夜人国家观念的**自由放任主义**。即便如此，各州政府行使增强本州州民福利的权限，尝试对自由经济进行规制。

1905年发生的**"洛克纳诉纽约州案"**（Lochner V. New York），就是在这个时代背景下发生的案件。1895年，纽约州议会制定了有关面包师工作条件的法律。洛克纳因违反该州法强迫工人长时间劳动而受到起诉，但洛克纳主张，该州法违反了美利坚合众国宪法。

联邦最高法院最终以5票对4票的票决结果，作出了该州法因违宪而无效的判决。佩克汉姆法官负责撰写法庭意见，对于《宪法》第十四修正案的**法律的正当程序**条款，他解释为是用来保护契约自由这种实体权利的条文。在此基础上，他进一步指出，在该州法中，不存在能将这种规制予以正当化的事实，因而不当地侵犯了个人的自由，该州法超出了州的权限。

2. 霍姆斯法官的反对意见

在该案的判决书中，奥利弗·温德尔·霍姆斯法官（Oliver Wendell Holmes, Jr. 1841—1935年）撰写了非常著名的反对意见。霍姆斯先从事了一段时间的律师工作，再经过短时间担任哈佛大学法学院教授之后，从1902年至1932年长期担任联邦最高法院法官。

在"洛克纳诉纽约州案"（Lochner V. New York）中，霍姆斯指出，美利坚合众国宪法并未采取特定的经济理论，而且允许法律基于各种各样的观念来制定。为此，霍姆斯断言，法官不应该基于依据特定的经济理论的宪法解释来审查法律是否违宪。在此基础上，对于《宪法》第十四修正案所规定的自由，霍姆斯进一步指出，只要不是能够合理且公正地判定，法律侵害了传统上一直认可的根本原则，就应该尊重多数人的意见，从而否定了未必能谓为不合理的该州法的违宪性。

霍姆斯在其他案件中也撰写了著名的反对意见。1919年的"艾布拉姆斯诉合众国案"（Abrams v. United State）的案情是，艾布拉姆斯（Jacob Abrams）等人因散发支援俄国革命的传单，涉嫌违反《煽动取缔法》而遭到起诉。在该案中，霍姆斯展开了所谓**"思想的自由市场论"**，主张只要没有引起"明显且当下的危险"（clear and present danger），就应该广泛地承认言论自由。

3. 霍姆斯与实用主义法学

与本书第七章中谈到的克里斯托弗·哥伦布·兰德尔一样，霍姆斯也支持**作为科学的法律**这种观念。其科学观的形成是在19世纪70年代，在他所参加的研究会"形而上学俱乐部"中，受到了作为该研究会成员之一的哲学家查尔斯·桑德斯·皮尔士（Charles Standers Pierce，1839—1914年）的影响。他们认为，所谓科学，就是填补假说与事实之间的"沟渠"的一种持续性的尝试。为此，相比体系化，霍姆斯更重视经验。其主要著作《普通法》（The Common Law，1881年）中的一句话鲜明地表明了他的这种态度，即"法的生命不是逻辑而是经验"。"洛克纳诉纽约州案"（Lochner V. New York）中的反对意见也贯彻了这种态度。可以说，霍姆斯作为重视社会实际情况、实际经验的**实用主义**（pragmatism）**法学**之祖，他架构了从形式主义移转至现实主义（realism）的桥梁。

在《普通法》中，霍姆斯讲到，"共同社会的现实情感以及要求无论是正还是邪，与之调和才是健全的法律体系的第一要件"。霍姆斯这种试图将法律从道德中分割开来的想法，据说起因于他青年时期在南北战争中的从军经验。"应该避免法律与道德的混同。所谓知晓法律,只是能够预测法官的判决。恶人知道,实施了何种行为之时会受到公权力的制裁,知晓法律是为了避免这种行为",其在《法律之路》(The Path of the Law,1897 年)中显示的这种观点,后来被称为**法律预测理论**。从他的这种观点中,也许能窥见那种深深的悲观主义。

4. 统一法与法律重述

不过,法典化的行动在美国并未得到发展,在南北战争之时,就已经完全销声匿迹。但是,进入 19 世纪 90 年代之后,作为美国法曹的全国性团体的美国法律协会建立了统一州法全国理事会,提出了商法的统一化方针。在其后的 20 年间,制定了统一买卖法、流通证券法等六个法案,在不少州被予以立法。这些统一法很大程度上反映了受兰德尔的方法论的影响,并没有规定明确的规则,而是通过提出普通法中的一般合理规则,以达到排除那些落后于时代或者明显不符合一般性规则的州法的目的。

在 20 世纪 20 年代,由当时的著名学者与实务人士所参加的美国法学会成为核心力量,在合同法、不法行为法、代理法、信托法以及所有权法等领域,制定了被称为"法律重述"(Restatement)的统一指南。这种"法律重述"虽然是以制定法的形式记述下来,但并非立法。不过,即便是在这个时候,"法律重述"制定者的官方观点仍然是,"即便是州法的判断出现分歧的情形,在普通法中仍然存在不变的正确的原理,而且,也是有可能发现这种原理的"。

5. 卡多佐与现实主义的起始

1920 年,本杰明·内森·卡多佐(Benjamin Nathan Cardozo,

1870—1938年)法官在耶鲁大学作了题为《司法过程的性质》(The Nature of the Judicial Process)的演讲,提出了与上述官方观点不相容的想法:

> 随着岁月的流逝,越对司法判断过程的性质进行思考,我就越习惯于不确定性。这是因为我开始认为,这是不可避免的。我开始明白,判断过程所到达的目的地,不是发现而是创造。怀疑与误解,希望与恐惧,这些都是精神苦恼的一部分,在死的痛苦与生的痛苦中,一个时代所用过的各种原理会消失,各种新原理会诞生(《司法过程的性质》第四讲)。

卡多佐的这个演讲给美国的法律人士们带来了冲击,也招致了激愤。当时甚至被认为,他已经因此断了自己的出世之路,因而,他后来作为霍姆斯的继任,担任联邦最高法院的大法官,似乎是谁都未曾想到的。但是,实际上并非如此。这样,美国法学就迎来了**现实主义**的时代。不过,一般认为,实际上并不存在现实主义这种"铁板一块"的学派,其中可能包含各种各样的论者。排斥自然权论的理解,倡导分析的权力概念,对后来的法律关系论给予了巨大影响的韦斯利·纽科姆·霍菲尔德(Wesley Newcomb Hohfeld, 1879—1918年),也被认为是现实主义者。

6. 卢埃林的新的案例汇编

卡尔·卢埃林因其宣言(manifesto)式的论文,而被视为现实主义的代表性论者。卢埃林对于高举形式主义的传统法学也持批判态度。通过对审判过程的分析,卢埃林认为,并非只有法律原理与法律规则来决定判决,倡导被称为**规则(Rule)怀疑主义**的立场。

1930年,卢埃林出版了有关买卖交易的案例汇编(Case Book)。该书对于重要判例,归纳了相关的几百个判决,尝试对自19世纪以来的美国的买卖法进行分析性的、历史性的解释。此后不久,卢埃林还整理了历代针对买卖交易而撰写的主要论文,并将其归纳成册公开出版。他在这里证明的是,兰德尔以及继承兰德尔的方法论的法学家们所提出的被当作统一的原理的理论,扭曲了历史与事实,实际上完全不存在。在卢埃林看来,原本来说,树立买卖这种统一的法律观念本身就是错误的,商人之间的买卖和商人与非商人之间的买卖是有区别的,信用买卖与现金买卖、单次买卖与持续买卖也应该区别开来。这是针对既存的美国《统一买卖法》的正面批判。

7. 弗兰克的"法的神话"

杰罗姆·弗兰克(Jerome New Frank,1889—1957年)因其主要著作《法和现代精神》(Law and The Modern Mind,1930年)、《初审法院:美国司法的神话和现实》(Courts On Trial Myth and Reality in American Justice,1949年),被认为是现实主义者之中主张最为激进的人物。

> 如果是有能力的法学家,无论是谁,在一个下雨的周日下午,可以制作出几百个比较单纯的法律问题——但是与之相反,甚至是同样有能力的法学家一下子也无法给出明确答案的法律问题的一览表(《法和现代精神》第一章)。

表达这样观点的弗兰克主张,法的确定性只是一种神话。对于这种神话之所以被相信的理由,弗兰克的解释是,通过运用弗洛伊德的心理学,让人相信法官的权威,就像人们自小就深信不疑的父亲的权威一样。

超越针对裁判过程中的法律规则的作用的怀疑,弗兰克提出了被称为**事实怀疑主义**的立场。也就是说,弗兰克主张,成为司法判断之基础的事实未必是客观的,终究是由法官进行解释的产物。基于这一点,弗兰克倡导,所谓审判,依据的是法官个人的政策判断与价值判断,判决不是由法律规则与事实而得出[R(Rule)×F(Fact)=D(Decision)],实际上是由刺激与个性而得出[S(Stimulus)×P(Personality)=(Decision)]。

8. 现实主义与社会改革

不过,弗兰克以"法的很多不确定性不是不幸的事故与偶然,这里存在无法计量的社会性价值"为理由,认为从应对社会变化的角度来看,法的不确定性是一种理想(希望看到)的事态,从而对法的不确定性作了肯定性评价。实际上,在罗斯福总统的"罗斯福新政"时期,弗兰克在农业调整局从事有关生产者与消费者之保护方面的法务工作。这样,现实主义者们属于尝试通过法律进行社会改革的群体。

将法律作为社会改革的工具这种想法,在现实主义者之前,奥利弗·温德尔·霍姆斯与罗斯科·庞德(Roscoe Pound,1870—1964年)就已经提出。庞德将法律定位于社会控制的手段,在法律之中找到了调整并实现相互对立的社会的各种利益的这种作用。为了促进法律的这种作用,庞德倡导有必要将法学与其他各种社会科学学科相结合,尝试给予其作为"社会工学"的定位。这样,提倡"社会学法学"的庞德主张,法学家的视野必须从**"书本上的法律"**(law in books)转到**"现实中的法律"**(law in action)。

法院采取的是以到庭审问为基本的模式,因而受到制度上的制约,未必适于广泛把握为社会科学所证实的、成为法之基础的社会事实。为此,社会改革的出路,毋宁说应该从立法与行政的领域中寻找。从第一次世界大战之前的社会主义运动,到其后的自由主义,直至"罗斯福新政",现实主义者都与立法、行政政策一起协同行动。现实主义者的这种活动,及其与传统上一直拥护自由放任主义的法院之间的冲突,这些都是无法避免的命运。

9. "罗斯福新政"

美国基于屡次经历的、深刻的、经济不景气的经验,通过对部分产业政策与社会保障政策进行调整,采取了一定的应对措施。但是,因大企业的出现而被拉动的经济发展,以及与此相呼应的投资的急速扩大,与一般的生活消费水平的提高之间的差距,终于在1929年,以纽约股票市场股价大跌的形式,暴露至极限。作为针对大恐慌与紧随其后的长时间的不景气,以及由此产生的大规模失业的应对措施,罗斯福总统采取了一系列的政策,这些政策被称为**"罗斯福新政"**(The New Deal)。"罗斯福新政"分为前后两次:1933年的第一次的焦点是,通过控制生产量,来阻止通货紧缩与提高薪金;1935年之后的第二次集中关注的是,基于凯恩斯主义的劳动、失业问题与扩大需求。

对于包括各种各样的内容的规制,如禁止跨州运送超过一定量而生产的石油的规制，针对鸡肉生产者的生产量与品质的规制，针对劳动时间的规制，以及针对最低薪金制度、禁止雇佣童工以及工会的许可等的规制，联邦最高法院一个接一个地作出了违宪判决。宪法上的焦点问题是，政府实施的规制是否确有必要？即便有必要，将权限大幅度地委任至与这些规制相伴的行政机关，是否为宪法所允许？不过，通过罗斯福总统采取将自己任命的法官送入联邦最高法院的所谓"法院填塞计划"（Court-Packing Plan），以及联邦最高法院调整自己的立场作出让步，针对这些问题的最终得到了政治上的解决。

Column16：另一个现实主义

除了本章所谈到的美国的现实主义法学之外，不能忘记的是，还有一个被称为现实主义的法学潮流，那就是发生在斯堪的纳维亚半岛的现实主义。瑞典的哈盖尔斯特列姆（Axel Hägerström，1868—1939年）与卡尔·奥利维克罗纳（Karl Olivecrona，1897—1980年），以及丹麦的阿尔夫·罗斯（Alf Ross，1899—1979年）就是其中的代表性论者。在针对法律概念、法律规则的约束力持怀疑态度这一点上，与美国的实用主义者如出一辙，但其理论基础则相差甚远。

斯堪的纳维亚半岛的现实主义者将法还原至心理的事实，由此否定法的实在性。例如，作为学派创始人的哈盖尔斯特列姆认为，法，无外乎是曾经的、未开化的人所信奉的超自然的、巫术般的力量的残渣，"权利""义务"这种词语具有约束力，不过是因为能唤起曾经的畏惧与束缚的情感。奥利维克罗纳也指出，法律的表述会通过眼与鼻而不断反复，从而深入人的内心，由此，即便没有威吓与强制，人们也会遵守法律。罗斯接受这些观点,同时向其中编入了事实与言明的一致这种验证可能性的标准。

斯堪的纳维亚半岛的现实主义者似乎是将法律理解为一种心理学的"共同幻想"。

三、魏玛时期的法律思想

1. 韦伯其人

活跃在 19 世纪末期至魏玛时期的马克斯·韦伯(Max Weber,1864—1920 年),与前面(本书第八章之三)提到的尤根·埃利希一并被称为法社会学的创始人。年轻时学习法律,并与宪法学家格奥尔格·耶里内克亲密交往的韦伯,从不同于法学家的理论社会学的视角,对于几乎已经达到完成状态的德国近代法学的意义,进行社会史的考察。

韦伯出生于德国埃尔富特市的一个富裕的新教徒家庭,曾在柏林大学、海德堡大学学习法律与经济史。28 岁时,他作为柏林大学的民间讲师讲授罗马法与商法,30 岁时得到弗莱堡大学经济系的聘任,两年之后又得到海德堡大学的聘任。不过,数年之后,因与父亲之间的矛盾,韦伯患上神经官能症,于是辞去教职,在家从事研究工作。1904 年,韦伯病愈,当年他便撰写了《新教伦理与资本主义精神》(The Protestant Ethic and the Spirit of Capitalism),并与经济学家维尔纳·桑巴特(Werner Sombart,1863—1941 年)等一同编辑、运营社会学期刊《社会学和社会福利档案》。韦伯还撰写了很多与新闻工作者立场接近的政治时评文章,对世纪转换期的德国政治发生了很大影响。

在韦伯位于海德堡的住宅中,格奥尔格·耶里内克与宗教学者恩斯特·特勒尔奇(Ernst Troeltsch,1865—1923 年),以及年轻的哲学家卡尔·雅斯贝尔斯(Karl Jaspers,1883—1969 年),还有马克思主义思想家乔治·卢卡奇(Lukács György,1885—1971 年)与恩斯特·布洛赫(Ernst Bloch,1885—1977 年)等人聚集在一起,形成了一个独立的知识分子的圈子(circle)。1910 年,韦伯开始撰写后来被收入论文集《经济与社会》的一系列论文,还出版了《世界性宗教的经济伦理》(1911 年)、《儒教与道教》(Konfuzianismus und Taoismus,1916 年)与《古犹太教》(Das antike Judentum,1917 年)。在第一次世界大战之后的混乱期,韦伯向学生们作了系列演讲"以学术为业"(1919 年)与"以政治为业"(1919 年)。

2. 韦伯关注的问题

韦伯也是与马克思相提并论的人物。但是,在马克思主义中,法未必被当作独立的主题,被认为终究是从属于经济的。相反,在韦伯的社会理论中,作为有可能实现近代的合理的资本主义的,法律被赋予了核心地位。韦伯关注的问题可以概括为,"究竟是因为存在什么事情的联系,就是在西洋这块地方,而且仅仅在这块地方,引领具有普遍性意义与妥当性的发展倾向的各种文化现象得以展现出来呢?"(《宗教社会学论文集》序言)。并且,对于法律,也是从这种问题意识来把握的。

韦伯认为,使合理的资本主义成为可能的,正是各种**计算可能性**,其基础之一就是**法律与行政的合理的结构**。

近代的、合理的经营资本主义,由于除了可以计量的技术性劳动之外，还以基于形式上的规则的法律与行政为必要，因此，在欠缺这一点之时……必须伴有固定资本与切实的结算的个人经济的经营，就是不可能的。不过，能够以如此程度的法技术的、形式主义的完成的形式，将这种法律与这种行政提供给经济活动的，只有西洋（《宗教社会学论文集》序言）。

3. 韦伯的法社会学

出于这种关注，韦伯开始着力研究可以被谓为《经济与社会》之核心部分的《法社会学》（1911—1933 年执笔，1921 年发表）。在韦伯看来，所谓社会学，就是"解析并理解社会的行为，试图由此来因果性地解释社会的行为的过程及其结果的一门科学"（《社会学的根本概念》）。因此，法社会学也明确区别于以法实践内部的法律概念的妥当性作为问题的"法学"。

出于这种视角，首先，韦伯将法律定义为，作为不同于习俗与惯例的一种社会秩序的存在，是通过**强制措施**在外部进行保障的一种秩序的妥当。在比较诸如伊斯兰各国的卡迪（Qadi）宗教审判以及英国的陪审制度等各种法律类型之后，韦伯将近代法律的发展理解为**形式合理性**的进展过程，作为最为完备的形态，他以德国普通法学作为例证。也就是说，在韦伯看来，在法律命题与法律适用的分离，具有形式逻辑的、演绎的性质，没有漏洞的体系性等方面，只有所谓德国概念法学，才是形式合理性最为先进的法。

其次，在《法社会学》接近结尾的部分，韦伯还提到了当时的法律发展中的"反形式的倾向"。例如，频繁使用诚实信用与善良的交易习惯等伦理概念,在"社会法"的提倡中所看到的阶级的、意识形态的实质正义的要求,对素人也能理解的判决的要求,"法官造法"这种法律人士们的主张等。不过,在韦伯看来,这些终究不过是一种反动的现象,他的结论是,法的形式化、技术化、专业化是历史性地不可能倒退的宿命。

4. 晚年的韦伯与魏玛体制

韦伯不仅参与了以科学的认识中的**价值自由论**,以及作为方法概念的**理念型**理论所代表的科学方法论上的论争,韦伯很早就对政治抱有浓厚的兴趣,还参与了很多政治性的论争。韦伯出于对德国命运的实存的关心,一直以来都是紧盯现实状况,进行现实主义的政治的介入。但在其晚年,除了自由主义的议会主义这种他长期以来的主张之外,他还主张引入体现了领导者民主主义的总统制。对于"**魏玛宪法**"的体制的形成,韦伯的这一主张还成为了重要的构成要素。"魏玛宪法"于1919年制定,以自由主义与民主主义为基调,还融入了对社会权的保障。

Column17:三种统治类型

韦伯还对"统治"进行了考察。所谓统治(支配),是指因一定的个人或者集体所表示的意志或者命令,其他人受到影响,或者服从于此的关系。然而,为了稳定地进行统治,有必要让被统治的一方将这种统治作为一种"正统"的东西来接受。作为"正统的统治",韦伯提出了下面三种类型:

合法型统治,是通过正当的程序而制定的规则来进行统治的类型。该规则确定应当服从命令的人的范围与服从程度,命令者本身也应遵照该规则实施命令。这是一种官僚制统治的纯粹形式,放弃个人情感,仅仅基于规则淡然地审理案件。

传统型统治,是基于自古遗传下来的秩序与传统的神圣性进行统治的类型——以相信这种神圣性为前提,由"身披"这种秩序与传统的威信的个人或者集体所实施的统治。也可以说,是"主人"与"仆人"之间的关系。家父长制就是其最纯粹的形式。

人格魅力(charisma)型统治,是基于对统治者的人格或者与生俱来的魅力,尤其是咒术的能力、英雄气概、能言善辩等的情绪性依附进行统治的类型。预言家、军事上的英雄、伟大的煽动性政治家等的统治,就是这种统治的最纯粹的形式。[①]

5. 凯尔森其人

说到魏玛宪法体制拥护者中的领头人物,往往会提到汉斯·凯尔森(Hans Kelsen,1881—1973年)的名字。凯尔森出生并成长于奥匈帝国时期的布拉格的犹太人家庭。他在维也纳大学学习法律之后,1917年就任维也纳大学的正教授。很多法学家集中在其门下,其中包括行政法学家阿道夫·朱利叶斯·梅克尔(Adolf Julius Merkl,1890—1970年)与国家法学家阿尔弗雷德·菲德罗斯(Alfred Verdross,1890—1980年)等人,后来形成了一个被称为"**维也纳学派**"的团体。

在维亚纳,凯尔森与同时代的很多知识分子都有交往。尤其

---

① 马克斯·韦伯:《统治的社会学Ⅰ》,世良晃志郎译,创文社1960年版。

是，他与卡尔·伦纳（Karl Renner，1870—1950年）、奥托·鲍尔（Otto Bauer，1881—1938年）等社会民主主义者有着亲密的关系。凯尔森参与了新成立的奥地利共和国的宪法草案的起草，担任新设立的**宪法法院**的法官。委托凯尔森从事这些工作的，是当时的总理卡尔·伦纳。

在维也纳大学，凯尔森讲授的课程是国法学。作为其有关国法学的著作，以其教授资格论文《国法理论中的主要问题》（Main Problems in the Theory of Public Law，1911年初版，1923年第2版）为首，还有《国家学总论》（Allegmeine Staatslehre，1925年）、《法与国家的一般理论》（general theory of law and state，1945年）。虽然凯尔森也关注马克思主义，但对其非科学的、乌托邦（Utopia）的性质持批判态度。即便是有关马克思主义，凯尔森也撰写不少著作，如《社会主义与国家》（1920年初版、1923年第2版、1968年第3版）、《共产主义的法律理论》（Communist Theory of Law，1955年）。

6. 凯尔森的纯粹法学

尽管凯尔森著作等身，但可以说，《纯粹法理论》（Pure Theory of Law，1934年初版，1960年第2版）才是其代表性著作。在该书中，凯尔森批判卡尔·格贝尔与保罗·拉班德等20世纪的公法实证主义者（本书第八章之四）一方面标榜对实定法的客观的认识，另一方面却将伦理的、政治的价值判断混入其理论。凯尔森依据所谓**新康德学派**的认识论，尝试构建彻底清除这些不纯之物的独立的法律理论，即**纯粹法学**。

这种法学给自己赋予"纯粹"法学这种性质的理由就在

于，为了确保那完全指向法律的认识，将那些不属于严格地被定义为法的对象的一切东西，从定义中排除出去。换言之，是将法学从一切与之异质的要素之中解放出来（《纯粹法学》第1版、第2版之一）。

在这种方针之下，对于法，凯尔森是作为规范，亦即由权威所确立的指向人的行动的指令的体系来把握的。在此基础上，凯尔森将这种规范的内在的结构，作为在要件与效果的结合这种图示之下客观地进行记述的规范科学，来构想了法学。

7. 法的静态的理论

凯尔森试图将法作为被确立的规范的体系即在静止状态来加以把握。

凯尔森将法作为**强制秩序**来理解，亦即，法是在满足一定要件的情形下，以实现刑罚或者执行等强制作用。为此，只有规定这种强制作用的规范，才是本来意义上的法律规范。对于其他的各种规范，在凯尔森看来，它们规定的是为了实现这种本来意义上的规范所规定的强制作用的条件，因而凯尔森将其定位于最终只是第二性意义上的法律规范。在此基础上，作为构成这种第二性意义上的法律规范的要素，凯尔森将其定位于义务与责任、权利或者权能，以及机关与人格等各种各样的法律概念，从而展开了自己独特的分析。

8. 法的动态的理论

凯尔森试图从规定之确定的层面即在运动状态来把握法。
对于各个法律规范，凯尔森认为，其妥当的根据不在于内容的正当性与事实上的有效性,而在于基于上位规范之**授权**这种权威的定立,如图9-1所示。凯尔森着眼于通过这种授权而形成的法律规范之间的赋予妥当性的关系,作为授权的连锁所形成的**阶段结构**,描绘了法律体系的整体图像。如果追溯这种赋予妥当性的关系的连锁,在其到达的终点,就能找到给所有法律规范提供妥当根据,并通过这一点来保障法律体系之整体统一性的**根本规范**。

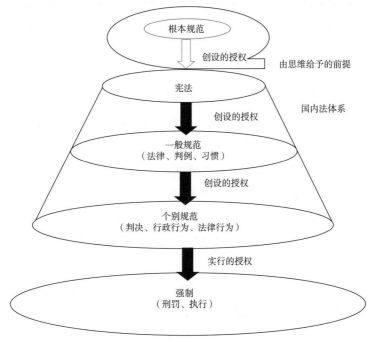

图9-1　凯尔森对国内法体系的说明

对于妥当之根据的探求……不是无限持续的东西,终究必须止于作为其最高位阶而被当作前提的规范。由于这种规范属于最高位阶的规范,这种规范的定立就不可能是根据那种具有基于更高位阶的规范的权限的权威。因而,其只能是被当作前提。其妥当性不是由更高位阶的规范所导出,已经无法追问其妥当的根据。作为最高位阶而被当作前提的规范,这里称其为"根本规范"(《纯粹法学》第2版之34a)。

时代不同,理解也会相应地发生变化。凯尔森认为,"根本规范"不是像其他法律规范那样由授权而定立,而是依据思维而被当作**前提**;他对这种前提的理解也随之发生变化,发展至作为认识论的条件来说明。也就是说,那是为了将具有实效性的强制秩序,作为具有客观妥当性的法律秩序来处理的认识论上的条件。

9. 国家法与国际法

以这种理论为出发点,凯尔森在各种领域展开了自己独特的研究。围绕国家与法的**同一性**的研究,就是其中的研究之一。在纯粹法学中,国家不是某种社会性的实体,而是被理解为、被还原至作为各种各样的法律规范之集合体的法律体系,即"国家法"。被认为是国家的本质属性的主权,也不是社会的、政治的权力,而是被理解为、被纳入这种国家法之中的东西。凯尔森将自己的理论称为"无国家之国家学"。

对于国家法与国际法之**一元性**的研究也很重要。凯尔森认为,"国际法"对各个国家就其宪法的定立予以授权,并且从赋予妥当性的关系这一角度认为,在国际法的下位,国际法还形成了一个各个国家法被置于其中的一元的法律体系。纯粹法学理应将一切伦理的、政治的价值判断排除在外。但非常有意思的是,对于否定国家主权、将国际法置于上位位阶这种理论结构,凯尔森描绘了这样的远景：该理论还可能为推动国家法的发展，以及世界法律秩序的树立，提供理论性基础。

10. 对自然法论的批判

凯尔森采取的是，主张"绝对的价值根本就不是人的认识所能达到的"这种"相对主义"的立场。纯粹法学之所以是排除其他一切伦理的、政治的价值判断，自始至终贯彻对实定法固有性质的探究的**法律实证主义**的理论，正是凯尔森的这种立场之归结。

凯尔森基于这种相对主义的立场，否定对作为绝对的价值的**正义**进行探究的一切尝试。凯尔森在将这种尝试分别归类于柏拉图的"理念论"（本书第一章之三）或者耶稣的爱的教诲（本书第二章之二）等形而上学的东西、亚里士多德的中庸说（本书第一章之四）或者康德的"定言命令方式"（本书第五章之一）等疑似合理的东西，在此基础上，他认为这些都不合适而予以排斥。

在倡导"自然法"之存在的讨论中，凯尔森也找到了同样的缺陷。也就是说，凯尔森的批判是，这种试图从"自然"之中找到正确秩序之应然状态的指南的讨论，都犯下了这样的错误：要么具有形而上学的特性，要么是在合理性的外衣之下试图从事实中导出规范。

11. 对民主主义的拥护

与这种一系列的批判形成对照的是，凯尔森通过将相对主义的立场置于实践性的讨论的基础上，也尝试拥护作为一种政治体制的**民主主义**。在其著作《民主主义的本质与价值》（1920 年初版、1929 年第 2 版）中，凯尔森主张，"唯有相对主义才是作为民主主义思想之前提的世界观"(本书第十章)。

在凯尔森看来,相对主义并不会直接诱发非道德的姿态。毋宁说凯尔森是将相对主义作为使以下这一点成为可能的道德原理来理解的:人们对相左的意见持**宽容**态度,因而每个人的思想是**自由**的。作为体现这种原理的政治体制,凯尔森支持民主主义。

这样,凯尔森将人们的自由置于民主主义的核心地位,拥护尽可能对多数人承认这种自由的**少数服从多数**的原理,以及支撑这种原理之实现的**议会制**。在此基础上,凯尔森认为,议会制民主主义并不必然会产生多数人的绝对统治,毋宁说那是一种通过讨论与妥协,在政治上对少数人予以承认的制度。他还主张,像少数人的权利保护、比例代表制那样,对于那种促进对少数人的承认的制度性设置予以完善,这是希望看到的制度。

12. 凯尔森的批判者施密特

与凯尔森展开这种探讨的大致相同时间,在邻国德国,魏玛宪法的理念与制度已经开始显现出动摇。像与此相呼应那样,不少批判指向了凯尔森的研究。埃利希・考夫曼(Erich Kaufmann, 1880—1972 年)、鲁道夫・斯门德(Rudolf Smend, 1882—1975 年)、卡尔・施密特(Carl Schmitt, 1888—1985 年)以及赫曼・黑勒(Hermann Heller, 1891—1933 年)等人就是凯尔森的主要批判者。批判的内容、政治指向各种各样,即便如此,批判者有一点是相通的:对于凯尔森排除在自己的理论探究之外的社会学的、心理学的事实考察以及伦理的、政治的价值判断,这些批判者都采取了重视的态度。

在这些批判者之中,卡尔・施密特进行了最为严厉的批判。

施密特在柏林大学、慕尼黑大学学习法学,后来在柏林商科大学担任教授。由于在纳粹夺取政权之后,施密特积极地参与其政策,又被称为"第三帝国的桂冠法学家"。另外,有关施密特的一个著名的插曲是,在科隆大学任职之时,纳粹想解雇被聘为该校教授的凯尔森,对此,凯尔森的教授同事们为其写了一份请愿书,施密特是唯一没有在请愿书上签名的教授。

13. 施密特的决断主义

施密特对凯尔森的批判有很多,如批判矛头就曾指向凯尔森有关**主权**的讨论。正如在《政治神学》(Politische Theologie, 1922年)开头的"所谓主权者,是针对例外状态的决断者"(本书第一章)这篇文章所体现的那样,施密特将主权理解为事关法秩序本身之根本的、有关决断该秩序整体之停止的无限制的能力,并尝试通过类推"上帝的全能"来解释主权的存在状况。在其后的著作《政治的概念》(Der Begriff des Politischen, 1927年)中,施密特从这种例外状态中的"**敌与友**"之间的实存的对立之中,找到了政治针对法律的优越地位。

按照施密特的这种理解,对于给予例外状态以适当理论定位,凯尔森的纯粹法学完全没有表示关注。施密特对此进行了批判:作为试图将主权本身从理论中放逐出去的实证主义的国法学的极致,这是一种从根本上错误的尝试。

14. 施密特的民主主义论

施密特对凯尔森的批判还及于凯尔森的"民主主义"论。在《现代议会主义的精神史的状况》(1923年初版、1926年第2

版)中,施密特特别提到了卢梭的《社会契约论》(本书第四章),将民主主义定义为"统治者与被统治者之间的同一性"。在此基础上,作为这种同一性的基础,施密特列举了组成国家的人民之间的**同质性**。

按照施密特的这种理解,凯尔森所拥护的议会制民主主义,在重视利害的多元性这一点上,只会阻碍真正的民主主义;并且,现实的议会会堕落为单纯的利害关系调整的场所,背离原本是"公开的讨论"这种议会制的本质。这样,作为直接民主主义的流露,施密特更支持来自同质的人民的**喝彩**。在这种喝彩民主主义的延长线上,他甚至找到了采取**独裁**这种体制的可能性。

15. 纳粹的抬头与法律思想

进入20世纪30年代之后,在欧洲各国,自由主义与民主主义的理念相继开始蒙上阴影。在德国,在由针对巨额战后赔偿的社会不满情绪所产生的不稳定的政治状况之下,阿道夫·希特勒率领的国家社会主义德国劳动党(通称"纳粹")乘机急速扩大了势力。在1933年,纳粹终于掌握了国家政权,废除了魏玛宪法,确立了提倡亚利安人人种之优越性的整体主义体制。

凯尔森作为犹太人,为了逃避纳粹的迫害,被迫流亡美国。与之相反,不少法学家对纳粹体制表示了好感。例如,施密特在1934年发表的论文《纳粹主义与法治国家》中,对于司法中的一般条款的适用,他认为,"不确定的概念,亦即所谓一般条款,所有都必须绝对且无条件地按照纳粹性质的含义来运用"。

当然,法学家帮助纳粹的方法各种各样,但有几个共同的论调:对于自由主义与个人主义、议会制民主主义与权力分立原则等的攻击;对于独裁与整体国家、领导者原理这种整体主义的统治制度的肯定;对于对基本权利的大幅干涉、对其他人种的歧视予以正当化;等等。基于这种立场,这些法学家各自展开了带有民族主义色彩的法律理论研究。

Column18:魏玛宪法与紧急状态条款

正如正文所触及的那样,当时,魏玛宪法是一部走在时代最前端的光彩夺目的宪法,但是,制定伊始就含有深刻的"黑暗",其第48条第2款的紧急状态条款就是如此。按照该条款,在发生紧急状态时,联邦总统能够停止国民的基本权利——言论自由、人身自由等。该条款属于认可总统的独裁的条款,作为对此进行探讨的考证,施密特撰写了《总统的独裁》(1924年)。

在现实的政治生活中,最大限度地利用了第48条第2款的是希特勒。他在1933年1月取得政权之后,马上就在2月根据该条款发布了《为了保护民族与国家的联邦总统令》。该命令的第1条就规定,"暂时"停止基本权利,但事实上,直至1945年纳粹瓦解,这种状态一直在持续。在3月颁布的《为了除去民族以及国家之危难的法律》(《全权委任法》)中,明文规定纳粹政府的法律要优于联邦宪法。这样,魏玛宪法就走向了事实上的失效。①

---

① 高山敏、初宿正典编:《德国宪法集》(第7版),信山社1960年版。

第五部分

现代法律思想

第十章 "二战"之后的法律理论

造成史上最大惨祸的第二次世界大战结束后，人类再次直面即便是在法律思想的历史中也是最难的问题之一："存在服从恶法的义务吗？从根本上来说，恶法是法吗？"本章追踪围绕"恶法"的各种讨论，对20世纪前半期的法律思想进行概述。

一、拉德布鲁赫·再生自然法论·人权

1. 第二次世界大战的结束与战后审判

1945年，第二次世界大战以美国、苏联、英国、法国为核心的联合国的胜利而结束。世界上，不少国家遭到彻底破坏，无数人失去了生命。不仅如此，德国、意大利、日本等战败国就发动战争，以及战时的各种违法行为被追究责任。在纽伦堡审判与远东国际军事法庭审判中，按照战时国际法，政治家与军人被追究发动战争的责任。在纽伦堡审判中，针对纳粹实施的各种残虐行为，还采纳了**针对人道的犯罪**这种新的观念。在欧洲各国以及东亚、东南亚等地的战场开设的军事法庭，也对一般士兵、一般将校的违法行为如虐待俘虏、针对一般市民的残虐行为等进行审判。

尤其是德国的人们被置于严酷的状况之下。之所以这样说,是因为在德国国内,正是经由德国人的手,将战争中很多的行为作为犯罪予以审判。在这种状况之下,自"二战"之前就已经非常著名的法哲学家与法学家古斯塔夫·拉德布鲁赫(Gustav Radbruch, 1878—1949年)在《南部德国法学家报》上,发表了题为《法律的不法与超法律的法》(1946年)的评论,不仅在德国,在其他各国的法学家中,都引起了巨大反响。为了理解其重大意义,有必要首先对拉德布鲁赫"二战"之前的法哲学观点作些概述。

2. 法律实证主义者拉德布鲁赫与价值相对主义

19世纪以来,支配德国法学的是**法律实证主义**的思想。以本书第九章提到的汉斯·凯尔森为代表,可以说,包括其老师格奥尔格·耶里内克(本书第八章),以及与凯尔森同属于新康德学派的马尔堡(Marburg)学派的鲁道夫·施塔姆勒(Rudolf Stammler, 1856—1938年),还有虽属于新康德学派但属于"(德国)西南学派"的拉斯克(Emil Lask, 1875—1915年)与韦伯等,都站在接近于实证主义的立场上。

作为新康德学派的一员,拉德布鲁赫也是站在严格区分**存在**(Sein)与**当为**(Sollen),或者"是什么"与"应该是什么"的方法二元论的立场上。拉德布鲁赫认为,无论收集了多少有关事实的知识,对于围绕**当为**的争议、对立的世界观,是无法由此得出最终的结论的。为此,法学这门科学能够做的就止于对(1)制度目标及其达成手段之间的关联;(2)价值判断与世界观的联系;(3)围绕价值判断的推论结构等进行说明、分类。有关选择何种价值的问题,就只能是个人基于自己的意志与责任进行**决断**。

这样,拉德布鲁赫的法律实证主义与凯尔森的情形一样,同围绕价值的相对主义紧密地联系在一起。他将这种**价值相对主义**当作允许多样的政治的、道德的立场的**宽容**的原理、**民主主义**的社会哲学,积极地予以拥护。

然而,这种民主主义的法律思想,当然不能为纳粹德国所接受。为此,拉德布鲁赫被剥夺了海德堡大学的教授资格,被迫流亡海外长达 12 年。

3. 拉德布鲁赫与"二战"后的德国

因德国战败,拉德布鲁赫得以重新站在德国大学的讲台,但同时也面临着新的困难。因为在德国各地的法院,开始陆续以纳粹党员、纳粹的协助者以及公务员作为被告,进行众多的战争审判。很多被告人主张,"自己终究不过是遵照法律执行职务而已"。也就是说,法院面临着这样的抗辩理由:战争时期实施的行为,即便从道德的角度来看属于邪恶的法律,但既然终究是遵照德国的法律实施了行为,就不得不说是合法的,无法作为违法行为予以审判。

正是在这种状况之下,拉德布鲁赫发表了题为《法律的不法与超法律的法》的评论。在该文中,他似乎颠覆了曾经的信念,明确指出将法哲学带向**安乐死**的责任的一端就在于法律实证主义。

真实的情况是,法律实证主义根据"法律就是法律"这种确信,将针对那些具有恣意的且犯罪的内容的法律进行抵抗的力量,从德国的法学家阶层剥夺了。法律实证主义凭借自己的力量,完全无法为法律的妥当性奠定基础。如果法律的妥当性通过法律具有自我贯彻力而已经实证结束,法律实证主义就会予以相信而不予怀疑。但是,即便"必然"或者可以凭借力量奠定基础,但无法让"当为"与"妥当性"基于力量。毋宁说,后者唯有凭借内在于法律的价值才能被奠定基础(《法律的不法与超法律的法》)。

4. 法的安定性、合目的性、正义

作为法律内在的价值,拉德布鲁赫继续就他"二战"开始之前就一直主张的三个价值即**法的安定性**、**合目的性**与**正义**之间的关系进行论述。但是,不同于"二战"之前,对于遵守制定法这种法的安定性与正义的要求之间发生冲突的场合,拉德布鲁赫作了如下论述:

> 在丝毫没有进行对正义的追求的场合,在构成正义之核心的平等在规定实定法之际就已经有意识地被否定的场合,那种法律恐怕不止于简单的"恶法",毋宁说,其基本欠缺了作为法律的本质。这是因为包括实定法在内,如果给法下定义的话,就是按照其意义,为了贡献于正义即公正性而确定的秩序与制度(《法律的不法与超法律的法》)。

5. 自然法理论的再生

拉德布鲁赫究竟是从法律实证主义转向至自然法理论,还是不过是对曾经的法律实证主义进行了部分修正呢?关于这一点,至今仍无定论。不过,他发表的《法律的不法与超法律的法》给了信奉自然法理论者以活力,从而与所谓**自然法的再生**联系在一起,这应该是事实。德国的罗门(Heinrich Albert Rommen,1897—

1967年)、奥地利的麦斯纳(Johannes Messner, 1891—1984年)与阿尔弗雷德·菲德罗斯(Alfred Verdross, 1890—1980年)、法国的雅克·马里旦(Jacques Maritain, 1882—1973年)与米歇尔·维利(Michel Villey, 1914—1988年)、比利时的J. 达班(Jean Dabin, 1889—1971年),以及意大利的登特列夫(Alessandro Passerin d´Entrèves, 1902—1985年)等论者,都从各自的理论基础出发,为自然法的再生而尽力。其结果是,**人权**与**人的尊严**这种理念,开始占据法哲学与法律理论的根基。

6. 人权概念简史

特别值得一提的是,这种自然法再生的潮流与**人权**概念的复活是联动的。

正如在本书中随处可见的那样,作为**人权**概念的起源,在哲学上是霍布斯、洛克、卢梭等人的自然权概念(本书第三章之三、第四章之三);在实践中,一般认为是英国的一系列市民革命、美国的独立与美利坚合众国宪法的制定,以及法国大革命与人权宣言。但是,在18世纪的市民革命时代结束、迎来19世纪的同时,开始出现了针对人权思想的激烈攻击。

7. 对人权概念的攻击

第一个攻击来自保守思想针对法国大革命所引起的暴力与恐怖的批判。例如,英国的埃德蒙·伯克(本书第四章之三)的批判是,自然权这种观念不仅是毫无益处的形而上学的妄想,通过无视各国国民所固有的历史与文化,难免会让社会的秩序与纽带归于解体,更属于一种僵硬的自以为是的思想。这种批判可以被称为即便是今天也能经常听到的、历史主义的、共同体主义的、文化相对主义的反人权论的原型(prototype)。

第二个攻击是来自本书第六章所提到的功利主义者边沁的批判。边沁(本书第六章之一)猛烈批判自然权无外乎是引起无政府主义的混乱的"豪言壮语似的胡话"。他进而主张,毋宁说,法律与权利是为了带来"最大多数的最大幸福"即社会整体的福利的最大化而人为地创造的。

第三个攻击是来自19世纪开始蓬勃兴起的社会科学的攻击。例如,马克思(本书第九章之一)进行了下述旨趣的批判:人权,是与共同体切割开来的利己的人的权利,毋宁说,其尽管实际上是为资产阶级的利益服务的,但其却通过号称普遍的权利而掩盖了现实的不平等。对社会学的开拓者埃米尔·涂尔干(Émile Durkheim,1858—1917年)与韦伯而言,人权论也不过是指示**个人**的行为的一种古老的政治、道德哲学,是一种落后于时代的思想,应该以探明带来产业社会的各种因素,整体性地探明**社会**的机制为目标的社会科学所超越。

在19世纪末期,在围绕工人运动、贫困问题、少数民族问题以及殖民地统治等问题的讨论中也能看到,人权被看作仅仅是一种未必不可或缺的道具性的理念。例如,在第一次世界大战结束之后的1919年缔结的《国际联盟盟约》中,没有看到一句有关人权的表述,可以说,这也正讲述了当时那个时代人权概念的凋落。

8. 人权概念的复活与世界化

第二次世界大战的结束,尤其是纳粹所带来的惨剧,作为从任何压制中保护个人的一种强有力的原理，人权概念再次被拽至历史的正面舞台。在《**联合国宪章**》(1945年)中就已经能看到有关人权的表述。例如，序言中的"重申基本人权，人格尊严与价值，以及男女与大小各国平等权利之信念"；又如，第1条中的"促成国际合作，以解决国际间属于经济、社会、文化及人类福利性质之国际问题，且不分种族、性别、语言或宗教，增进并激励对于全体人类之人权及基本自由之尊重"；等等。1948年，联合国全会通过了《**世界人权宣言**》。《世界人权宣言》以基于对各国宪法典的比较考察的第一草案为原案，起草委员会经过长达两年、多达近200次的讨论，终于得以通过。尽管各国文化与意识形态的差异使《世界人权宣言》走到最终通过的过程异常艰辛，但终于在人类历史上第一次完成了适用于全世界的普遍性的人权文件。1996年，为了让《世界人权宣言》具有法律约束力，分别通过了《**经济、社会和文化权利国际公约**》与《**公民权利和政治权利国际公约**》等**两个国际人权公约**。

与这种社会潮流并行的是，自20世纪50年代至60年代，围绕自然法理论之再生的一系列运动也结束了鼎盛期。以溯及法的问题为代表，自然法理论本身具有理论上的弱点，除此之外，其主要原因在于通过审判对战争责任的追究已经告一段落，以及自然法理论的很多主张已经作为**人权**的概念被纳入各国的实定法与国际法之中。

这样，在以战败国德国为首的欧洲诸国，"是法律实证主义还是自然法理论"这种择一的讨论就逐渐销声匿迹，开始出现二者的"融合"或者取而代之的"第三条路"这种问题意识。

二、哈特与现代分析法学

1. 哈特与富勒的论争

围绕拉德布鲁赫所致力于回答的"如何处理邪恶的制定法呢"这一问题的讨论,在作为战胜国的英国与美国,换一种形式仍然在持续。

1957年,作为客座教授访问哈佛大学的英国的法哲学家哈特作了题为《实证主义与法和道德的分离》的纪念演讲。在该演讲中,哈特批判作为边沁、约翰·奥斯丁之后的英国的法律实证主义(本书第六章之一、三)的继承者,自然法论者混淆了**法与道德**。他以"恶意的告密者"审判(该案大致案情是,某女性通过使用纳粹德国时期制定的《奖励告密法》将丈夫置于死地,"二战"后接受审判时,该纳粹时期的法律是否有效就成了问题)为例,批判拉德布鲁赫,并提出了下述主张:"法是否具有妥当性"与"人们是否应接受并遵守该法律"属于不同的问题,即便从道德的角度来看属于内容邪恶的法律,如果经过一定程序被当作妥当的法律而得到承认,那么,仍然必须称其为法律。

在第二年,哈佛大学的美国的法哲学家朗·富勒(Lon Luvois Fuller,1902—1978年)在其论文《实证主义与对法律的忠诚——对哈特教授的回应》(1958年)中,进行了下述反驳:问题在于,"对法律的忠诚",亦即"值得遵守,并且,人们因而也实际遵守的法律,究竟是一种什么样的法律呢"?"法律的妥当性"与"法律的接受"决不能分开,人们是否接受法律、是否对法律显示忠诚,这取决于其在道德上是否属于"良法"。为此,缺少道德性——**法的内在道德**的纳粹法令根本就不是"法律"。这样,富勒主张**法与道德**的不可分割性。

哈特与富勒的论争在"法与道德"的关系这一传统问题上存在重合,但值得高度评价的是,这一论争还涉及了对**法的自主性**与**法律的统治**等论点的重新探讨。为了更好地理解"哈特与富勒之争"在思想史上的意义,下面详细介绍二人的法律理论。

2. 哈特生活的时代与新的哲学

1907年,哈特出生于一个富裕的犹太商人的家庭,以优异的成绩从牛津大学毕业之后,立志成为哲学家,但遭受挫折后遂转型为律师。"二战"爆发后,哈特被军队的谍报机关(MI5)录用,从事解读德军密码的工作。在从事军务期间,他与以哲学家吉尔伯特·赖尔(Gilbert Ryle,1900—1976年)为首的同僚之间交流的诸多想法,都与后来被称为**日常语言哲学**的新的哲学联系在一起。

取得"二战"胜利的英国,朝着建设**福利国家**这个战争时期与国民的约定迈进。这种福利国家是通过以国家医疗服务体系(NHS)为主轴的社会保障制度,由国家之手向国民保障"从摇篮到坟墓"的稳定生活。哈特接手牛津大学法理学讲座的1952年,就正属于这个复兴与建构新制度的时期。

成功建成福利国家的英国,建立了一个大多数国民都能享受经济繁荣的"富裕的社会"。作为其中的一个归结,从20世纪60年代到70年代,整个英国都响起了要求更多"自由"的呼声。以战后出生的年轻人为核心,产生了追求新的生活方式,以及不同于既往的新文化的各种运动,大学也发生了学生的造反,要求改变社会与教育体制。哈特的法学理论,以及他信奉的自由主义,是与这个时代背景相互联动的。

3. 法律理论中的语言论的转向

哈特的法学理论的创新,在于包括前面已经提到的**日常语言哲学**在内,将语言分析的视角引入法律理论之中。试图通过着眼于语言固有的结构与功能来明确人的思考与社会的产生,思想史上把这一系列的活动称为"语言论的转向"(Linguistic Turn)。哈特的法律理论也被定位于这种文脉之中。作为对哈特的法学理论产生了很大影响的重要的哲学家,必须提到两个人的名字:约翰·朗肖·奥斯丁(John Langshaw Austin,1911—1960年)与路德维希·维特根斯坦(Ludwig Wittgenstein,1889—1951年)。

奥斯丁是前面已经提到的**日常语言哲学**、**日常语言学派**的处于核心地位的理论家。这种理论以通过详细分析日常用语的用法与功能来解决传统的哲学问题为目标。例如,对于"何为真理"这种传统的问题,也是通过细致地分析使用诸如"真正地"或者"错了"这种表述的例子,通过调查其功能来进行解释。对于语言表现,奥斯丁明确了这样一点:其不仅存在对现实的事物予以说明、记述的**事实确认的**言明,还存在其本身就正成为某种行为那样的**行为进行的**言明(正如"给那孩子取名为太郎"这种言明那样)。后来,奥斯丁将这种言明命名为**语言行为**。

哈特与大学的同僚奥斯丁进行共同研究,在分析法律中所使用的语言的独特用法与功能的同时,还将关注点集中于法律语言的**进行的**一面。可以说,哈特就任教授的讲义《法理学中的定义和理论》（1953年）就正是这一系列研究的成果。这种视角当初设想的是用于教科书，但结果却是被他的主要著作《法律的概念》（The Concept of Law, 1961年）所继承。

4. 社会的规则与内部的视角、外部的视角

成为《法律的概念》出发点的是，将法律当作与习惯或者礼节（manner）一样的**社会的规则**来予以把握的观点。在把握法律那样的社会性的制度之际，分为下面两个视角就很重要：一个是将人们的行为当作单纯的规则性的反复行动来予以观察的视角，哈特将这种视角称为**外部的视角**；另一个是自身接受规则，将其作为行为或者判断的标准而加以使用的场合的视角，哈特将这种视角称为**内部的视角**。例如，从外部宇宙来到地球的观察者，看到人们在红灯信号时停下来，也许他会认为，"地球人在红色的光亮起来时就暂时停止其行为"（外部的视角）；相反，将红灯停（绿灯行）作为规则予以接受的人们，就会将其当作自己的行动准则，或者在谴责他人的不守规则的僭越行为时作为判断标准而使用（内部的视角）。

针对一定行动模式的批判性的、反省性的态度，作为共同的规则而存在，这是必要的。这种态度是一种对（包括自我批判在内的）批判、遵守规则的要求，必须在这种批判或者要求是正当的这种确认之中表现出来。所有这一切都是通过"应该是""必须是""当然是"以及"是正确的""是错误的"这种规范的用语，以具有特征的方式得以表现（《法律的概念》原著第57页）。

也就是说，所谓把法律作为**社会的规则**来把握，无外乎是从**内部的视角**接受法律，理解作为行为与判断之指针的人们的行动。成为这种设想之启发点的是维特根斯坦的后期哲学，亦即社会的实践与制度，由对应于各种生活形式的种种**语言游戏**所组成，其中，人们将一定的语言作为**准则**来使用的这种把握方式。也可以说，哈特的法学理论是从维特根斯坦式的视角来记述法律的一种尝试。

5. 第一性规则与第二性规则

如下所述，哈特理论的另外一个特征是，将法律作为双重的体系(system)来把握。除了前面已经列举的习惯、礼节之外，社会的规则还包括对人们科处一定责任与义务的规则群。责任与义务的规则包括道德的规则与法律的规则，其中，法律的规则还可进一步分为两类，其中一类是禁止对人们实施暴力、盗窃、诈骗等行为的**附加义务性质**的规则群，哈特将其称为**第一性规则**。

在原始社会，只要有这种第一性规则就足够了，但社会一旦复杂化，就另外还需要其他种类的规则，亦即诸如改变各种第一性规则的规则，对于违反第一性规则的进行审判，还有原本来说何为第一性规则，对此予以承认之时被用作参照的规则群。哈特将这些规则称为**改变规则**、**审判规则**、**承认规则**，统称为**第二性规则**。改变规则与审判规则，与其说是赋予一定的义务，毋宁说是给予一定的人以权限的**赋予权限性质**的规则。

6. 承认规则

承认规则是为了识别或者承认"何为妥当的法"的规则，主要是法官用于与之相对照来判断各个法律规则的妥当性。然而,如果要问承认规则本身的妥当性的话,那又如何呢?哈特认为,那就正如曾经的公尺标准器一样,它是无法测量其本身的妥当性的,只能说那只是作为正确的标准,为法官们所接受。

对于"存在法律体系"(法律体系是存在的)这一点的含义,哈特做了下述解释:

> 存在法律体系这种主张……是将目光指向下面两种情况的,像土卫十(Janus)的脸那样,是两面性的言明:一般的人服从于此;以及对于属于有关公行为的共同的批判性规则的第二性规则,承担公务的人予以接受(《法的概念》原著第117页)。

也就是说,如果一般的人遵守被认为妥当的第一性规则群,承担公务的人们接受改变规则与审判规则,这样就足够了。另外,有关承认规则,仅仅对承担公务的人们才要求从**内部的视角**接受这些规则。

7. 开放性结构与司法裁量

如果法律体系以这种方式存在的话,法官通常只要遵照其中的部分法律规则进行审判即可。也就是说,对于简单的案件,只要找到法律规则的含义的"核心部分"即可。但是,有时候规则本身就是不明确的。对此,哈特主张,那种疑难案件(hard case)属于涉及语言的"暧昧的边际地带"或者"可疑的阴影部分"的问题。例如,在公园门口竖立"车辆禁止入内"的牌子,对于小孩用的三轮车、婴儿车或者滑板车如何处理呢?既然法律属于自然语言写成的**开放性结构**,这种含义的不确定性,就是不可避免的。

> 在这种案件中,显然,决定规则的权威机关必须行使裁量权。而且,对于因各种各样的案件所提出的问题……就像存在唯一正确的答案那样进行处理,这种可能性是不存在的(《法律的概念》原著第132页)。

> 事实上,法律的开放性结构意味着存在某些行为领域,这些领域如何规范必须由法院或公权力机关去发展,也就是让法院或公权力机关依据具体情况,妥善掌握每个案件各自不同的、相互竞合的、各种利益之间的平衡……在这种规则的边际地带,以及判例理论所开放出来的领域,法院发挥着创造规则的功能,此项功能就像行政机关主要在将可变的标准予以明确化时所做的那样(《法律的概念》原著第135页)。

于是,哈特明确指出,既存的法律规则不可能解决所有问题,法官在解释制定法、参照既往判例这种名义的背后,必须进行准立法式的工作。

8. 法律与道德

这样,哈特从语言哲学的视角出发,将法作为规则的体系来予以记述。只要一般的人遵守第一性规则,承担公务的人们接受第二性规则,就可以说那里存在具有妥当性的法律体系。即便该法律体系在道德上是邪恶的,这一点也不会改变。也就是说,法律的妥当性与道德上的认可,属于相互分割的不同话题。

在哈特看来,在面对纳粹的法律那样邪恶的法律时,人们应该这样说:"这的确是法律,但由于在道德上过于不正当,因而，既不可能服从也不可能适用。"毋宁说，将"法律与道德"分离开来的这种说法，才有可能基于一定的道德立场对实定法进行批判。

Column19：哈特与德富林的论战

1957年，"有关同性恋与卖淫的委员会"经过长达三年的调查，向英国下议院提交了所谓"沃尔芬登报告"（Wolfenden Report）。该报告认为，成人之间经过同意的同性恋与卖淫，只要没有给公众带来不快感，就不能被谓为犯罪，不过是个人道德的问题。而作为法官的帕特里克·德富林（Patrick Devlin, 1905—1992年）则表明了自己的担忧："社会的共同道德是维系社会的纽带，如果轻视这一点，不道德将会被放纵，社会就会崩溃。"对于德富林的这种将法律与道德重合在一起的主张，哈特基于自由主义的立场从正面进行了针锋相对的反驳：德富林有关公共道德与社会纽带的想法虽尚未超出想象的范围，但在将多数人的道德强加给少数人这一意义上，难免会带来多数人的专制。实际上，如果没有实施对他人的生命、身体、自由以及财产造成危害的行为，就不允许以"不道德"这一理由予以处罚。继承了约翰·斯图亚特·密尔"危害原理"（本书第六章之二）的这种主张，正体现了哈特对于个人自由与自由主义坚强的信任与支持。

9. 最低程度内容的自然法

在《法律的概念》中，作为人需要法律这种社会制度的根本理由，哈特也提到了**最低程度内容的自然法**：（1）人的脆弱性（无论是谁都会受伤或者生病）；（2）人大体上的平等（人与人之间没有那么大的差异);(3)有限的利他主义(并非很多人都会完全为了他人甚至不惜牺牲自己);(4)有限的资源(人都需要食品、服装以及住所等,但这些并不是无限丰富、唾手可得的);(5)有限的理解力与脆弱的意志(人们需要相互协同而生存,但有可能错误地领会对方的语言,也有可能不守约)。

这些是人类的集合体作为一个统一的单位要存续下去,就必须加以考虑的作为人的条件。正因为人存在这种脆弱与局限,就需要法律的存在。在此意义上,哈特所谓"最低程度内容的自然法",未必是指传统意义上的"自然法",也并不显示法律与道德之间的必然关联(不过,也许正因为存在本节开头所提到的与朗·富勒之间的论争,哈特才会将这种对人类学的洞察写入《法律的概念》)。

Column20：现代法律实证主义之后

哈特的理论通过各种方式得到了继承。首先,属于法律的记述之出发点的"内部的视角与外部的视角",由其继承者约瑟夫·拉兹(Joseph Raz,1939—2022年)与尼尔·麦考密克(Neil MacCormick,1941—2009年)进一步明确为,"尽管自己不接受规则,但从外部记述为,从内部的视角来看人们似乎接受着规则",即通过"保持距离的视角"与"解释学的视角"的明确化而得到洗练。由此,约瑟夫·拉兹展开了《法律体系的概念》(1975年)与《法律的权威》(The Authority of Law,1979年)等论证,尼尔·麦考密克也进一步展开了《法律推理与法律学说》(Legal Reasoning and Leqal Theory,1978年)等研究。

其次,在哈特死后出版的《法律的概念》第二版的"后记"又引起了新的论争。在"后记"中，作为对罗纳德·德沃金的回应，哈特显示了这样的观点：取决于承认规则，有些时候道德的原理也会被作为法律得到承认。由此引起了朱尔斯·科尔曼(Jules Coleman)等人与约瑟夫·拉兹等人之间的对立：朱尔斯·科尔曼继承了哈特的这种观点，主张"包摄的实证主义"("柔性的实证主义")；约瑟夫·拉兹则主张"排除的实证主义"("严格的实证主义")，始终坚持严格区分"法律与道德"，认为"只有经过立法与判例等社会的事实所确证的才是法律"。

围绕"法律与道德"分离命题的把握方式，也产生了论争。哈特本身将"法律与道德"的区别理解为现实的记述。新西兰的杰里米·沃尔德伦(Jeremy Waldron)与美国的汤姆·坎贝尔(Tom Campbell, 1899—1977年)等论者则主张，这种区别毋宁说是"应该严格区分法律与道德，这也是人们所希望的"这种规范的要求。这种立场被称为"规范的法律实证主义"。①

三、富勒与程序学派

1. 富勒的为人与业绩

在上一部分的开头提到的"论争"的另一方主角是哈佛大学

---

① 深田三德：《现代法律理论论争——德沃金对法律实证主义》，ミネルヴァ書房2004年版。

的法哲学家富勒。富勒20世纪初出生于得克萨斯州,他首先学习的是经济,随后又在斯坦福大学获得了从事法律实务的前提的法务博士学位(J. D.)。其后,富勒走上了研究者之路,1939年因德国入侵波兰,"二战"爆发,富勒于当年去哈佛大学法学院任教。

富勒善于交际,富有亲和力。凯尔森为了逃避纳粹流亡到美国时,富勒曾为其介绍工作,对于以哈特为首的从海外过来的研究人员的邀请,富勒也是竭尽全力。富勒还热心教育,他写下了给人留下深刻印象的论文《洞穴探险者案》(1949年)。他在论文中假设的案件是:几名洞穴探险者遇险受困于山洞,商定通过抽签方式决定杀掉其中一人,其他人通过食其肉而得以活下来,但获救后被起诉。对于此案,数名法官通过各自不同的法律推理,作出了完全不同的判断。他的这篇论文长期被用作法学院初学者的教材。

富勒作为合同法学者也取得了重大的业绩。富勒脱离属于当时通说观点的意思主义的合同理论,展开了着眼于恢复原状的现实主义的探讨,对于普通法世界后来的合同法理论,产生了重大影响。

2. 从现实主义法学到自然法理论

富勒作为法哲学家的工作又如何呢?富勒出版了《法律在探讨自己》(1940年),收录了自己入职哈佛大学次年起的讲义。在该书中,虽包含着他在合同法业绩中也能看到的那种现实主义法学的一面,但同时他也展开了对此的批判性探讨。在富勒看来,现实主义法学也是实证主义的一种,都试图切割"现在存在的法律"(is)与"应该有的法律"(ought),但在我们实际经历的活生生的数据里,两者则是相互混合在一起的。因此,法学应该从事的课题是,弄清"也可以被称为道德的事实的东西"即法律的道德性层面,只能"在伦理的文脉中理解法律"。这样,富勒主张**自然法的再生**。

但是,富勒的自然法理论终究是世俗的东西,他绝非主张超出了实定法的**高位次的法**,那也是紧紧盯住了近代社会的性质改变的理论。在伴有经济、社会重组的高度化的现代社会,频繁发布了以政府的**命令**为后盾的立法的、行政的法令。如果没有符合某种道理的**理性**、**理由**伴随着这些法令,强行要求人们遵守这些法令,带来的就只能是专制。由此,对于作为事实只要有**命令**就承认"法"的法律实证主义,富勒进行了批判,而拥护要求存在**理性**、**理由**之佐证的自然法理论。

3. 法的内在道德

在上一部分开头所介绍的富勒对哈特的批判(哈特与富勒的论争),是在下述文脉之中进行的。在"哈特与富勒的论争"之后,富勒在其出版的主要著作《法律的道德性》(The Morality of Law,1964年)中,将自己的这种独特的法律理论,围绕法的**法律性**(legality),亦即作为使法成为法的东西,或者将法作为法的程序性条件的**法律的内在道德**展开了论述。

富勒假设了一名立法者雷克斯(Rex),然后描绘了雷克斯的立法工作全部归于失败的样子。他之所以失败,是因为他制定的法没有满足被称为**法律的内在道德**的下述八个条件:(1)一般性(法律必须一视同仁地适用于任何人);(2)公布(法律必须通过公布而让广大公民周知);(3)面对将来的效力(法律只有在公布之后才具有效力，不得溯及既往，禁止法律的溯及力）；（4）明确性（必须以谁都能够理解的表述来书写）；（5）首尾一致性（法律相互之间不存在矛盾）；（6）可遵守性（不作出那些根本无法遵守的无理的要求）；（7）稳定性（不会随意改变）；（8）官方行为与法律的一致性（公布的法令与官方行为一致）。

在这八个条件中，也就是**法律的内在道德**中，具有对人的生存与社会生活所必需的最低程度的**义务的道德**的一面，同时，还有"应该向完成的姿势更进一步"这种**热望的道德**的一面。"法律的内在道德"是一种自然法，但不是作为**高位次的法**从外部来规制法律的具体内容的那种**实体的自然法**，毋宁说，其无外乎是**程序的自然法**，在立法、审判等个别的适用过程中提供指针，使之不僭越法律本来应该具备的姿态。富勒认为，这些条件的存在本身，就显示了**法与道德**之间的必然的不可分性。

4.法律的制度、程序研究与程序学派

富勒对上述法律哲学的根本理解是，"法是一种追求目的的企图，它试图让人们的行动服从于规则的支配"。

出于这种理解，富勒进行了一种超越狭义法律哲学的、基于跨学科研究路径的、"法律过程"（Legal Process）的研究。他尝试针对有关纷争与社会问题的各个具体类型，逐一明确解决该类型的问题，哪一种程序形式，如审判、立法、仲裁、调解、合同、管理性的指示、抽签、习惯等更为合适。其死后发表的论文《裁定的各种形式与界限》，是富勒的这种业绩的一个顶点。实际上，其最初的版本在属于"哈特与富勒的论争"之发端的1957年动笔写作，曾在哈特也参加过的"法哲学研究会"上散发传阅。正是在那个时期,富勒在构想《社会秩序的原理》这部尚未完成的著作,这里,他在将法律理解为"社会的结构"(architecture)的基础上,也将目光指向实现属于法律之实质性目的的"良善秩序"所必要的制度性手段。

他的这种关注,也与其在哈佛大学的同僚亨利·哈特(Henry M. Hart. Jr)与塞克斯(Albert Sacks)撰写的具有划时代意义的法学教科书《法律过程》(Legal Process,1957年)密切相关。该书以抄写版的形式在哈佛流通,对该校的学生以及年轻的研究人员产生了巨大影响。该书也启用了**程序学派**、**程序法学**这种表述。程序学派对于曾一度席卷整个美国法学界的演绎逻辑的形式主义(本书第七章之二),以及将法律判断还原至法官的直觉与政治信条的现实主义法学(本书第九章之二)均提出了批判,其立场是,试图在以内在于法律之中的"理性的东西"之间的关联来把握法律判断的特性。程序学派作为主流的法学理论,现在也仍然对美国法学产生影响。

5. 富勒理论的整体面貌

下面几点特别值得一提。在对法律过程的制度即程序性的研究中,富勒的参照框架不同于哈特拘泥于分析的语言哲学,而是人类学、社会学以及经济学等各种各样的社会科学。诸如以论述"默会知识"(Tacit Knowledge)而闻名的物理学家与科学哲学家迈克尔·波拉尼(Michael Polanyi,1891—1976年)提出的"多中心性"的概念、社会学家欧文·戈夫曼(Erving Goffman,1922—1982年)的"角色理论"(Role Theory)、经济学家詹姆斯·麦吉尔·布坎南(James McGill Buchanan,1919—2013年)与戈登·塔洛克(Gordon Tullock)提出的创生期的"博弈论"(Game Theory)与"公共选择理论"等,富勒参照各种各样的理论尝试确证,人们相互交流中的道德上的良善目的的实在,通常的国内审判、劳动与商事仲裁、行政调解、国际法庭等各种裁定形式,以及与之相对应的问题类型的关联,也是与经济学上的合理性相符合的。

也就是说,富勒关注的核心问题仍然在于从社会秩序之中导出**人的自然法则**,不是将其仅仅停留于单纯的效率性,而是将其与互惠性、正义与公正、不对他人施加危害等具体的价值,即**制度内在的道德性**联系在一起。明确制度的形式(design)与道德性的不可分的关系,以及以掌控各种法律过程的一定类型为素材,由此创造出独特的自然法理论,也许可以说,这些是富勒所追求的整体性研究议题。

6. 哈特与富勒的论争的遗产

在前面介绍的哈特与富勒的论争中,不少时候似乎是设定讨论的基础平台,并展开了分析性的、缜密的探讨的哈特取得了胜利。但是,两者的立场与关注点原本就是不同的,如果在谁胜谁负,或者在"究竟是法律实证主义还是自然法理论"这一层面来把握"哈特与富勒的论争",就会丧失包含在其中的丰富的论点。

有关哈特与富勒的法律理论,也有下面这种说法:哈特的分析法学是"法律的解剖学",在某一个时点将法学研究的进程予以切片(slice),在此基础上,着眼于由其切片所看到的法律体系,并分析其构造;富勒的法律理论是"法律的生理学",如果作为其研究议题整体加以眺望,是将围绕法律的各种制度作为时间流转之中的某个动态来予以探究。实质上,两人的论争虽然最终以"擦肩而过"结束，但在此后的英美法理学中，这样的两种问题意识分别被约瑟夫·拉兹与尼尔·麦考密克等哈特理论的继承者，以及通过对哈特理论展开彻底的批判而构建起自己独立的解释性的法律理论的罗纳德·德沃金所继承。

第十一章　现代法律理论的展开

从20世纪60年代到90年代,是资本主义阵营与共产主义阵营对峙的东西冷战的时代,这种状况一直持续到1989年柏林墙的倒塌。同时,这个时代还是公民权利运动、越南反战、学生运动、妇女解放运动,以及与之相伴的生活方式发生巨大变革的时代。直面这个时代,法律理论会如何应对呢?

一、德沃金的"作为解释的法"

1. 德沃金与那个时代

罗纳德·德沃金(Ronald Dworkin,1931—2013年)与本书第十章中提到的哈特并称为能够代表20世纪的英语圈的法哲学家。接替哈特担任牛津大学的法理学讲座教授,同时也在美国的纽约大学执掌教鞭,他是乘坐喷气式飞机横渡大西洋,同时奔走活跃于两个大陆的第一代法哲学家。德沃金将法律把握为道德的一部分,在此基础上,展开了将法理解为具有一贯性的、建设性的解释工作的独特的法律理论。与此同时,他认为,这种法律理论与"平等尊重个人的自由,平等考虑其境遇"这种自由主义的立场是不可分的。他对于政治上的游行的权利与市民的不服从、男女平等同工同酬运动(affamative action)与反向歧视(逆差别)、人工堕胎与尊严死的是非,以及"9·11"恐怖活动与紧急事态法等具有时代性的政治上的各种课题,都以一贯的态度持续进行发言。

2. 对哈特的法律实证主义的批判

德沃金的处女作是20世纪70年代发表的《权利论》,原书名是《认真对待权利》。他的出发点是,在对哈特的实证主义的法律理论,尤其是规则中心的法律理解进行批判的基础上,由此掘倒哈特的司法的裁量论。哈特将法律理解为"社会性规则的体系"(本书第十章之二);相反,德沃金则主张,法律不是规则,毋宁说是由对规则适用进行统制的**原则群**所组成**没有间隙**的整体。

如果法律这种运行仅仅是由按照"要么全要么无"这种方式所适用的**规则**所制定,那么,这种规则在面临事前不存在的**疑难案件**(hard case)之时,法官就只能是与立法者一样创造新的规则,也就是进行**裁量**来谋求解决。

3. 法的原理与"唯一正确的答案"

但是,回过头来看实际的判例可以发现,法官们通过使用不同于规则的其他标准即**原理**,很好地解决了疑难案件。这里所谓原理,正如有关国民的基本权利的宪法的各种规定与民法的一般条款那样,存在规则时,规则成为适用的指南,即便是在不存在规则的场合,如果参照适用该原理的一系列案件,也能自然而然地看到解决方向的那种能够发挥独特作用的法律标准。这些**原理**在法律与社会的历史中产生,也具有经受了法律与社会的验证的道德性的内容。

即便是乍看上去似乎不存在适用规则的**疑难案件**,通过诉至于法的原理,也能够找到法律制度内在的**唯一正确的答案**。这样一来,德沃金通过以**原理**替代规则,让其占据法律理论的核心位置,将法律作为无论遇到什么难题都能够找到"正确答案"的没有间隙的整体而加以把握。

4. 作为解释的实践的法

后来,德沃金在其1986年出版的主要著作《法律帝国》(Law's Empire)中,将这种法律理解更进一步予以洗练,展开了整体性的法律理论,将其把握为无论是在理论意义上还是在道德意义上都首尾一致的**解释**工作。德沃金首先指出了法律解释与文艺解释的类似性。因为正如某张照片是否属于艺术品这种判断,能够显示那个人就艺术的理解那样,法官针对某个案件的判断,也能够显示该法官对于法律这种工作整体的理解。

5. 法律解释中的三种态度

德沃金提到了几个在英美法史上的重要判例,通过实际对这些判例进行解释,区分了法律解释中的三种态度。一是**因袭主义**(conventionalism),主张"只要遵守先例,维持社会的稳定即可"。二是**实用主义**(pragmatism),主张"即便是无视既存的判例,只要能找到社会意义上最好的解决之策即可"。三是德沃金对这两种实际也能看到的态度进行了批判,作为第三种态度,他提出了**整体性法律**(law as integrity),亦即首先需要重视的是,无论是在形式意义上还是在道德意义上,与过去的判决之间的首尾一致性

(一贯性),同时将法理解为持续创造建设性判断的工作。

6. 整体性法律

人们之所以接受法律的强制力,无非是因为对于同属于"法律共同体"的成员的任何人,法律都一贯是以"同一个声音"来讲述的。也就是说,法律,就像由数个作者连续讲解同一个故事的**连载小说**那样。这样,德沃金让具有超能力的哲人法官海格力斯(Hercules)出场,由其之口对**整体性法律**(作为整体性的法律)的应有解释模式作了下述说明:首先,在能够想到的几种解决方案之中,选出与过去的判断和判例在形式上不矛盾的解释(适合性测试)。其次,从这样选出的解决方案之中,再挑选出从法律制度整体来看,与之在道德上相一致的方案(正当性测试)。只有通过了这两个阶段的测试的解决方案,才可以说无论是在形式上还是在道德意义上都是**唯一正确的答案**。

7. 政策与原则、权利命题、整体性

要理解德沃金的法律理论的道德层面的内容,首先就需要理解**政策**与(狭义的)**原理**之间的不同。政策是"设定应该达到的某种目标,一般是指有关共同体经济的、政治的或者社会的方面的改善的标准";相反,原理是指"因正义、公正或者某种其他的道德层面的要求,而被遵守的标准",与权利的概念密切相关。德沃金还主张,与**政策**的论法相比,法律总是以**原理**的论法优先。也就是说,在法律的判断中,因社会在经济上、政治上得到了改善这种政策性理由,作为个人所拥有的所谓"王牌"(trump)的**权利**被牺牲,这是不被允许的(**权利命题**)。这也与整体性的道德层面相

关。整体性与个人的权利及其平等性密切相关。

> 整体性法律将法律、法定权利等铭刻在心……按照整体性法律，由法律实施的各种限制不是简单地提供预测可能性、程序公正，或者以其他的某种工具性方法成为社会的利益。由法律实施的限制之所以能成为社会的利益，是因为它能够保障将市民形成的共同体进一步改变为地地道道的共同体，提高由该共同体所行使的政治性权力在道德上的正当性这种市民之间的平等（《法律帝国》第三章）。

8. 批判与意义

放在同时代的各种理论以及与政治、社会的动向的关联之中，德沃金的法律理论是最好理解的——按他自己的话来说，就是"在最善的光之下"。前面已经提到，他的理论是以批判哈特为起点的，但《法律帝国》中的"因袭主义"的理解，也可以视为哈特流的法律实证主义的重构。**政策**论法与**原理**论法的对比，以及对"实用主义"的批判，也能够作为针对功利主义以及后述"法律与经济学"的回应来理解。就最为引起争议的"唯一正确的答案"这一命题而言，通过将其与论述法律判断的不确定性及其最终的政治性的"批判法学"（本书本章之三）联系在一起进行理解，其意义就能得到进一步明确。

原本来说，"整体性"（integrity）这一词语除首尾一致性之外，还有道德上的诚实性的意思。2001 年 9 月 11 日，在纽约发生了针对世贸大厦的恐怖活动，作为对此的反应，美国制定了一种有可能限制市民权利的紧急事态法《美国爱国者法案》（USA PATRIOT Act）。在法案制定当时，最早对这种限制公民权利的危险敲响警钟的正是德沃金其人。可以说，正如其名著《刺猬的正义》（Justice For Hedgehogs，2011 年）所显示的那样，德沃金理论的最大魅力在于，力图始终坚守属于个人尊严之基石的自由这种始终如一的诚实性。

二、"法律与经济学"

1. 后现实主义

可以说，在现实主义之后的美国，主流理论是以亨利·哈特、塞克斯、赫伯特·韦彻斯勒（Herbert Wechsler，1909—2000 年）与富勒为核心的程序学派（本书第十章之三），以及上面提到的德沃金的解释理论。但是，在当今的美国，还存在一种继承现实主义法学的问题意识，在新的理论基础之上展开这些问题，被称为"后现实主义"的其他流派。

其中，一个是着眼于现实主义中的社会科学，接受实用主义的一面，试图从经济学上的合理性的角度来解释法律的"法律与经济学"（Law and Economics）；另一个是尝试将现实主义所强调的"法律的不确定性"这种观念予以进一步深入，推进法律的政治化的"批判法学"（Critical Legal Studies，CLS）。

2."法律与经济学"的起始

"法律与经济学"或者**法律的经济学分析**，是基于吸收现实主义法学中的社会科学的知识（本书第九章之二），作为扩大学科领域、开展跨学科研究的最初的形式而开始的（今天，还有诸如"法律与开发""法律与文学""法律与心理"等被冠以"法律与……"的名称的跨学科研究，也在如火如荼地展开）。

一直以来，在反垄断法等领域，法律与经济理论是密不可分的关系，20世纪60年代以后，在不法行为法、合同法等传统的普通法领域，以及宪法、行政法、正义论等领域，出现了将经济学的分析融入其中的动向。

诺贝尔经济学奖获得者罗纳德·哈里·科斯（Ronald Harry Coase, 1910—2013年）在其著作《社会成本问题》（The Problem of Social Cost, 1960年）中提出了"科斯定理"（Coase Theorem），也就是在涉及合同等交涉的时间与金钱等的"交易成本"为零时，与由法律设定的损害赔偿等权利无关，当事人之间能够有效地进行资源分配。但是，在交易成本不为零之时，他主张，由于法律会对资源分配产生影响，法院还必须考虑其经济效果。

曾担任过耶鲁大学法学院院长的圭多·卡拉布雷西（Guido Calabresi, 1932—　），还对现代的事故社会中的损害赔偿责任的应然状态进行了经济学的分析。在《事故的成本》（1970年）中，不限于个人的过失责任制度，通过对能够以最低廉的费用避免损害者予以承担的危险分散与损失分配的机制进行论述，包括"由经济上富裕者承担责任"这种"深口袋"理论（The Deep Pocket Theory）在内，他弄清了企业责任的经济性意义，由此构建了现代的事故补偿制度的理论基础。

3. 波斯纳的法律的经济分析

"法律与经济学"的昌盛很大程度上得益于理查德·艾伦·波斯纳（Richard Allen Posner, 1939—　）的出现。波斯纳曾担任小威廉·

约瑟夫·布伦南(William Joseph Brennan. Jr., 1906—1997 年)｛布伦南支撑了曾作出"布朗裁决"［Brown v. board of Education of Topeka,347 U.S.483(1954)］的"沃伦法院"｝的法律助手,也曾担任美国联邦法院第一位黑人法官瑟古德·马歇尔(Thurgood Marshall, 1908—1993 年)的助手,拥有美国的自由主义之"天生奇才"的履历。但是,在经历了"二战"之后的"大学纷争"与社会动荡之后,他与主张通过理性的对话来实现正义的自由主义的理念诀别,作为提供"财富的最大化"这种无价值的客观标准,他采取了经济学的法律分析。

"帕累托效率"(Pareto efficiency)与"科斯定理"等各种理论未必支持特定的法律政策。但是,波斯纳巧妙地将这些理论适用于对既存的普通法的解释,作为学者,也作为法官,他积极地撰写反对国家介入市场与再分配政策的论文与判决。他的这一研究方向作为"对战后脱意识形态的要求的回应",得到了经济界的鼎力支持。但是,正如对 20 世纪 80 年代之后的新自由主义政策的推进也作出了贡献那样,现在,这种方向性毋宁说与脱意识形态化的要求相反,也可以被评价为,通过被实施了特殊解释的经济学来一元地解释法律这种形式上的疑似科学主义的复生。此后,波斯纳自身也转向于更为实用性的立场,认为经济学的考察不过是法律的多样性判断的部分要素而已。

三、批判法学

1. 批判法学的时代背景

前面(本书本章之二)曾提到,所谓"后现实主义"的另一个流派是"**批判法学**"。批判法学有两个源头：一个是在理论面支撑20世纪60年代尝试的美国法学向拉丁美洲各国输出的"法律与开发"，但结果上却造成了美国价值观的强行输入与当地的社会系统的破坏，最终归于失败；另一个是大致在相同时期席卷全世界的年轻学生们针对社会的不公正而进行的"学生运动"受到了挫折。一般认为，无论是其中哪一个，都孕育了针对美国法以及西方的主流法律理论的普遍性与中立性的深刻怀疑。

2. 法的不确定性与法的政治性

与现实主义一样，批判法学也论述了**法的不确定性**，并进一步以法的**不能决定性**作为问题。在批判法学看来，法不是一个首尾一致的体系，而是各种对立的意识形态的复合体，为此，反映这种对立的规则与原则在法体系内部就处于相互矛盾的状态。因为这种不确定性与矛盾的存在，法的规则与原则就被允许进行多样解释，其结果就有了在政治上进行操作的可能。

与现实主义不同，出于对法的中立性以及对自由主义的价值的怀疑立场，批判法学主张，实际上一直以来，美国的法律理论与法律实务都是将有利于企业而压制弱者的秩序予以正当化。他们支持1954年的"**布朗裁决**"，以及最终取得了1964年《民权法案》这一成果的**民权运动**这种进程（Column23）。同时，在理论层面，诸如弗洛伊德的精神分析、安东尼奥·葛兰西与赫伯特·马尔库塞的新马克思主义（Neo-Marxism），还有维特根斯坦的语言博弈论、米歇尔·福柯（Michel Foucault, 1926—1984年）与雅克·德里达（Jacques Derrida, 1930—2004年）等的法国现代思想等，批判法学吸收了多种多样的思想，对既存的法律秩序与价值观进行批判,包括东西方意识形态对立那样过于宏大的对立框架中被看漏的微观权力关系在内,尝试对各种各样的制度改革进行提议。

3. 昂格尔与肯尼迪

说到引导批判法学运动的主要理论家,可以列举哈佛大学法学院的两位教授:罗伯托·昂格尔(Roberto Unger,1947—　)与邓肯·肯尼迪(Duncan Kennedy,1942—　)。

昂格尔后来还曾担任过其祖国巴西的政府内阁大臣。他批判自由主义的权利论以及主流法律理论的保守性,论述社会制度的非必然性与可塑性,主张通过丰富的"制度的想象力",提出与新社会相适应的多样的替代方案。另外,肯尼迪与昂格尔都是批判法学运动的核心人物。肯尼迪广为人知的地方在于:一是通过潜心地解读法学文献,暴露其内在矛盾这种理论性实践;二是主张以自由的法学教育为目标的法学院本身正演变为社会阶层结构的再生产装置。

4. 进入女性主义法学与种族批判法学的时代

批判法学的真正价值,在于针对东西方那样巨大的意识形态对立与"宏大理论"(grandtheory,"广涵理论")表明了怀疑态度。但是,在柏林墙倒塌的同时,蕴藏着新马克思主义影子的批判法学的理论魅力逐渐褪色,后来解体为被称为"后现代(Post-Modern)的法律理论"的各种尝试。

即便是在实践层面,随着以更为直接的社会意识的变革为目标,通过围绕个别案件的裁判斗争,呼吁对由体制所造成的不正当与压制进行纠正的**女性主义法学**(Feminist Jurisprudence)与**种**

族批判法学(Critical Race Theory)开始抬头,在批判现状的有效性上,批判法学的意义也开始淡薄。

四、女性主义法学

1. 作为前期史的女性参政权运动

美国独立宣言与其后的法国人权宣言高声宣称所有人是平等且自由的,但是不包括女性。因为女性被认为在知识与体力方面原本就要逊于男性,应该服从家长与丈夫,因而女性被否定有参与政治与接受教育的机会。

法国的奥兰普·德古热(Olympe de Gouges,1748—1793年)与《人权宣言》相对抗,撰写了《女权和女公民权利宣言》(Déclaration des droits de la femme et de la citoyenne,1791年)。但是,她被认为是反革命的,最终被送上了断头台。同一时期的英国,玛丽·沃斯通克拉夫特(Mary Wollstonecraft,1759—1797年)撰写了《女权辩护:关于政治和道德问题的批评》(A Vindication of the Rights of Woman: with Strictures on Political and Moral Subjects,1792年),她力主女性也需要与男性接受同等教育,但由于其思想过于先进而没有被接受。即便是在1804年制定的《法国民法典》中,也仍然否定已婚女性的权利能力。

即便如此,在19世纪后半期,普遍的人权理念对女性获得权利给予了力量,也与各发达国家的女性获得参政权的运动联系在一起。例如,约翰·密尔在《女性的屈从地位》(本书第五章之二)中指出,个人解放与自我决定的自由这种近代法的根本原则不适用于女性,这是不当的。这样一系列意识改革的结果是,以19世纪末的新西兰为首,英国在1918年部分地承认、美国在1920年全面地承认了女性的选举权。之所以能实现这些成果,也存在政治上的考虑:在第一次世界大战中,各国采取了举国一致的政策。也就是说,为了取得战争的胜利,作为举国总动员体制的一环,需要得到女性的支持。

Column21:日本的女权运动("二战"前)

在日本,大正民主运动时代,出现了女性的参政权运动的萌芽。由平塚雷鸟(1886—1971年)创办的女性解放杂志《青鞜》(1911—1916年)出版发行的时代,是与西欧世界第一波女权主义(feminism)的时代相呼应的。所谓"青鞜",是伦敦的女性解放运动的象征,这些女性不是穿着传统的黑色丝袜,而是穿着蓝色的毛线袜。

与谢野晶子(1878—1942年)作为当时最顶尖的女性诗人,与已婚男士与谢野铁干经过恋爱之后最终结婚。她也对新女性形象作出了贡献。在《青鞜》的创刊号上,与谢野晶子也创作了诗歌,该诗的开头是"群山震,红日升",将女性比喻为至今尚在沉睡的山脉。不过,与谢野晶子与平塚雷鸟持有不同的女性观。与谢野晶子论述的"女权"是摆脱对于他人的"依赖主义",或者从女性是母亲、是家庭主妇这种身份中解放出来,通过追求包括经济上的自立在内的作为个人的生活方式,从而获得"自由";相反,平塚雷鸟论述的"女权"则是包括政府的贫困对策在内,由对女性的保护来最终实现女性的权利。

平塚雷鸟等人倡导的女性解放运动由市川房枝(1893—

1981年)与奥梅尾(1895—1997年)等人承继,经过长达三十多年的妇女参政权运动,终于在"二战"之后,日本也承认了女性的参政权。在1946年"二战"后首次实施的总选举中,诞生了日本最初的39名女性国会议会。①

2. 第二波女权运动

随着"二战"的结束,在1944年的法国、1945年的日本,也新承认了女性的参政权。基于这些成果,20世纪60年代出现了新的潮流,这种潮流现在被称为第二波女权运动。相反,此前以女性参政权运动为核心、以男女同权为目标的运动,则被称为第一波女权运动。

第二波女权运动的特征,在于其主张仅凭参政权、所有权等政治上的、法律上的男女同权尚不能解决女性被歧视的问题,需要人们的意识与社会结构的改变。正如妇女获得参政权所显示的那样,仅凭在公共场所对女性权利的承认,根本无法消除日常生活中的男女差别,从而以"个人的事情就是政治的事情"这一点为口号,该运动取得了令人瞩目的进展。贝蒂·娜奥米·戈德斯坦(Betty Naomi Goldstein Friedan,1921—2006年)描写整天关在家中的家庭主妇与社会脱节的《女性的奥秘》(1963年)出版后,引发了被称为"妇女解放运动"(Womens Liberation)的广泛的抗议活动。

---

① 青鞜社编:《青鞜〔复刻版〕》,不二出版1983年版。

3. 激进女性主义与文化女性主义

在这种潮流中，在密歇根大学法学院执掌教鞭的凯瑟琳·麦金农（Catharine Mackinnon，1946— ）主导了对于社会上随处可见的**家父长制**的权力结构与意识进行批判的激进女性主义（Radical feminism）。

> 在女性开展日常生活的领域，即日常遭受诸多虐待的这个舞台，被命名为"私人领域"……在日常生活中，隐私是属于男性的……日常生活中的女性在私人领域，也不拥有任何隐私。在私人领域，女性是男性的主体性与男性权力的客体［凯瑟琳·麦金农《女性的生活、男性的法律》（2005年）第一章］。

麦金农以"在实际生活中掌握权力者，在法律上也掌握着权力"为理由，严厉批判允许存在家庭暴力、色情物品（pornographie）、性骚扰（sexual harassment）等的法律现状。现行法律在隐私的名义下允许家庭暴力，在言论自由的名义下允许色情物品与性骚扰，依据《禁止堕胎法》将寻求帮助的女性作为犯罪人来对待，她对此进行了猛烈的批判。

但是，激进女性主义所描绘的支配者即男性、被支配者即女性这种图表，因囿于女性自身针对女性的偏见，其结果是对于支持并助长结构性歧视这种事态，未能作出充分的解释。按照这种图表，对于女性属于女性的积极性意义，也未能找出属于受压制的被害人这一意义之上的含义，还受到这样的批判：这种作为敌对关系的两性描写，即便具有批判现状的力量，但作为指明新的两性关系的道路的东西，则鲜有启迪意义。

相反，被谓为文化女性主义（Cultural feminism）的理论动向则提出了不同的视角。发育心理学家卡罗尔·吉利根（Carol Gilligan，1936— ）在其著作《不同的声音》（In a Different Voice，1982年）中指出，人与人之间不仅仅是正或不正这种**公正伦理**，还存在抱有苦痛的人相互之间不相互伤害而相互支撑的**关怀伦理**，这种将重心放在相关性的关怀伦理，通过支撑小孩、老人以及障碍人士等的生活的女性而体现出来。关怀理论在指出以约翰·罗尔斯为代表的自由主义的正义论(本书第十二章之一、二)的盲点的同时，也可以成为促进照顾与福利的社会性制度化的理论。但是，对于倡导这种"女性性"的伦理的批判，难免会与女性的本质性价值在于擅长照顾他人这种传统女性观念的回归联系在一起。

Column22：日本的女权运动（"二战"后）

在"二战"之后，日本也产生了应该被称为与谢野晶子和平塚雷鸟的女权、母权论争的现代版的"主妇论争"。1955年，石垣绫子（1903—1996年）在杂志《妇女公论》上发表了文章《主妇这种第二职业论》。她主张，结婚之后离职成为专业主妇的女性，因脱离社会，人的成长也会随之停止，因而，女性也应该在经济市场中拥有自己的职业。相反，武田京子（1933— ）则主张，与只有参加劳动与市场竞争才承认价值这种生存方式相比，牢固地立足于每天的生活这种生存方式，才是自由的、像人一样的存在，"主妇才是解放了的人物形象"。武田京子对人性进行了重新评价：在与进行力量竞争的市场保持一定距离的生活之所，虽直面纠葛与弱势，却支撑着人的生存。在这一点上，武田京子对妇女应然状态的重新评价与卡罗尔·吉利根的"关怀伦理"是重合的。但是,如果不能很好地理解为,这是一种无论男女都支撑着人的生活的价值观,而被误解为那种女性特有的"美德",就难免会成为赞扬特定的女性形象的"本质主义"。

原本应该是与性别没有关系,但历史上却主要是由女性所培养的这种"关怀伦理",近年来,由冈野八代(1967—)将其作为一种超越一国之福利、支撑全球性的连带与和平的理论而提出。①

4. 后现代女性主义

从第二波女性运动的各种各样的主张中,也产生了这样一种新观点:女性的解放,对于被认为是对女性进行支配的一方的男性,也带来了解放与自由。如果消除了社会所存在的不平等与不自由,社会整体的偏见与不正义也会不复存在,会给所有人带来自由且丰富的相关性,这种观点不以男性女性的区分为前提,也不认为以这种区分为前提的异性之间的爱是理所当然或者自然而然的,进而扩展至也承认多样的性爱。这种主张最后也与(男)同性恋、女同性恋、变性人等性取向少数的人的自由与平等,以及从针对这些人的偏见中解放出来的社会这种理想联系在一起。这种新的潮流被称为后现代女性主义(Post-Modern Feminism),或者被称为原本是指"奇妙的"这种含义的"同性恋者"(queer)理论。也有人使用第三波女性运动这种表述。

受雅克·德里达的解构主义与雅克·拉康(Jacques Lacan,

---

① 服部正:《女性的世纪——近代日本的女杰群像》,大阪书籍1986年版。

1901—1981年)的精神分析的影响,杜希拉·康乃尔(Drucilla Cornell, 1950—)指出,人,在与他人的相互作用之中,可变地找到作为性的存在的自己应有的姿势,并且,强调超出既往的"男性/女性"这种性的区分,使得持续性地追求自己的新的应然状态成为可能的所谓"假象领域"的重要性。

五、"二战"后的德国的法律思想

1. 东西德的分裂

在战败国的德国,以作为占领国的美苏之间的对立为导火索,诞生了联邦德国(西德)与民主德国(东德)这样两个独立的国家(1949年)。在"冷战"背景下建造的"**柏林墙**"(1961年)决定了民族分裂。但是,属于西方阵营的联邦德国实现了经济的奇迹性复兴,在稳定的社会中,产生了多姿多彩的法律思想。

其中的潮流之一就是,前面曾提到过的,法律实证主义与自然法理论的融合,以及探索能够取而代之的"第三条道路"(本书第十章之一)。赫尔穆特·科殷(Helmut Coing, 1912—2000年)、汉斯·威尔哲尔(Hans Welzel, 1904—1977年)、沃纳·迈霍弗尔(Werner Maihofer, 1918—2009年)以及阿图尔·考夫曼(Arthur Kaufmann, 1923—2001年)是其中的代表性论者。他们以**事物的本性**为关键词,尝试从各自所依据的哲学的、理论的基础来超越法律实证主义与自然法理论之间的对立。

2. 自然法理论与法律实证主义的彼岸

其中,考夫曼作为拉德布鲁赫晚年最后的弟子,一直活跃在德国法哲学界的第一线。考夫曼早期展开了自己独立的法存在理论,在集其法哲学之大成的《法律哲学(第2版)》(1997年)中,他主张,"我们必须在**实体存在论的自然法与机能主义的法律实证主义的彼岸**发现一条道路"(该书第三章)。按照考夫曼的解释,拉德布鲁赫起初就已经表明了这种"第三条道路",而非在"二战"之后由法律实证主义转向自然法理论。

《法律哲学(第2版)》最后一章的主题是"宽容"。考夫曼的青年时代生活在不宽容的纳粹时期,自己也饱受战伤的后遗症之苦,对他而言,也许宽容才是总结其法哲学的最合适的课题。

3. 法律学的解释学

进入20世纪60年代之后,随着探究"第三条道路"的尝试告一段落,又开始围绕法官的法律解释、法律适用的应然状态,广泛地谈论法学方法论。其中的一个有力观点是**法律学的解释学**(Hermeneutik)。[①] 主要倡导者是民法学者约瑟夫·埃塞尔(Josef Esser,1910—1999年)与宪法学者马丁·克西勒(Martin Kriele,1931—)。他们在对法官的判决活动进行分析之际,就活用了当时非常昌盛的哲学的解释学。

---

① 这里的"法律学的解释学"是指法律学性质的解释学,"哲学的解释学"是指哲学性质的解释学。——译者注

按照由马丁·海德格尔(Martin Heidegger,1889—1976年)与其弟子汉斯-格奥尔格·伽达默尔(Hans-Georg Gadamer,1900—2002年)倡导的这种哲学,人的理解(解释)被认为不是直线地而是循环地深入。受其影响,埃塞尔与克西勒强调,法官并非按照三段论的顺序进行思考,如图11-1所示。毋宁说,正如刑法学家卡尔·恩吉施(Karl Engisch,1899—1990年)以"视线的往返"这一表述所主张的那样,法官往返于规范(大前提)与事实(小前提)之间,最终达到判决(结论)。

  (大前提)杀人的,处死刑。(法律规范)
  (小前提)X杀了人。(事实)
  (结论)因此,X应被判处死刑。(判决)

图11-1　三段论

4.论题学与修辞学

与法律学的解释学的登场大致相同的时间,也出现了**实践哲学的复权**的动向,在法哲学领域,开始对亚里士多德(本书第一章之四)的《修辞学》(Rhetoric)、《论题篇》(Topics)等著作进行重新解读。例如,特奥多尔·菲韦格(Theodor Viehweg,1907—1988年)在《论题学与法学》(Topik und Jurisprudent,1954年)中提出了下述主张:在法律学中,与重视严密逻辑的**体系性思考**相比,指向解决眼下问题的**问题思考**更为重要,为此,就应该对亚里士多德在上述著作中进行的盖然的实践性推论进行重新评价。

作为对法学中的修辞学进行研究的著名学者还有因《法修辞学》(1978年)等系列著作而广为人知的伊特约夫·哈夫特(Fritjof Haft,1940—　),以及公开出版了《法律逻辑》(1976年)的比利时哲学家沙伊姆·佩雷尔曼（Chaim Perelman，1912—1984年）等。

5. 卢曼的生平与著作

如上所述，在"二战"后的联邦德国，出现了多种多样的法律思想，即便是在现在仍然被广泛研究的是尼克拉斯·卢曼（Niklas Luhmann，1927—1998 年）的**系统理论**，与尤尔根·哈贝马斯（Jürgen Habermas，1929—　）的**交往理论**。

卢曼在弗莱堡大学学习法学之后，一段时间曾从事行政实务，后来得到留学美国的机会，师从社会学权威哈佛大学的塔尔科特·帕森斯（Talcott Parsons，1902—1979 年）。回到德国之后，从就任新创立的比勒费尔德大学（Bielefeld University）社会学系教授开始，直至临终之前，他一直在撰写基于"系统理论"的大量著作。

卢曼涉及的选题，与其试图整体性地理解社会的期望相适应，几乎涉及政治、经济、宗教、教育、艺术、科学等所有的社科领域。尤其是他撰写了多部有关法学的著作，如《作为制度的基本权》（1965 年）、《通过程序的正统化》（1969 年）、《法社会学》（1972 年）、《法律系统与法律解释学》（1974 年）、《法律的分化》（Ausdifferenzierung des Rechts，1981 年）、《法律的社会学考察》（1986 年）以及《社会的法律》（1993 年）等。

6. 卢曼的法律理论

正如时常被指出的那样，由于卢曼著作的表述使用了被俗称为"卢曼语"的独特用语，因而难以接近他的法律理论，这也是事实。但是,通过从系统理论的视角来观察法律,能够注意到很多既往的法律理论中被看漏的法律的特性与机能。如果要找出卢曼的法律系统理论的要点,大致如下:

在卢曼看来,所谓法律系统,与政治系统、经济系统、科学系统等一样,属于整体社会中分化的部分系统之一。其特色在于,根据"法或者不法"这种二分规则的沟通而运转。简单地说,在法律系统特别是审判的场面,只有"你的行为是合法的(或者不法的)"这种类型的沟通才被认为是有意义的,从"法或者不法"这种二分规则中超出的要素,被排除在法律系统之外。这样,作为一个封闭的系统,通过法律系统的运转(运转上的封闭性),法律上的更进一步的沟通被自我产出,法律系统的自律性得到强化。正如卢曼所述,"法律,必须当作由其自身出发的封闭的宇宙来把握"(《社会的法律》第七章第四节)。

卢曼的这种法律理论被贡塔·托依布纳(Gunther Teubner, 1944—)的《法律:一个自创生系统》(1989年)等批判性地继承,现在仍然持续地独立展开。

7. 哈贝马斯的生平与著作

尤尔根·哈贝马斯是法兰克福学派第二代的代表性哲学家,作为"二战"后德国的舆论领袖,与众多知识分子反复进行论争而广为人知。从20世纪60年代末期到70年代初期,与卢曼之间,也进行过论争。

所谓法兰克福学派,是指"二战"之前,在设立于法兰克福大学的社会研究所从事活动的学者。《启蒙辩证法》(1944年简装版,1947年初版)的共同作者马克斯·霍克海默与西奥多·阿多诺(本书第九章之一)相当于法兰克福学派第一代的代表人物。哈贝马斯作为阿多诺的助手,受到了他们的熏陶。在因《公共领域的结构转型》(Strukturwandel der Öffentlichkeit. Untersuchungen zu einer Kategorie der bürgerlichen Gesellschaft, 1962 年)而受到关注之后,哈贝马斯以法兰克福大学与马克斯·普朗克研究所为中心,全力开展研究工作。他的主要著作《交往行为理论》(Theorie des Kommunikativen Handelns,二卷本)(1981 年),是其最重要的成果。

8.《交往行为理论》

《交往行为理论》结构复杂,选题涉猎甚广,但正如书名所示,其核心内容是**交往行为**。哈贝马斯认为,所谓交往行为,是通过语言实践试图与对方取得合意的行为,区别于(有时以权力等为背景)试图实现自己目的的战略性的行为。当然,在交往行为中,对于说话者的妥当性的要求,听话者有时候也可能不同意。在这种场合,就进行讨论(discuss)。此时,如果参加者处于完全对等的立场,能够不受任何强制,自由地进行讨论,就能够期待参加者之间达成合意,这种合意能被视为真实的合意。

哈贝马斯提倡的这种**理想的表达状况**显然过于理想化,他认为,"我们在任何讨论中都只能设想理想的表达状况"[论文《为了交往能力理论的预备性考察》(1971 年)第三节]。在此意义上,理想的表达状况不是与现实无缘的空洞的概念,毋宁说是引导现实的统制性的概念。

9. 哈贝马斯与阿列克西

哈贝马斯起初并没有以法律本身作为研究对象，也不太关注法律。但是，他通过共同研究增强了对法哲学的关心，晚年公开出版了将自己的讨论理论运用于法律理论的大作《事实性与妥当性》(1992年)。下面这一段话，鲜明地表明了他在法律领域也重视讨论的态度：

> 在其本身是经过法律上被组织化的讨论而进行的法律制定的过程中，唯有得到所有法律伙伴的同意的制定法，才能主张具有正统的妥当性(《事实性与妥当性》第三章)。

哈贝马斯的这种法哲学上的考察，对法学家们产生了不小的影响，罗伯特·阿列克西(Robert Alexy, 1945—)就是其中之一。阿列克西以其在宪法学领域的著作《基本权利理论》(1985年)而著名。阿列克西本人也受到哈贝马斯的学问的影响，因发表了《法律论证理论》(1978年)，在法哲学领域也受到关注。这部著作着眼于法律上的论证与讨论，除了前面曾谈到过的法律的解释学、修饰学之外，还受到英国哲学家斯蒂芬·图尔敏(Stephen Toulmin, 1922—2009年)的《论证的技法》(1958年)等的影响，并批判性地接受。

10. 阿列克西的《法律论证理论》

贯穿于《法律论证理论》的阿列克西的基本观点，用一句话来概括就是，在法律的论证中，重要的不是判决(结论)的**发现过程**而是**正当化的过程**。也就是说，法律论证的中心课题不是如何找出结论,而是如何将该结论予以正当化。在阿列克西看来,这个正当化的过程可以二分为**内在的正当化**与**外在的正当化**。

首先,**内在的正当化**是事关个案判决的正当化,从法律规范(大前提)与事实(小前提)中导出判决(结论),法律的三段论就相当于此。其次,**外在的正当化**,是指成为这些之前提的法规范本身的正当化。不过,即便是在具有这种结构的法律的论证中,一般性的实践性论证并未被排除,除了受法律、判例、学说等法学固有的素材所拘束这一点之外,法律的论证与一般性的实践性论证并无不同。阿列克西将这一点表现为"法律的讨论是一般性的实践性讨论的特殊事例"这一命题。

这种**特殊事例命题**遭到了众多的批判。但是,阿列克西将焦点对准"论证"的这种研究路径,作为有关法律的论证的重要业绩,今天仍然频繁地被参照。

11. 东西德的统一

进入20世纪80年代后半期,东方各国的共产主义体制纷纷瓦解,曾被认为会永远持续的东西德的分裂状况也被画上了休止符。1989年11月,柏林墙开放;1990年10月,以西德吸收东德的形式实现了统一。对于这种统一,哈贝马斯表达了不满。哈贝马斯的不满,在于没有倾听东德国民的声音,而是原样采纳西德的**基本法**(宪法),仓促地完成了统一。对倡导**宪法爱国主义**(patriotism)的哈贝马斯而言,国民围绕指向东西德统一的宪法修正的讨论是不可或缺的过程。

在统一之后的德国,旧东德时代的国家犯罪被暴露在光天化日之下,引起了极大的争议。其中,"柏林墙射手"事件——东德的边境守备军根据上司的命令,射杀逃亡西德的逃亡者的事件,让人联想起纳粹的犯罪,负责审理的联邦法院依据的是"**拉德布鲁赫公式**"(联邦德国宪法法院 1996 年 10 月 24 日决定)。按照"拉德布鲁赫公式",对于那些与正义之间的冲突已经达到难以忍受程度的非法的法律,必须拒绝服从。这样,就是在统一之后的德国,纳粹主义所抛出的问题也绝非遥远的、过去的故事。

第十二章　现代正义理论的展开

围绕被视为法律之固有价值的"正义与公平"的论争，以20世纪70年代的美国为舞台，主要由政治哲学家们展开。此后，提出了自由主义（liberalism）、自由意志主义（libertarianism）以及共同体主义（communitamanism）等围绕正义的各种理论。对于构成当今法律思想之一大潮流的这种现代正义理论的展开，本章将予以追踪。

一、罗尔斯的正义论

1. 美国社会的动摇与学问的停滞

在20世纪50年代至60年代的美国社会，相继发生了麦卡锡主义的抬头、种族歧视的持续以及越南战争的严重化等，有损被视为美利坚合众国之建国理念的"自由""平等"这种基本价值的事态。对于这种事态，市民提出异议，不断涌现民权运动、反战运动等。

但是，在学界对于参与围绕实践性价值的社会性论争，或者直接从事这种论争，还存在谦逊的气氛，毋宁说，广泛开展的是对表现价值的各种概念进行中立性的分析的**元逻辑**（metalogic），以及对社会结构进行经验科学的探究的**实证政治理论**。另外,在现实的政策立案及其评价这种文脉下,在没有批判的情况下,功利主义的想法被接受。

2. 罗尔斯其人

在这种时代背景下,哲学家约翰·罗尔斯(John Rawls, 1921—2002 年)发表了具有学问性质的著作《正义论》(A Theory of Justice,1971 年)。该著作将"正义"概念置于核心位置,从正面处理实践性的价值问题。他的这部"扛鼎之作"一般被认为是,将拥护福利国家的该时代的自由主义予以正当化的著作。与此同时,该著作也成为围绕规范的正义论之论争的导火索,这种论争迄今仍在持续。

罗尔斯在普林斯顿大学获得道德哲学的博士学位,成为年轻教师之后,又获得富布赖特奖学金(Fulbright Scholarship),在牛津大学进一步学习。在当地,他与法哲学家哈特(本书第十章之二)、政治哲学家以赛亚·伯林(Isaiah Berlin, 1909—1997 年)等交往密切。在普林斯顿大学学习期间,爆发了第二次世界大战,罗尔斯被征兵加入陆军,曾在新几内亚、菲律宾前线作战。"二战"结束后,曾作为占领军在日本有过短暂逗留的经历。

罗尔斯曾长期在哈佛大学担任教授执掌教鞭,得益于其温和的个性与正直的人品,他培养了诸多道德哲学家与政治哲学家。他在哈佛大学期间的部分讲义,由其弟子编辑,分别以《道德哲学史讲演录》(Lectures on the History of Moral Philosophy,2000 年)与《政治哲学史讲演录》(Lectures on the History of Political Philosophy,2007 年)为名出版。

3. 罗尔斯的《正义论》的主题

如前所述，罗尔斯将正义概念置于自己理论的核心地位。罗尔斯的《正义论》以"正如真理是思考体系的首要之德那样，正义也是社会制度的首要之德"（本书第一章第一节）这样一句令人印象深刻的表述开始，由此也明确了讨论的主题。

社会被理解为，是一种人们相互之间为了追求利益的**协动的企图**。为此，人们之间的基本权利与义务的分割，以及围绕由协动所产生的利益与负担之分配的方式，亦即**社会的基本结构**的应然状态就成为问题。对规定这种社会之基本结构的**正义**的原理的探究，才属于罗尔斯的正义论的主题。

4. 在原初状态下的选择

这种原理有必要在参与协动的人们之间以公正（fair）的方式予以设定。于是，罗尔斯引入的是，从围绕约翰·洛克（本书第三章之三）、卢梭（本书第四章之二）以及康德（本书第五章之一）等社会契约论者提出的自然状态的讨论中所得到的想法，即被称为**原初状态**的思考装置。

选择正义原理的当事人被认为，在这种原初状态下被罩上了**无知之幕**。也就是说，他们被假定为欠缺有关自己的自然的特性、社会地位与价值观等偶然的要素的知识，仅仅具有有关社会、人的一般性信息。他们被设想为在这种状况之中，被给予平等的发言权与拒绝权，仅以自己的利益的最大化为目标，从被事先给予的几个候选之中，进行正义的原理的选择。

罗尔斯主张，在伴有不确定性的状况下，当事人会采取这样的行动：即便自己不是最受益的，但也要避免遭受严重的损害，亦即按照博弈理论所说的，遵循了要求将最坏的结果变得最好地实施行动这种**最大最小值规则**(maximin rule)的行动原则，来进行选择。人们会被引导至对采取下面将要解释的两个原则达成合意。

5. 正义二原则

这样一来，对于让当事人在原初状态下达成合意的原则，罗尔斯将其称为**正义二原则**，并最终予以下述公式化：

第一原则：每一个人对于一种平等的基本自由之完全适应体制都拥有相同的不可剥夺的权利，而这种体制与适于所有人的同样的自由体制必须是相容的。

第二原则：社会和经济的不平等应该满足两个条件：

(1) 在与正义的储存原则首尾一致的情况下，它们应该有利于社会之最不利成员的最大利益；

(2) 所从属的公职和职位应该在公平的、机会平等的条件下对所有人开放(《正义论》第五章第四十六节)。

在正义二原则中，两个原则应以词典式次序排列，第一原则优先于第二原则，第二原则的后半部分优先于前半部分。

第一原则被称为**自由的平等原则**，要求将思想、良心的自由，以及言论、集会的自由等重要性很高的自由平等地分配给人们。第二原则的前半部分被称为**差别原则**，将在人们之间随意地产生的自然的特性的分配视为社会的共有资产，对于行使这种分配而产生的经济性利益的分配，要求对于那些社会上最不利成员的境遇予以最好化。后半部分被称为**公正的机会均等原则**，被认为是为了确保将经过正当程序所产生的分配当作正当的、**纯粹程序性正义**的体制。

另外，罗尔斯将根据这种正义二原则所分配的对象称为社会的**基本财产**。因为那是无论人们具有何种善的设想，仍然共同需要的社会性的财产。具体而言，是指"自由与机会、收入与财富，以及自尊的社会性基础"。

6. 与功利主义的对决

如前所述，处于原初状态的人们，被认为是通过对数个候选进行比较探讨之后选择了正义二原则。罗尔斯在《正义论》中列举了清单，提出了几个候选。其中，也特别将基于功利主义（本书第六章之一）的各种原理视为强有力的对抗方案，并进行了详细的探讨。

但是，罗尔斯的结论是，功利主义的各种原则不会被人们选择。这也是因为在功利主义的原则中，存在为了扩大其他人的利益，部分人被强行要求作出牺牲之虞。为此，就无法将人们作为抱有平等之善的设想的个人予以适当对待，会担心损害个人所拥有的**自尊**这种重要的感觉。

罗尔斯认为，通过确保原初状态下选择的原理与我们"经过深思熟虑的判断"之间的整合性，亦即通过**反省的均衡**可以实现正义二原则的正当化。不过，在无限制的反省之下难以达到均衡，因此，通过正义二原则与功利主义的各种原则等其他候选之间的比较，能更接近于达到均衡。

7. 正义二原则的制度化

在罗尔斯的《正义论》中,对于将由此获得的正义二原则适用于现实的社会制度,也进行了尝试。罗尔斯对正义二原则的制度化解释为下面四个阶段:(1)原初状态下的原则的采纳;(2)由制宪会议制定宪法;(3)由议会制定法律;(4)由法院与行政机关进行适用,由市民来遵守。

首先,在宪法制定的阶段,正义二原则中的第一原则成为考虑的对象。在第一原则所包含的各种基本的自由之中,与政治性的自由相关联,要在市民之间平等地受到保护,就有必要对那些无法充分地行使这种自由的人们施以补偿性措施。

其次,在法律制定的阶段,正义二原则中的第二原则成为考虑的对象。作为适用第二原则的一个具体例子,首先想到的是在《正义论》出版当时,引起了巨大争议的**积极的歧视纠正措施**。但是,罗尔斯一贯回避论及此问题,毋宁说,这一点也暗示了这种措施与将个人置于核心位置的他本人的设想之间有可能发生冲突。

8. 符合正义的储存原则

与第二原则中的差别原则相关,罗尔斯认为,那也受到对将来的世代的考虑这种要求的制约。也就是说,各个世代不仅要构建对自己的时代而言符合正义的分配制度,还要考虑为了将来的世代,有必要以符合正义的方式来进行资本的积累。这种要求被称为**符合正义的储存原则**。

为了导出该原则,罗尔斯对原初状态的设想作了若干修正。原本来说,无知之幕也遮蔽了有关个人所属的世代的信息。罗尔斯是这样论述的：个人在这种状态之下，作为家族的代表，进行有关子孙之境遇的考量，原初状态下的当事人就会采纳符合正义的储存原则。

以罗尔斯的这种讨论为出发点，在围绕正义的体系性考察之上，再加上时间轴的这种讨论，被称为**代际间正义**。对于环境问题、年金问题等，作为从正义与公平性的视角进行探讨的线索，今天仍然在广泛地进行研究。

9. 市民不服从的定位

罗尔斯认为，人们在原初状态下，对于在社会中发生了违反正义的状况之时的原理也是有规定的。他主张，这种原理对于正当的**市民的不服从**是容忍的。

所谓市民不服从，是指出于给政府的政策带来变化的目的而实施的公共的、非暴力的、良心的且政治的、违反法律的行为。不过，按照罗尔斯的观点，这种行为具有维持、强化符合正义的社会制度的作用的可能性，因而被给予了积极的定位。

罗尔斯认为，在下述情形下，市民的不服从能够被正当化：是针对从正义二原则中减去差别原则之后的内容，即针对对**自由的平等原则与公正的机会均等原则**的违反而实施的行为，为了纠正这种违反已经穷尽了合法的手段，在类似的场合实施同样行为的情形也能承认其正当性。只有在这种情形下，市民的不服从才能得到容忍。

Column23：民权运动与市民的不服从

"南北战争"之后，根据1865年的宪法第十三修正案，美国废除了奴隶制度。然而，以南方各州为中心，对黑人的歧视仍然根深蒂固,其就业与教育的机会受到极大的限制。在"普莱西诉弗格森案"(Plessy v. Ferguson)(1896年)的判决中,联邦最高法院提出了"隔离但平等"原则,判定种族隔离是合宪的。

但是,第二次世界大战之后,要求与白人享有平等权利的民权运动在黑人之间日益活跃。不听从公交司机的指示,拒绝调换座位的黑人女性遭到逮捕,以此案为导火索的抵制公共汽车运动,就是其中具有象征性意义的运动。在这种状况下,在就公立学校因人种对学生进行分隔之是非进行争论的"布朗诉教育委员会案"(Brown v. the Board of Education of Topeka)(1954年)的判决中,在厄尔·沃伦首席大法官(Earl Warren,1891—1974年)的指导下,颠覆了既往的原则,最终判定种族隔离是违宪的。

南方各州对该判决结果提出异议,甚至企图通过动员州军队来阻止判决的实施。虽然也曾通过运用总统令来动员联邦军队收拾局面,但反对派市民对黑人的压制仍然在持续。对此,在马丁·路德·金牧师等的领导下,黑人开始进行大规模的抗议运动,对歧视待遇进行非暴力的抗议。禁止种族歧视的新的《民权法案》最终得以通过,那还是在约翰逊总统的治下,是1964年的事情。①

---

① 詹姆斯·M. 瓦达曼(James M. Vardaman):《黑人歧视与美国民权运动——对无名人士的战斗的记录》,水谷八也译,大集英社新书2007年版。

二、自由意志主义

1. 何谓自由意志主义

正如在本书第九章也曾论及的那样,被认为打破了身份制的封建社会,同时实现了对市民的经济自由与政治自由保障的近代市民社会,进入 19 世纪之后,经历了这两种自由在资本家与工人的阶级斗争中的分裂。工人运动中的罢工,被当作对资本家之所有的工厂的非法占据而被认定为犯罪,谋求改善过于严酷的劳动条件的集体交涉、工会活动也被认为是对契约自由的侵害。

避免这种分裂的尝试,是 20 世纪出现的社会主义国家、福利国家。为此,就要求采取"大政府"的形式,通过国有事业与公共事业,采取计划经济,消除贫困,保障人们的生活。与这种变化相对抗,研究另一种自由社会的应然状态的,是**自由意志主义**(Libertarianism)。自由意志主义也被翻译为"自由放任主义"、"尊重自由主义"或者"自由至上主义"。这种思想虽然承继了 18 世纪以来的古典的自由主义的思想——主张将国家职能限于国防、警察与保护私有财产的**夜警国家**思想,但对扩大国家(大政府主义)敲响了警钟。作为具有影响力的自由意志主义的论者,活跃于美国的作家安·兰德(Ayn Rand,1905—1982 年)与经济学家米尔顿·弗里德曼(Milton Friedman,1912—2006 年)虽然也很重要,但这里主要想介绍自由意志主义的代表性理论家弗里德里希·奥古斯特·哈耶克(Friedrich August von Hayek,1899—1992 年)与罗伯特·诺齐克(Robert Nozick,1938—2002 年)。

2. 哈耶克的《通往奴役之路》

哈耶克是奥地利学派的经济学家,凭借 1944 年出版的《通往奴役之路》(The Road to Serfdom),登上了政治与社会思想的舞台。当时的世界饱尝希特勒"第三帝国"的纳粹恐怖,而且,还直面着斯大林统治下苏联的共产主义的抬头。为此,哈耶克主张,这些左右的整体主义国家通过经济管制与中央计划经济,破坏了作为可以追溯至基督教与古希腊哲学的西方文明之精华的个人主义与自由主义,妨碍了通过在作为个人主义与自由主义之体现的市场进行自由的商品交易而实现的竞争社会的多样化。

在竞争社会,只要付出相应价格,几乎所有东西都有可能得到。不过,经常要支付高昂的价格,这一点是无论怎么强调都不为过的重要事实。无须支付代价的完全的自由是绝没有的,要说替代这种竞争社会的道路,就是那种强行要求服从的命令与禁止的体制,那种仰仗权力者的好意终为最后的手段的体制(《通往奴役之路》第七章)。

3. 建构秩序与自发秩序

哈耶克将秩序分为两类:一类是建构秩序,另一类是自生地成长的自发秩序。建构秩序,是为了一定的目的而设计的秩序,也称为**组织**;相反,不具有特定的目的、在人们的相互作用之中所产生并成长的,是自发秩序。整体主义国家与军队是**组织**,市场则属于"尽管是人们的行为之结果,但并非意图之产物"的**自发秩序**。

组织的秩序遵照被设定的目的，让人们服从于整齐划一的命令；**自发秩序**提供有助于人们追求多种多样的目的的场所，这种秩序在没有统治者意图之下自然成长。组织的秩序侍奉统治者的强制性权力，而属于**自发秩序**的市场则是产生多种多样的商品、由交易的规则与条件所支撑的自由的秩序。

4. 市场的拥护

如果市场是从人们自由的经济活动中自发地产生、成长的秩序，即便不予以特别强调，也能维持其存续。但是，原本来说，人们喜好部族集体那样封闭的社会，有很强的在具有相同价值观与生活样式的人们中间生活才会感到安全这样的倾向。在这种氛围之中，具有不同的价值观与生活方式、彼此拥有不同的东西的人们之间开始进行交换，由此市场得以发展。可以说，这是一种违背人们的自然情感而产生的奇迹。如果不持续努力维持这种市场，它就很容易地被朝向整齐划一的集体社会的倾向所击碎。正因为如此，在一直以来被视为不同于法西斯的、受到一定支持的社会主义思想之中，哈耶克也承认存在由政府进行市场管制这种同一的倾向，为了与之对抗，他倡导对自由市场的拥护。

5. 诺齐克的《无政府、国家和乌托邦》

如上所述，针对纳粹与苏俄的集体主义，哈耶克倡导对自由的拥护；相反，对于在"二战"后的美国的文脉下福利国家性质的自由主义的扩张，努力与之对抗的，是罗伯特·诺齐克在《无政府、国家和乌托邦》(1974年)中提倡的"**最小国家理论**"。

哈耶克倡导所谓归结主义的反对论，也就是针对属于自发秩序的市场,设计性的秩序的介入即国家的介入,要么归于失败要么带来市场秩序整体的崩溃;相反,诺齐克以**自我所有权**这种洛克的自然权(本书第三章之三)为论据,主张侵害自我所有权的国家不得被正当化,论述了权利论的自由意志主义(自由放任主义)。

6. 最小国家

对于从没有国家的状态不通过侵害自我所有权地产生国家的过程,诺齐克将其作为一种假象理论来加以解释。首先,由于个人无法排除来自他人的针对自己的生命、财产的权利侵害,因而人们在家族、亲属、部族等共同体层面团结起来,进行防卫。但是,这种集体性的防卫因为各种各样的原因是非效率的,因而,逐渐在共同体之中,产生了从事防卫的专业团体。一旦这种专业团体发展到能够更有效率地从事防卫,就从特定的共同体中独立出来,也能够同时负责其他共同体或者其他个人的防卫。这种防卫是通过合同来进行的。人们通过向专业团体支付保险费,以保护自己的权利。这样的话,专业团体就可以被谓为从事提供安保服务的公司,并以契约的形式禁止以私力救济取代安保公司提供防卫服务。

不久,数个安保公司之间就在市场上开始竞争,只有那些更值得信赖、更有效率的安保公司才能存活下来。规模理论发挥作用的结果是,一个地方只会有一家安保公司能够存在。诺齐克将其称为超级最小国家。由此对于那些因贫困而无法支付保险费,因而凭自己的能力进行防卫的人们,在与之达成"无偿地为其提供防卫服务,与之相对应的是不实施私力救济"这种交易的阶段,**最小国家**就得以产生。

7. 对扩大国家的否定

如果国家止于最小国家,直至那个阶段,国家不会侵犯人们的自然权。因为人们为了保护自己的权利,会以自由意志缔结契约,支付保险费。就那些无法支付保险费的人而言,由于通过无偿提供防卫服务与禁止私力救济的交换,而被纳入最小国家的警卫范围之内,因此,可以说也不会从市场原理中超越出来。

但是,如果超出这个阶段,国家为了贫困的人而没收富人的财产进行再分配,那么,就无法将这种行为予以正当化。因为即便救助贫困者在道德上是好的行为,通过那种基于再分配政策的税收政策,强制性地没收财产,这无疑是由国家实施的抢劫行为。那些想履行救助贫困者这种道德义务的人,不应该是通过国家的强制性征税,而完全可以通过捐赠而自由地实施。

8. 诺齐克的正义论

为了主张与最小国家相比扩张性的国家都是不当的,诺齐克展开了自己独有的正义论。在他看来,就社会中的分配状况能够主张正义的,限于满足下述两个条件的情形:第一种情形是满足他所谓的**权原理论**的情形,亦即只有以正确的方式取得某人之所有物,以正确的方式予以转移,并且,遭受侵害之时能够得到适当补偿的场合,作为这一系列的操作的历史性的结果的分配状况,才能说是符合正义的;第二种情形是将个人的所有物按照某种模式如,道德的功绩、社会的有用性、必要性、IQ 等分配。既然那里必然伴有强制,那就是违背正义的。

概言之，诺齐克主张，如果可以获得不属于任何人的东西，并按照自己的意志自由地转移这种东西，当存在侵害时能够正当地进行补偿，那么，作为这种正确的程序的结果，即便个人的所有物的分配状况存在参差不齐，那也不违反正义，毋宁说，号称纠正这种分配状况而介入，这才是违背正义的。按照这种立场，不管是以功利主义为论据的主张，也不管是像罗尔斯那样以差别原则为论据的主张，所有福利国家性质的再分配都应该被否定。

9. 自由意志主义的现在

因各个发达国家的福利国家政策遇到财政上的困境，诺齐克的最小国家理论自20世纪80年代以后，不仅是在英美，在日本也开始施加一定的政治影响力。与哈耶克、米尔顿·弗里德曼的理论相并列，诺齐克的最小国家理论也成为现在的**规制缓和论**、**小政府论**的理论支柱之一。

现在，自由意志主义展现了宏大的立场：既有以谁都"拥有以自己的方式走向地狱的权利"［大卫·弗里德曼（David Director Friedman, 1945—　）的《自由的机制》初版序言］为理由，不仅对政府的经济管制，而且对针对（毒品类）药物、尊严死、卖淫等的一切规制均表示反对的彻底的自由论，以及主张废除国家本身的**无政府资本主义**的立场，也有通过进一步严密地把握自我所有权的概念，支持废除继承制度、平等分割天然资源，以及政府为此而实施的再分配政策的、被称为**左派自由主义**的立场。

三、共同体主义与多文化主义

1. 所谓共同体主义

进入20世纪80年代之后,在围绕正义的一系列讨论之中,出现了一种被称为**共同体主义**的新的思潮。与拥护福利主义联系在一起的罗尔斯的正义论,和倡导所有权的绝对性与市场的优越地位性的自由意志主义,即便看上去围绕自由与平等、效用与权利,两者之间似乎存在巨大对立,但实际上,那不过是立足于相同的人类形象、社会形象的个人主义的自由主义内部的论争而已。但是,正是这种个人主义的自由主义的人类形象、社会形象,带来了地域与职场的人际关系的淡薄化、家庭的解体、教育的崩溃与犯罪的增加等各种各样的问题。要解决这些问题,就必须将目光指向共同体、传统,以及其中所孕育的**德**与**善**的理念。这就是被称为**共同体主义**的立场所共通的观念。

作为共同体主义的主要倡导者,主要有下述论者:撰写了《自由主义与正义的局限》(Liberalism and the Limits of Justice,1982年)的麦克尔·桑德尔(Michael Sandel,1953—   );受亚里士多德(本书第一章之四)与托马斯·阿奎那(本书第二章之四)的哲学的影响,执笔了《美德缺失的时代》(1984年)的阿拉斯代尔·麦金泰尔(Alasdair MacIntyre,1929—   );属于激进的(radical)"草根民主主义"的论者、与罗尔斯关系密切、出版了《正义诸领域》(Spheres of Justice,1983年)的迈克尔·沃尔泽(Michael Walzer,1935—   );从研究黑格尔出发的查尔斯·泰勒(Charles

Taylor)；等等。尽管他们的理论、哲学的背景各不相同，但在针对个人主义的、自由主义的人类形象与社会形象的批判上，则有很多相通的地方。

2. 针对自由主义的人类形象的批判

共同体主义针对自由主义的批判，首先指向的是其人类形象。例如，麦克尔·桑德尔在批判罗尔斯的《正义论》时说到，在**无知之幕**之下选择正义原理的人们，是根本不具有作为个人的成长、在此所培育的固有价值观的一种抽象的人格，即属于**无负荷的自我**。但是，现实生活中的人，由于都各自在固有的家族、共同体、传统之中成长，理应背负着由此所产生的固有的观念，尤其是有关**善**与**德**的理解。之所以围绕正义与公平性，产生争议，是因为每个人原本都对善与德抱有自己固有的观念，这样的话，围绕正义的理论，就不是从像中间空无一物的皮球那样的抽象的人格出发，而必须是从具有丰富内涵的人的主体即**被定位的自己**出发。

3. 针对自由主义的社会形象的批判

共同体主义针对自由主义的批判，也指向了其社会形象，尤其是处于其基础的"**正**"针对"**善**"的**优位性**这种观念。在自由主义的社会之下，每个人都被认为是自由地选择对自己而言"善的生活方式"。不过，由于每个人对这种"善的生活方式"的把握不尽相同，因此，就必须设定相互之间发生冲突之时的情形。为此，为了避免这种冲突，与每个人所考虑的善（good）相比，更应该受到尊重的是正义与公平、正确与权利（right）这种理念，这同时也是一种中立的理念。以上是针对**"正"针对"善"的优位性**这种理念的大致说明，但共同体主义者主张，无法贯彻这种观念的情形也绝不稀奇。因为如围绕人工终止妊娠、同性恋结婚等的是非，引起了将国民一分为二的论争之时，对当事人而言，那不是两种不同的善之间的对立，而完全是有关"何为正义与公平"的深刻的论争。

4. 针对共同体主义的批判与评价

从出发于批判自由主义的共同体主义的这种主张之中，我们究竟能得到什么呢？首先，对共同体的传统、德，或者那里所培育的**共通之善**的强调，接近于与政治哲学中所谓**公民共和**主义相近的立场。该立场主张，为了支撑良善的共同体与社会，对属于其承担者的市民而言，共通的**善**的意识与**德**的涵养是很重要的。这种立场也与阿历克西·德·托克维尔（Column12）在19世纪的美国所观察过的那种强劲坚韧的民主主义的根基也联系在一起。不过，如果将共同体主义的主张置于包括日本在内的东亚以及伊斯兰诸国等不同文化的文脉之中，共同体的善与德的张扬，就有直接与简单的复古主义、压抑的不公正的社会秩序的温存联系到一起的危险。

然而，正如其论者之一麦克尔·桑德尔所主张的那样，也存在这样的观点：共同体主义未必与对自由主义的民主主义的否定直接联系在一起。在美国那样的多文化社会，背负着对共同之善与德的不同理解的，复数的社区（community）与少数（minority）集体是共存的。正因为如此，重要的，不是一开始就决定正义与公平的东西现在是存在的，而是背负着不同负荷的人们率直地就彼此的观念进行碰撞，探讨什么才是符合正义与公平的。麦克尔·桑德尔的这种主张，接近于被称为**讨论民主主义**或者**熟议民主主义**的立场。

5. 何谓多文化主义

所谓多文化主义是指这样一种观念：在具有不同文化（语言、宗教、习惯等）的复数的集体所存在的社会，各种文化都应该平等地受到尊重。20世纪70年代，这种观念在澳大利亚与加拿大被当作政策予以采纳。特别是20世纪90年代之后，随着全球化的进展，人员的流动也随之更加活跃，与此同时，就是在美国、英国等国，人们也开始更多地谈论这种观念。在公平地对待数个集体这一意义上，多文化主义一方面同正义与法律的问题联系在一起，但另一方面也提出了不同于既往的难题。

6. 围绕多文化主义的诸问题

首先是民族性的少数集体的语言与教育的问题。具体涉及很多事情，如对于加拿大的法语地区、美国的先住民、澳大利亚土著居民（Aborigine）、英国的苏格兰与威尔士、日本的阿伊努人（Ainu）等少数族群，是否将其固有的语言作为公用语言予以承认呢？是否将这种少数族群的语言作为公共教育的一环予以教授呢？是否动用公共资金来承担为了其文化的传承与维持所必要的财源呢？

现在，这些作为固有的**语言权**与**文化权**的问题，已经被广泛接受。但是，诸如非洲的女性性器官的切除、印度的陪嫁金结婚那样，如果地域的习惯与文化，有违作为人权的理念而受到尊重的各种价值,对此应该如何处理呢?这一问题现在仍然存在。也就是,存在这样的对立:是从文化相对主义的立场出发默认这种习惯与文化,还是从普遍的人权立场出发即便是强制性地也要让其放弃这种习惯与文化呢?

少数族群对"平等"的要求,如果涉及有关征税、立法的政治性权利,问题就会变得更加困难。因为这些要求难免会直接与从所属国家独立、民族自决权等要求联系在一起。进一步而言,这些少数族群究竟是自古以来就一直生活在这里的先住民,还是按照自己的意思作为移民而定居下来的民族,其处理有时候也会不同。例如,从其他国家作为移民而来的人集中在一个地域,结果开设了自己的民族学校,教授自己母国的语言与宗教,在这种情况下,是否必须动用公共资金来承担这种学校的运营资金呢?这种在许多国家争论不休的问题,也与这种论点相关联。

7. 多文化主义与法律制度

多文化主义的问题很多时候被当作为了公平对待移民、少数族群,应当制定何种制度这种立法的问题来讨论。但是,在司法、审判之中,多文化主义的视角有时候也会成为问题。例如,在自己的母国本属理所当然的某些文化与习惯,却可能按照接受移民的国家的法律,被作为违法行为而受到审判。例如,老挝的少数民族的青年喜欢上移住地的非洲西海岸的某位女性,遵循属于其出身部族的文化的"抢婚"的惯例进行求婚,结果以非法侵入以及暴行之罪受到追诉;又如,某位日本女性打算带着年幼的小孩在丈夫的派驻地美国"双双自杀"("无理心中"),结果小孩死亡,而该女性活下来了,该女性被以杀害子女的罪行追究一级谋杀罪的罪责。在这种场合，法官究竟应该作出何种判决呢？是否应该承认"抢婚""无理心中"这种行为属于固有的文化，进而改变通常情形下的判决呢？

在这种场合下，前面提到的**"正"针对"善"的优位性**这种理念的含义就能得到进一步的明确。在多文化的社会，不同的民族尊重各自固有的文化，以及各自固有的**善**，与其他集体共生共存。这样的话，在这种社会，不偏向某个特定的集体的**善**，按照属于正义与公平之理念的具体化的中立的法律进行裁判，就愈发重要。也就是说，法官为了考虑文化背景而想尽办法，但最终必须尊重本国的法律与正义的框架。

进入21世纪之后，随着全球化的快速发展，不同文化之间的冲突也明显增加。正是因为如此，对有关法律与正义的制度与思想而言，围绕多文化主义的各种课题，将一直会是一个巨大的挑战。

Column24：集体的权利

所谓集体的权利，不是简单地将形成集体的个人所具有的权利拼凑在一起，而是指归属于集体本身的权利，如中世纪的宗教团体与行会等结社的权利、与市场经济一起发展起来的"法人"的权利、活跃于19世纪末期至20世纪中叶的从旧殖民地独立时倡导的"民族自决"的权利等，就属于这种集体的权利。

但是，20世纪后半期以后，集体的权利这种表述之所以得到强有力的主张，是因为其也被称为所谓"第三代人权"（或者"连带的人权"）之一。尤其是，集体的权利这一概念，在多文化主义的状况下确保少数人的权利这一文脉之下,具有重要的意义。例如,对于美国的先住民、澳大利亚的土著以及日本的阿伊努人等,是否承认其固有的语言权与文化承继的权利?超出这一点,是否给予其征税权、拥有独立政府的权利?这些就属于此问题。

出于近代法基本上是以个人权利为基础构建起来的,以及承认集体的权利有可能由此损害个人的权利等理由,针对集体的权利的怀疑论现在依然根深蒂固。与此同时,有关作为权利之归属主体的个人与集体之间的界限的哲学上的论争也仍然在持续。①

四、罗尔斯之后的平等主义自由主义

1. 针对《正义论》的批判

针对本书本章第二、三部分所概述的那些来自自由意志主义与共同体主义者的批判,罗尔斯作出了何种反应呢?对于自由意志主义,罗尔斯显示了"不会带来基于正确理由的稳定性"这种不客气的态度,但对于围绕**善**的重要性的共同体主义,则认真地接受了其批判。而针对他的《正义论》的批判,不仅仅来自自由意志主义与共同体主义者。例如,来自哈特(本书第十章之二)的批判是,**作为公正的正义**的第一原则中所看到的**自由的优先性**的根据何在;来自尤尔根·哈贝马斯(本书第十一章之五)的批判是,如

---

① 威尔·金里卡(Will Kymlicka):《多文化时代的公民权——少数族群的权利与自由主义》,角田梦之、山崎康仕、石山文彦监译,晃洋书房1998年版。

果借用哈特的盟友赛亚·伯林的表述的话,罗尔斯所论述的自由限于一种**消极的自由**(邦雅曼·贡斯当的论文《现代人的自由》),而完全没有考虑参与公共讨论的积极的自由(邦雅曼·贡斯当的论文《古代人的自由》)。对罗尔斯而言,这些批判的意义尤其重大。

2. 政治自由主义

以回应这些批判的形式,从20世纪80年代开始,罗尔斯动笔撰写了《道德哲学中的康德的构成主义》《作为公正的正义——不是形式上学的而是政治的》等成为转折点的一系列论文,这些论文最终作为属于其第二部主要著作的《政治自由主义》(Political Liberalism, 1993年)出版发行。《正义论》中研究的**作为公正的正义**终究是围绕正义的构想之一,而不属于政治上总是妥当的主张。如果在政治的层面把握自由主义,由于存在数个有关正义与公平的构想,作为这些构想之中的重合部分,为人们所承认即通过**重合的合意**而被正当化的诸原理,就被认为是对该社会而言的正义原理。

3. 公共的理性与绥靖

以上是政治自由主义的基本观点。在政治自由主义的观点中,对于在公共的讨论中的**善**的定位,也采取了与既往不同的姿态。正如每个人都有自己的宗教信仰、人生观那样,社会成员都有自己对于**善**的理解。罗尔斯将这种个人的信念称为"概括性的教说"(包括的教说),在公共的讨论中,个人都必须首先将自己所信奉的宗教信仰与独自的世界观即"包括的教说"的语言"放入括弧中",基于社会上的谁都会承认的政治的语言即**公共的理由**来讲述。在罗尔斯看来,那是作为共有同样的社会课题的市民所负有的**礼节的义务**,如果这一点遭到蔑视,社会就难免会因原理主义主张的对立而陷入分裂。这样,目睹美国社会的多元性状况,晚年的罗尔斯通过论述**公共的理性**,对于为了使围绕正义与公平的讨论成为可能的社会的绥靖的条件而想尽办法。

4. 幸运平等主义

但是,从支持福利国家与财富的再分配的、所谓平等主义的自由主义的立场,也展开了与罗尔斯不同的正义理论,被称为**幸运平等主义**的观念就是这种动向之一,主要的论者有理查德·阿尼森(Richard Arneson, 1945—)与 G. A. 科恩(Gerald Allan Cohen, 1941—2009 年)。如果对幸运平等主义的主张予以单纯化,可以概括为下面这段内容:

人的幸与不幸、贫与富很大程度上受"幸运或不幸运"左右,这种"幸运或不幸运"之中,既有能为自己所控制的部分,也有自己无能为力的部分。例如,"期待股价飞涨,把自己的全部家当拿出来投到股市,结果股价很快就暴跌",就属于前者的情形。这被称为**选择的幸运或不幸运**(option rack)。作为自己无能为力的情形,马上想到的是先天的疾病与残疾,那被称为**赤裸的幸运或不幸运**。**选择的不幸运**是因自己的责任而选取的结果,社会对此没有以补偿损失或者财富的再分配等方式进行某种考虑的义务。但是,既然**赤裸的不幸运**所带来的结果,不是因本人的意志所引起,也就是不是因自己的责任所造成,他就有充分的理由相信,社会对此负有进行某种考虑,亦即进行补偿或者再分配的义务。

以上是幸运平等主义的共同的基本观点。立足于这种立场,现在仍然在持续活跃地进行讨论。不过,对于这一系列的构想给予灵感的,是德沃金的"资源平等"论。

5. 德沃金的"资源平等"论

资源的平等这种主意(idea),是通过 20 世纪 80 年代的一系列的论文,采取以"假象的保险市场"为首的复杂的论证而展开的。但是,德沃金原本属于纯粹的法学家,如果甄选出其研究的精华(essence),则未必是一种那么难的主张。

法律或者国家具有通过判决与行政决定来强制人们的力量,人们之所以服从于此,是因为法律或者国家将人们视为"具有同等分量的存在",亦即对于属于法律之共同体的任何一人,用"同一种声音说话"这种完好(integrity),也就是只有这种首尾一致才是法律与国家拥有强制力的源泉。如果换一种其他表述,那无外乎是法律的共同体即国家必须对其成员展现**平等的尊重与关怀**,在论及财物与机会的分配这种问题之际,对于个人自由地进行选择给予尊重(平等的尊重),同时,对于非基于本人选择的境遇,有必要作为"具有同等分量的存在",以某种方式向其伸出援手(平等的关怀)。例如,某人因自己主动进行职业选择,结果只能获得少于别人的收入,即便其已经甘愿接受这一点,国家与社会也没有补偿这种差额的义务,但如果是因为先天的不利条件(handicap)而陷入相同的境地,国家与社会对于这些人就负有补偿的义务。

6. 充足主义

作为对平等主义的自由主义提供理论性支撑的探讨，是一种被称为**充足主义**的立场。充足主义主张，财物与机会的平等本身并不重要，重要的是人们能"充足地拥有"这些东西。也就是说，其观点是并非任何人都必须拥有完全相同的所得与财产，但是，任何人都必须充足地拥有这些。

然而，即便是单纯地考虑这个问题也能知道，这种观点会直接面临这样的问题："必须充分拥有何种东西到何种程度？"例如，哲学家哈里·G.法兰克福（Harry G. Frankfurt, 1929— ）主张，那是"为了实现个人的基本目标而必要的资源"；也有论者主张，应该保障"作为民主社会的万全的一员，(足以)能够完成作用的"资源，甚至更加优渥的资源。但是不管怎样，如果该要求超出限度而成为高水准，就会变得根本不可能实行，可以说，这是该立场所共通的难点。

另外，不同于以国家层面的大社会为前提的罗尔斯与德沃金的研究，由于没有限于"国家"这一单位，充足主义的观念还存在这样的魅力：也有可能适用于极小的社会单位，以及处于国家的框架之外的难民营等。其中的一个例子是，印度出生的经济学家阿马蒂亚·森（Amartya Sen, 1933— ），以及亚里士多德研究者玛莎·努斯鲍姆（Martha Nussbaum, 1947— ）所提倡的潜在能力路径。

7. 潜在能力路径

按照阿马蒂亚·森与玛莎·努斯鲍姆的主张，最重要的是保障值得作为人生存的"生",充分满足为此所需要的、人所拥有的核心的能力与技能。阿马蒂亚·森与玛莎·努斯鲍姆称为**潜在能力**的是人所拥有的这种能力与技能。例如,维持健康、阅读文字开动脑筋、孕育爱情与友情、与他人连带地经营社会生活、享受自然、时而游乐、通过参与政治与开展经济活动改善自己的地位等,这些都是能够想到的能力与技能。

对于这种只要是人就理应拥有的这种可能性的实现,究竟在何种程度上予以保障为好呢？与其他充足主义的理论一样,潜在能力路径(approach)也面临着同样的难题。但通过联合国与NGO等的活动,这种路径被实际运用于开发援助的现场。1990年,由阿马蒂亚·森与巴基斯坦经济学家马赫布卜·乌尔·哈克(Mahbub ul Haq)一同倡导、联合国开发计划(UNDP)等现在仍在使用的"人类发展指数"(HDI,Human Development Index),就实际应用了潜在能力路径的观念。

Column25：现代社会中的伊斯兰法

伊斯兰法是宗教共同体之法,存在不同于服务于国家权力机构的世俗法的一面。为此,因与国家系统之间存在不整合与紧张关系,在伊斯兰各国的近代化的进程中,实施伊斯兰法的情形开始变少。

另外,现在,以伊斯兰复兴运动的高涨,以及以产油国为核心的石油资金(oil money)影响的扩大为背景,伊斯兰法的现代化及其运用也得到发展。1969年,伊斯兰共同体(Ummah Islam)的思想,由在摩洛哥的拉巴特(Rabat)召开的第一次伊斯兰首脑会议决定创设,又作为1971年创设的伊斯兰会议组织而被承继至现代。其后,又改名为伊斯兰合作组织,现在已经成为有57个国家加盟的国际组织。

在近年的国际交易中愈发显得重要的伊斯兰金融,以为了不与"禁止利息"这种伊斯兰教义相抵触而设计出来的"穆沙拉卡(Musharakah)"①与"穆达拉巴(Mudarabah)"②这种金融手段为基础,现代性地复活了伊斯兰法。从1975年的迪拜伊斯兰银行、1977年的埃及费萨尔伊斯兰银行开始,到现在的包括欧洲、美国在内,大约存在300家伊斯兰金融机构,已经发展至承担全球经济之一翼这种重任的机构。③

---

① 规定以参与股份的方式,资助某方合作实施发展项目,某方有权逐渐购买银行的股份。在此情况下银行与某方的股份均有利润,其利率由协议规定。——译者注

② 规定银行向某方提供贷款,而某方则提出筹备项目,其利润和亏损由协议双方进行分摊。——译者注

③ 吉田悦章:《全球·伊斯兰金融论》,中西屋出版2017年版。

结语：全球化中的法律思想

1. 21 世纪与全球化

一般认为，迄今为止的 21 世纪最明显的特征是全球化的进展。在某国发生的事情可能瞬间就传遍世界，其他国家的人也会受到很大的影响——这已经是理所当然的事情，我们就生活在这样一个时代。这种现象在社会的各个方面引起了大规模的社会结构的转换，也产生了不少深刻的社会问题。与此相呼应，法律思想中也开始出现新的动向。

2. "9·11"与"安全对自由"

刚进入 21 世纪，2001 年 9 月 11 日发生的纽约世贸大厦爆炸事件，其如同电影那样的影像几乎同时传送至世界各地，给世界上的人们造成了巨大冲击。由于在美国各地也发生了同样大规模的破坏，这一系列的事件被称为"同时多发恐怖"事件。其背景被认为是存在世界性的恐怖组织，出于根除这种恐怖组织的理由，以阿富汗与伊拉克为舞台，长时间持续进行了大规模的战争（阿富汗战争 2001—2021 年、伊拉克战争 2003—2011 年）。

在美国国内，也出现了下述巨大变化：2001 年 10 月，由当时的乔治·布什总统签署、颁行了《美国爱国者法案》（本书第十一章之一)。为了确保**安全**,该法律缓和了政府、行政机关对国民进行监视的限制。也就是说,在缓和对公民的隐私与自由的严格保护的同时,强化针对外国人的规制,对于那些被怀疑参与恐怖活动者,强化了予以留置以及驱逐出境的权限。在言论界,政府高官与知名学者交织在一起,认真地探讨了可否对那些有恐怖分子之嫌疑者进行拷问的问题。在这种文脉之下,伦理学家菲利帕·福特(Philippa Ruth Foot,1920—2010 年)曾经提到的所谓"电车(truck)难题"——是否允许为了挽救多数人的生命,而牺牲一个人或者少数人的生命,再度引起关注。

这种讨论不仅止于美国。德国就有刑法学家模仿卡尔·施密特的敌友理论(本书第九章之三),研究了将针对普通公民的重视保障人权的刑事程序与针对那些有恐怖分子之嫌的人的程序予以区分的可能性,并将其称为"敌人"刑法理论。这样,在"9·11"之后的世界,如何把握围绕社会的**安全**与个人的**自由**及**人权**之间的紧张关系这一问题,再次呈现在围绕法律与国家的思想之中。

3. 风险社会与法律的变样

德国的社会学家乌尔里希·贝克(Ulrich Beck,1944—2015 年)在意外发生了切尔诺贝利核事故的 1986 年,出版了名为《风险社会》的著作,该书赢得了世界范围的好评。该书研究的是既无法计算事故的概率也无法计算损害的规模的一种新型的风险或者**不确定性**的问题。例如,核泄漏事故、食品污染事故以及病菌感染的大规模扩散等,这种类型的风险具有不止于一国而是会扩散至全世界的性质。乌尔里希·贝克将被这种风险包围的时代称为"风险社会"。那么,对于这种无论是行政手段的事前规制,还是运用不法行为法与社会保障机制进行的事后救济都不太适于应对的无法预见的风险,法律又应该如何应对呢？在有关环境与健康的法律领域已经开始使用的**预防原则**(或者**事前警戒原则**)可能是一种能够想到的有效手段,但是,正如美国的宪法学家凯斯·R.桑斯坦(Cass R. Sunstein,1954—)所批判的那样,那是否会成为经济与科学技术发展的阻碍,对于此后出现的新的科学技术是否仍然继续有效？对于这些问题,都尚未得出明确的答案。

4.超越国境的正义的可能性

全球化产生的重大问题,不仅仅是恐怖组织与风险的扩散,其他还有很多问题。例如,全球气候变暖等围绕环境问题的各国之间在态度上的"温度差"、南北之间经济差距的扩大、濒临崩溃的国家所出现的人道危机等。

直面这种问题,不仅是既往的仅考虑国内问题的正义论,还有必要认识到超越国境的世界通用的正义论的必要性。现在,以罗尔斯(本书第十二章之一)的《万民法》(The Law of Peoples,1999年)的发行为契机,有关这种**全球化的正义**的研究呈现出活跃景象,形成了法律思想中的一个重要流派。

其中最受关注的是,围绕有关南北差距与贫困的"经济的正义"的论争。出于什么理由应该对那些在贫困线挣扎的发展中国家的人们提供财力与资源呢,又应该进行到何种程度呢？对此,在正义这一理念之下,提出了各种各样的理论。

不仅如此,针对这种全球化的正义原本是否成立这一点,也在反复进行论战。例如,基于主张将分配的正义之妥当范围限于本国国民(nation)的民族主义的立场[大卫·米勒(David Miller)等],对于支持要求采取世界规模的分配正义的"世界主义(cosmopolitanism)"的立场[彼得·辛格(Peter Singer)、托马斯·博格(Thomas Pogge)等]进行了批判。

5. 法律圈的解体与法律文化的融合

可以说,本书至此概述的所有法律思想,原则上都是以孕育这种法律思想的法律制度与文化的差别性为前提,并反映了其内容。也许能够将全球化这种现象视为,具有消去这种法律秩序与文化的差异性的契机。

最重要的是,超越国境的经济活动大规模地展开,取代迄今为止这种因国家而割断的复数法律的并存,创建横贯各国的统一法的必要性不断增大。随着欧盟的成立而成立的 EU 法,以及国际统一私法协会(UNIDROIT)所进行的统一法律的尝试,尤其是近年制定的《国际统一私法协会 UNIDROIT 国际商事合同通则》,就是回应这种要求的明显例子。

其他还有由于超越国境的人员交流与信息互享变得更加容易,出现了各国的法学家与法律人士,尤其是法官集团构筑自律性的知识共同体,相互交换法律信息这种情况。由此,也能看到外国法对于法律解释的影响逐渐扩大,法律的内容也开始收缩这种倾向。

这样,像在欧洲曾经看到过的那样,由于存在地理范围与内容的不同,全球化会促进一种新形式的"共通法"的形成。

6. 法律多元主义的再生

与超越国境的**共通法**的形成不同,全球化还有促进多样的非国家性的规范的形成的一面。因为全球化,各个国家的问题处理能力就出现了局限,取而代之的是各个超越国境的活动领域的**非国家法**的重要性就愈发得以提升。在承认国家法与非国家法并存的基础上,关注其间的紧张关系与协动关系的理论,就是**法律多元主义**。

法律多元主义作为关注中世纪时期的教会法、领主法、商人法与国家法的多元并存,以及殖民地中的宗主国法与固有法的多元并存的法律理论,自古以来就存在,随着近年的全球化的进展,又从新的视角受到瞩目。例如,国际商事仲裁、国际金融中的自主规制,涉及针对因战争、自然灾害所引起的伤病员的救护活动的全球范围内活跃的 NGO 组织及其活动的规定,由 ICANN(互联网名称与数字地址分配机构)等非营利团体所确定的互联网法,由国际奥林匹克运动会的组织与活动规定所代表的体育法,有关环境控制的国际规格与认证制度,有关医学研究的自主性的指针等,涉及方方面面。

立足于聚焦于非国家法的法律多元主义,通过对取代国家法之"民主的正统性"的正统性基础的追求、非国家法中的法律与管理(governance)之间的关系、国民国家的自由主义与非国家法的关系等进行重新思考,有可能给法律带来新的视角。既往的法律理论考虑的是西方近代国家,对此,也促使人们重新思考。

7. 全球化带来的法律思想史的视角

全球化所带来的不仅仅是大规模的社会结构的变化以及与之相伴而生的新的社会问题。除此之外，将这个世界**作为一个整体**来把握，这种所谓世界的看法本身的变样，可以说也是全球化所带来的重要归结。

围绕认识世界的这种变样，还会对历史记述的应然状态造成影响，亦即不是从西方中心的视角来描述世界史，而是从在全球规模所产生的地域之间、集体之间的关联的角度来把握世界史这种问题意识不断扩散。例如，"全球历史"（global history）这种历史学的新动向，就正是这种问题意识的体现。

法律思想史的记述也无可避免地会受到这种变样的影响。很长时间以来，法律思想史一直是以西方世界内部所发生的法律思想的谱系作为主要的记述对象。为此，就存在不得不将在西方世界的外部所发生的独特思想，或者与西方交集的情况置于视野之外这样一个问题。

除了部分 Column 的内容之外，本书基本上沿袭了这种传统的记述方式。为此，也承继了与这种记述方式相伴而生的各种问题。的确，撰写一本将世界整体的法律思想纳入射程的通史这种尝试，无疑会遭遇极大的困难。但是，此后的法律思想史会一步一步接近将亚洲与伊斯兰等非西方的法律思想及其与西方之间的相互关系也纳入视野的、所谓"全球化的法律思想史"。

附录一
西方思想家与法学家人名之中日文对照表①

ア行

アイスキュロス:埃斯库罗斯(Aischylos,公元前525—公元前456年)

アウグスティヌス:奥古斯丁(Aurelius Augustinus,354—430年)

アウグストゥス:盖维斯·屋大维·奥古斯都(Gaius Octavius Augustus,公元前27—公元14年在位)

アーゾ:阿佐(Azo,1150?—1230年?)

ジョン・アダムス:约翰·亚当斯(John Adams,1735—1826年)

アックルシウス:阿库修斯[Accursius,约1182?—约1260年?]

T.アドルノ:西奥多·阿多诺(Theodor Wiesengrund Adorno,1903—1969年)

R.アーネソン:理查德·阿尼森(Richard Arneson,1945—   )

アリストテレス:亚里士多德(Aristotelēs,公元前384—公元前322年)

アルキダマス:阿尔基达马斯(Alkidamas,约公元前4世纪)

アルチャート:阿尔恰托(Andrea Alciato,1492—1550年)

アルテンシュタイン:阿尔滕斯坦因(Karl Sigmund Franz Freiherr von

---

① 为了便于读者查阅核对,作为附录,译者整理了本书中出现的西方思想家与法学家的中日文对照,以及本书中出现的西方著作的中日文对照。——译者注

Stein zum Altenstein, 1817—1838 年)

　　アレクサンデル6世:亚历山大六世(AlexanderⅥ, 1492—1503 年)

　　アレクサンドロス1世:亚历山大一世(Alexander Ⅰ Pavlovich Romanov, 1777—1825 年)

　　アレクサンドロス大王:亚历山大大帝(Aleksandros, 公元前 336—公元前 323 年在位)

　　ロベルト・アレクシー:罗伯特・阿列克西(Robert Alexy, 1945—　　)

　　アンティポン:安提丰(Antiphōn, 约公元前 430 年)

　　ヨハネス・アルドゥジウス:约翰斯・阿尔图修斯(Johannes Althusius, 1557—1638 年)

　　ロベント・アンガー:罗伯托・昂格尔(Roberto Unger, 1947—　　)

　　ゲオルク・イェリネック:格奥尔格・耶里内克(Georg Jellinek, 1851—1911 年)

　　ルドルフ・フォン・イェーリング:鲁道夫・冯・耶林(Rudolph von Jhering, 1818—1892 年)

　　ヘルマン・イザイ:赫尔曼・伊赛(Hermann Isay, 1873—1938 年)

　　イブン=シーナー:伊本・西纳(Ibn Sina, 980—1037 年)[拉丁语名为"アヴィケンナ:阿维森纳(Avicenna)"]

　　イブン=ルシュド:伊本・路西德(Ibn Rushd, 1126—1198 年)[拉丁语名为"アヴェロエス:阿威罗伊(Averroes)"]

　　イルネリウス:伊尔内留斯(Irnerius, 1055? —1130 年?)

　　インノケンティウス4世:英诺森四世(Innocentius Ⅳ, 1243—1254 年在位)

　　インノケンティウス3世:英诺森三世(Innocentius Ⅲ, 1198—1216 年在位)

　　ホセ・デル・ヴァレ:何塞・德尔瓦莱(José Cecilio del Valle)

　　ウィクリフ:约翰・威克里夫(John Wycliffe, 约 1320—1384 年)

　　A.ヴィシンスキー:安德烈・雅奴阿列维奇・维辛斯基(Anndrei Yanuarievich Vyshinskii, 1883—1954 年)

　　ウィトゲンシュタイン:路德维希・维特根斯坦(Ludwig Wittgenstein, 1889—1951 年)

附录一　西方思想家与法学家人名之中日文对照表　317

　　P. ヴィノグラドフ(ポール・ガヴリロヴィチ・ヴィノグラドフ):
保罗·维诺格拉多夫(Paul Gavrilovich Vinogradoff,1854—1925 年)
　　M. ヴィレー:米歇尔·维利(Michel Villey,1914—1988 年)
　　ウィリアム・オブ・オッカム:威廉·奥卡姆(William of Ockham,约
1285—1347 或 1349 年)
　　W. ヴィンデルバンド:威廉·文德尔班(Wilhelm Windelband,
1848—1915 年)
　　ベルンハルト・ヴィントシャイト:温特海得(Bernhard
Windscheid,1817—1892 年)
　　ハーバート・ウェクスラー:赫伯特·韦彻斯勒(Herbert
Wechsler,1909—2000 年)
　　シドニー・ウェッブ:悉德尼·韦伯(Sidney James Webb,1859—1
947 年)
　　ベアトリス・ウェッブ:比阿特丽丝·韦伯(Beatrice Webb,1858—
1943 年)
　　マックス・ウェーバー:马克斯·韦伯(Max Weber,1864—1920 年)
　　マイケル・ウォルツァー:迈克尔·沃尔泽(Michael Walzer,1935—　　)
　　ハンス・ヴェルツエル:汉斯·威尔哲尔(Hans Welzel,1904—
1977 年)
　　ヴォルテール:弗朗索瓦·马利·阿鲁埃(François Marie Arouet de
Voltaire,笔名伏尔泰,1694—1778 年)
　　J. ウォルドロン:杰里米·沃尔德伦(Jeremy Waldron)
　　クリスティアン・ヴォルフ:克里斯蒂安·沃尔夫(Christian
Wolff,1679—1754 年)
　　アール・ウォーレン:厄尔·沃伦(Earl Warren,1891—1974 年)
　　メアリ・ウルストンクラフト:玛丽·沃斯通克拉夫特(Mary Woll-
stonecraft,1759—1797 年)
　　ウルピアヌス:乌尔比安(Ulpianus,170? —228 年)
　　ヨーゼフ・エッサー:约瑟夫·埃塞尔(Josef Esser,1910—1999 年)
　　エラスムス:德西德里乌斯·伊拉斯谟(Desiderius Erasmus,1466—
1536 年)

エルヴェシウス:爱尔维修(Claude Adrien Helvétius,1715—1771 年)
オイゲン・エールリッヒ:尤根・埃利希(Eugen Ehrlich, 1862—1922 年)
フリードリヒ・エンゲルス:弗里德里希・恩格斯(Friedrich Engels,1820—1895 年)
ロバート・オーウェン:罗伯特・欧文(Robert Owen, 1771—1858 年)
ジョン・オースティン:约翰・奥斯丁(John Austin,1790—1859 年)
J. L. オースティン:约翰・朗肖・奥斯丁(John Langshaw Austin,1911—1960 年)
K. オリヴェクローナ:卡尔・奥利维克罗纳(Karl Olivecrona,1897—1980 年)

カ行

ガイウス:盖尤斯(Gaius, 公元 2 世纪)
K. カウツキー:卡尔・考茨基(Karl Johann Kautsky,1854—1938 年)
アルトゥール・カウフマン:阿图尔・考夫曼(Arthur Kaufmann,1923—2001 年)
エヒット・カウフマン:埃利希・考夫曼(Erich Kaufmann, 1880—1972 年)
カエサル:凯撒(Caius Julius Caesar,公元前 100—公元前44 年)
ガダマー:汉斯・格奥尔格・伽达默尔(Hans-Georg Gadamer,1900—2002 年)
ベンジャミン・ナータン・カードーゾ:本杰明・内森・卡多佐(Benjamin Nathan Cardozo,1870—1938 年)
ガージョム・カーマイケル:格森・卡迈克尔(Gershom Carmichael,1672—1729 年)
ダイド・カラブレイジ:圭多・卡拉布雷西(Guido Calabresi,1932—)
カリクレス:卡里克利斯(Kallikles,公元前 5 世纪)

ガリレオ・ガリレイ:伽利略・伽利雷(Galileo Galilei,1564—1642年)
カール大帝:查理曼大帝(Karl der Grosse,768—814年在位)
ジャン・カルヴァン:约翰・加尔文(Jean Calvin,1509—1564年)
イマヌエル・カント:伊曼努尔・康德(Immanuel Kant,1724—1804年)
ヘルマン・カントロヴィッツ:赫尔曼・坎托罗维奇(Hermann Kantorowicz,1877—1940年)
キケロ:西塞罗(Marcus Tullius Cicero,公元前106—公元前43年)
T.キャンベル:汤姆・坎贝尔(Tom Campbell,1899—1977年)
キュジャス:居雅斯(Jacques Cujas,1522—1590年)
キャロン・ギリガン:卡罗尔・吉利根(Carol Gilligan,1936—)
オットー・ギールケ:奥托・基尔克(Otto von Gierke,1841—1921年)
キルヒマン:尤利乌斯・冯・基尔希曼(Julius Hermann von Kirchmann,1802—1884年)
オランプ・ド・グージュ:奥兰普・德古热(Olympe de Gouges,1748—1793年)
クセノパネス:色诺芬尼(Xenophanēs,公元前570—公元前470年?)
クセノポン:色诺芬(Xenophōn,公元前430?—公元前354年?)
エドワード・クック:爱德华・柯克(Edward Coke,1552—1634年)
グラティアヌス:格拉提安(Flavius Gratianus,公元12世纪)
A.グラムシ:安东尼奥・葛兰西(Antonio Gramsci,1891—1937年)
ヴィルヘルム・グリム:威廉・格林(Wilhelm Carl Grimm)
ヤーコプ・グリム:雅科布・格林(Jacob Ludwig Carl Grimm,1785—1863年)
マルティン・クリーレ:马丁・克西勒(Martin Kriele,1931—)
クレイステネス:克里斯提尼(Kleisthenēs)
オリヴァー・クロムウェル:奥利弗・克伦威尔(Oliver Cromwell,1599—1658年)
フーゴ・グロティウス:胡果・格劳秀斯(Hugo Grotius,1583—

1645 年)。

　　フランソワ・ケネー:弗朗斯瓦・魁奈(François Quesnay,1694—1774 年)

　　ダンカン・ケネディ:邓肯・肯尼迪(Duncan Kennedy,1942—　)

　　ハンス・ゲルゼン:汉斯・凯尔森(Hans Kelsen,1881—1973 年)

　　C. F. W. v. ゲルバー:卡尔・弗里德里希・冯・格贝尔(Carl Friedrich Wilhelm von Gerber,1823—1891 年)

　　ジェームズ・ケント:詹姆斯・肯特(James Kent,1763—1847 年)

　　ヘルムート・コーイング:赫尔穆特・科殷(Helmut Coing,1912—2000 年)

　　G. A. コーエン:G. A.科恩(Gerald Allan Cohen,1941—2009 年)

　　ロナルド・コース:罗纳德・哈里・科斯(Ronald Harry Coase,1910—2013 年)

　　E. ゴッフマン:欧文・戈夫曼(Erving Goffman,1922—1982 年)

　　ドゥルシラ・コーネル:杜希拉・康乃尔(Drucilla Cornell,1950—　)

　　ゴルギアス:高尔吉亚(Gorgias,公元前 485? —公元前 380 年?)

　　J. コールマン:朱尔斯・科尔曼(Jules Coleman)

　　コンスタンティヌス帝:君士坦丁大帝(Constantinus,306—337 年在位)

　　オーギュスト・コント:奥古斯特・孔德(Auguste Comte,1798—1857 年)

サ行

　　フリードリッヒ・カール・フォン・サヴィニー:弗里德里希・卡尔・冯・萨维尼(Friedrich Karl von Savigny,1779—1861 年)

　　A. サックス:塞克斯(Albert Sacks)

　　19. サーモンド:萨尔蒙德(John William Salmond,1862—1924 年)

　　レイモン・サレイユ:雷蒙・萨莱耶(Sébastien Felix Raymond Saleilles,1855—1912 年)

アンリ・ド・サン=シモン:克劳德・昂列・圣・西门(Claude-Henri de Rouvoy,Comte de Saint-Simon,1760—1825 年)

C. サンスティン:凯斯・R. 桑斯坦(Cass R. Sunstein,1954 年—)

マイケル・サンデル:麦克尔・桑德尔(Michael Sandel,1953 年—)

エマニュエル・シィエス:埃马努埃尔・约瑟夫・西耶斯(Emmanuel Joseph Sieyès,1748—1836 年)

ジョン・ジェイ:约翰・杰伊(John Jay,1745—1829 年)

フランソワ・ジェニー:弗朗索瓦・惹尼(François Gény,1861—1959 年)

トマス・ジェファーソン:托马斯・杰斐逊(Thomas Jefferson,1743—1826 年)

ジェームズ一世:詹姆斯一世(James Ⅰ)

シェリング:谢林(Friedrich Wilhelm Joseph von Schelling,1775—1854 年)

ヘンリー・シジウィック:亨利・希季威克(Henry Sidgwick,1838—1900 年)

シャルル・フーリエ:夏尔・傅立叶(Charles-Fourier,1772—1837 年)

ロレンツ・フォン・シュタイン:洛伦茨・冯・施泰因(Lorenz von Stein,1815—1890 年)

R. シュタムラー:鲁道夫・施塔姆勒(Rudolf Stammler,1856—1938 年)

D. シュトラウス:大卫・施特劳斯(David Friedrich Strauss,1808—1874 年)

シュテイルナー:麦克斯・施蒂纳尔(Max Stirner,1806—1856 年)

カール・シュミット:卡尔・施密特(Carl Schmitt,1888—1985 年)

フランシスコ・スアレス:弗朗西斯科・苏亚雷斯(Francisco Suáres,1548—1617 年)

ドゥンス・スコトゥス:邓斯・司各脱(Duns Scotus, 1265 或 1266—1308 年)

ジェームズ・スチュアート:詹姆士・斯图亚特(James Denham

Steuart,1712—1780 年)

　　ウィリアム・ストーリー:威廉・斯多利(William Wetmore Story)

　　ジョセフ・ストーリー:约瑟夫・斯多利(Joseph Story,1779—1845 年)

　　P.シンガー:彼得・辛格(Peter Singer)

　　バルーフ・デ・スピノザ:巴鲁赫・德・斯宾诺莎(Baruch de Spinoza,1632—1677 年)

　　D.スペンサー:赫伯特・斯宾塞(Herbert Spencer,1820—1903 年)

　　アダム・スミス:亚当・斯密(Adam Smith,1723—1790 年)

　　トマス・サウスウッド・スミス:托马斯・索斯伍德・史密斯(Thomas Southwood Smith)

　　ルドルフ・スメント:鲁道夫・斯门德(Rudolf Smend,1882—1975 年)

　　J-B.セイ(ジャン＝バティスト・セイ):让・巴蒂斯特・萨伊(Jean-Baptiste Say,1767—1832 年)

　　ゼノン:芝诺(Zenon ho Kypros,公元前 335?—公元前 263 年?)

　　セネカ:塞涅卡(Lucius Annaeus Senaca,公元前 4?—公元65 年)

　　A.セン:阿马蒂亚・森(Amartya Sen,1933—　　)

　　ソクラテス:苏格拉底(Sōkratēs,公元前 470 或 469—公元前 399 年)

　　ドミンゴ・デ・ソト:多明戈・索托(Domingo de Soto,1494—1560 年)

　　ソポクレス:索福克勒斯(Sophoklēs,公元前 496?—公元前406 年)

　　ソールズベリーのジョン:索尔兹伯里的约翰(John of Salisbury,1115 或 1120—1180 年)

　　ソロン:梭伦(Solōn,公元前 640?—公元前 560 年?)

　　ヴェルナー・ゾンバルト:维尔纳・桑巴特(Werner Sombart,1863—1941 年)

夕行

　　C.ダーウィン:达尔文(Charles Robert Darwin,1809—1882 年)

コルネリウス・タキトゥス:普布利乌斯・科尔涅利乌斯・塔西陀(Publius Cornelius Tacitus,55? —120 年?)

ルドルフ・フォン・グナイスト:鲁道夫・冯・格耐斯特(Rudolf von Gneist,1816—1895 年)

J.ダバン:J.达班(Jean Dabin,1889—1971 年)

ジャン・ル・ロン・ダランベール:让・勒朗・达朗贝尔(Jean le Rond d'Alembert,1717—1783 年)

タレス:泰勒斯(Thalēs,公元前 624? —公元前 546 年前后)

G.タロック:戈登・塔洛克(Gordon Tullock)

ダンター・トイプナー:贡塔・托依布纳(Gunther Teubner,1944 年—)

ダンテ:但丁(Dante Alighieri,1265—1321 年)

A.P.ダントレーブ:登特列夫(Alessandro Passerin d'Entrèves, 1902—1985 年)

エドウィン・チャドウィック:埃德温・查德威克(Edwin Chadwick,1800—1890 年)

チャールズ1世:查理一世(Charles Ⅰ)

ディオクレティアヌス:狄奥克莱斯皇帝(Gaius Aurelius Valerius Diocletianus,284—305 年在位)

ドニ・ディドロ:丹尼・狄德罗(Denis Diderot,1713—1784 年)

ティボー:A. F. J.梯鲍特(Anton FriedrichJustus Thibaut, 1772—1840 年)

チャールズ・テイラー:查尔斯・泰勒(Charles Taylor)

P.デヴリン:帕特里克・德富林爵士(Patrick Devlin, 1905—1992 年)

テオドシウス:狄奥多西大帝(Theodosius,379—395 年在位)

ルネ・デカルト:勒内・笛卡尔(René Descartes,1596—1650 年)

E・デュモン:E.迪蒙(Étienne Dumont)

D.デュルケーム:埃米尔・涂尔干(Émile Durkheim,1858—1917 年)

J.デリダ:雅克・德里达(Jacques Derrida,1930—2004 年)

ロナルド・ドゥオーキン:罗纳德・德沃金(Ronald Dworkin ,1931—

2013 年)

スティーヴン・トゥールミン:斯蒂芬・图尔敏(Stephen Toulmin, 1922—2009 年)

アレクシス・ド・トクヴィル:阿历克西・德・托克维尔(Alexis de Tocqueville, 1805—1859 年)

クリスティアン・トマジウス:克里斯蒂安・托马西乌斯(Christian Thomasius, 1655—1728 年)

トマス・アクィナス:托马斯・阿奎那(Tomas Aquinas, 1225? —1274 年)

ドラコン:德拉古(Drakōn, 公元前 7 世纪)

トリポニアヌス:特里布尼厄斯(Tribonianus, ? —542 年?)

E. トレルチ:恩斯特・特勒尔奇(Ernst Troeltsch, 1865—1923 年)

ナ行

M. ヌスバウム:玛莎・努斯鲍姆(Martha Nussbaum, 1947 年—   )

ロバート・ノージック:罗伯特・诺齐克(Robert Nozick, 1938—2002 年)

ハ行

フリードリッヒ・A・ハイエク:德里希・奥古斯特・哈耶克(Friedrich August von Hayek, 1899—1992 年)

ハイデガー:马丁・海德格尔(Martin Heidegger, 1889—1976 年)

オットー・バウアー:奥托・鲍尔(Otto Bauer, 1881—1938 年)

ロスコー・パウンド:罗斯科・庞德(Roscoe Pound, 1870—1964 年)

エドマンド・バーク:埃德蒙・伯克(Edmund Burke, 1729—1797 年)

バクーニン:米哈伊尔・亚历山大罗维奇・巴枯宁(Mikhail Aleksandrovich Bakunin, 1814—1876 年)

E. パシュカーニス:E. 帕舒卡尼斯(Evgenii Bronislavovich Pashukanis,1891—1937年)

チャールズ・サンダース・パース:查尔斯・桑德斯・皮尔士(Charles Standers Pierce,1839—1914年)

タルコット・パーソンズ:塔尔科特・帕森斯(Talcott Parsons,1902—1979年)

フランシス・ハチセン:弗兰西斯・哈奇森(Francis Hutcheson,1694—1746年)

M.ハック:马赫布卜・乌尔・哈克(Mahbub ul Haq)

ハーバート・ハート:哈特(Herbert Lionel Adolphus Hart,1907—1992年)

ヘンリー・ハート:亨利・哈特(Henry M. Hart. Jr)

ハドリアヌス:普布利乌斯・埃利乌斯・哈德良(Publius Aelius Hadrianus,117—138年在位)

ユルゲン・ハーバーマス:尤尔根・哈贝马斯(Jürgen Habermas,1929—)

フリチョフ・ハフト:伊特约夫・哈夫特(Fritjof Haft,1940—)

アイザイア・バーリン:以赛亚・伯林(Isaiah Berlin, 1909—1997年)

アレクサンダー・ハミルトン:亚历山大・汉密尔顿(Alexander Hamilton,1755—1804年)

バルドゥス:巴尔都斯(Baldus de Ubaldis,1327—1400年)

バルトルス:巴尔托鲁(Bartolus de Saxoferrato, 1313 或 1314—1357年)

ビスマルク:俾斯麦(Otto Eduard Leopold Fürust von Bismarck,1815—1898年)

ビトリア:维铎力亚(Francisco de Vitoria,1480—1546年)

フランシスコ・デ・ビトリア:弗朗西斯科・维多利亚(Francisco de Vitoria,1483?—1546年)

ディヴィッド・ヒューム:大卫・休谟(David Hume,1711—1776年)

テオドール・フィーヴェク:特奥多尔・菲韦格(Theodor

Viehweg,1907—1988 年)

 J. G. フィヒテ:J. G. 费希特(Johann Gottlieb Fichte,1762—1814 年)

 フィルマー:罗伯特・菲尔麦(Robert Filmer)

 アルフレッド・フェアドロス:阿尔弗雷德・菲德罗斯(Alfred Verdross,1890—1980 年)

 フォイエルバッハ:L. 费尔巴哈(Ludwig Andreas Feuerbach,1804—1872 年)

 J. M. ブキャナン:詹姆斯・麦吉尔・布坎南(James McGill Buchanan,1919—2013 年)

 フーゴー:胡果(Hugo de Porta Ravennate,? —1166 或 1171 年?)

 M. フーコー:米歇尔・福柯(Michel Foucault,1926—1984 年)

 フス:约翰・胡斯(Jan Hus,1370? —1415 年)

 エルンスト・フックス:恩斯特・富克斯(Ernst Fuchs, 1859—1929 年)

 P. フット:菲利帕・福特(Philippa Ruth Foot,1920—2010 年)

 ザームエル・プーフェンドルフ:萨缪尔・普芬道夫(Samuel von Pufendorf,1632—1694 年)

 G. F. プフタ:格奥尔格・弗里德里希・普赫塔(Georg Friedrich Puchta,1798—1846 年)

 ロン・フラー:朗・富勒(Lon Luvois Fuller,1902—1978 年)

 ウィリアム・ブラックストン:威廉・布莱克斯通(William Blackstone,1723—1780 年)

 ブラトン:柏拉图(Platōn,公元前 427—公元前 347 年)

 ジェローム・フランク:杰罗姆・弗兰克(Jerome New Frank,1889—1957 年)

 H. フランクファート:哈里・G. 法兰克福(Harry G. Frankfurt,1929 年—   )

 ベンジャミン・フランクリン:本杰明・富兰克林(Benjamin Franklin,1706—1790 年)

 ベティ・フリーダン:贝蒂・娜奥米・戈德斯坦(Betty Naomi Goldstein Friedan,1921—2006 年)

デイヴィッド・フリードマン:大卫·弗里德曼(David Director Friedman,1945—)

ミルトン・フリードマン:米尔顿·弗里德曼(Milton Friedman,1912—2006年)

フリードリヒ大王:腓特烈二世(Friedrich der Grosse)(Friedrich Ⅱ,1712—1786年)

ブルガルス:布尔加鲁斯(Bulgarus de Bulgarinis,? —1166年)

プルートン:皮埃尔·约瑟夫·蒲鲁东(Pierre Joseph Proudhon,1809—1865年)

ブレナン:小威廉·约瑟夫·布伦南(William Joseph Brennan. Jr.,1906—1997年)

プロタゴラス:普罗泰戈拉(protagoras,公元前490或485—公元前420或400年)

E.ブロッホ:恩斯特·布洛赫(Ernst Bloch,1885—1977年)

ヴィルヘルム・フォン・フンボルト:威廉·冯·洪堡(Karl Wilhelm von Humboldt,1767—1835年)

トマス・ペイン:托马斯·潘恩(Thomas Paine,1737—1809年)

A.ヘーガーシュトレーム:哈盖尔斯特列姆(Axel Hägerström,1868—1939年)

G. W. F. ヘーゲル: G. W. F. 黑格尔(Georg Wilhelm Friedrich Hegel,1770—1831年)

ヘシオドス:赫西俄德(Hēsiodos,公元前八世纪末期)

ゲオルク・ベーゼラー:格奥尔格·贝塞勒(Georg Beseler, 1809—1888年)

チェーザレ・ベッカリーア:切萨雷·贝卡里亚(Ceasre Bonesana Beccaria,1738—1794年)

ウルリッヒ・ベック:乌尔里希·贝克(Ulrich Beck,1944—2015年)

フィリップ・ヘック:菲利普·黑克(Philipp von Heck,1858—1943年)

ヘルマン・ヘラー:赫曼·黑勒(Hermann Heller,1891—1933年)

ペリクレス:伯里克利(Periklēs,公元前495? —约公元前429年?)

ヘルダーリン:荷尔德林(Friedrich Hölderlin,1770—1843 年)

E. ベルンシュタイン:爱德华・伯恩斯坦(Eduard Bernstein,1850—1932 年)

カイム・ペレルマン:沙伊姆・佩雷尔曼(Chaim Perelman, 1912—1984 年)

ジュレミー・ベンサム:杰里米・边沁(Jeremy Bentham, 1748—1832 年)

ホイッグ:柯柏(Anthony Ashley Cooper)

リチャード・ポズナー:理查德・艾伦・波斯纳(Richard Allen Posner,1939—)

ジャン・ボダン:让・博丹(Jean Bodin,1530—1596 年)

ボッカオチ:薄伽丘(Giovanni Boccaccio,1313—1375 年)

ボッティチェッリ:桑德罗・波提切利(Sandro Botticelli,1444 或 1445—1510 年)

T. ポッゲ:托马斯・博格(Thomas Pogge)

トマス・ホッブズ:(Thomas Hobbes,1588—1679 年)

カール・ポパー:卡尔・波普尔(Karl Popper,1902—1994 年)

W. N. ホーフェルド:韦斯利・纽科姆・霍菲尔德(Wesley Newcomb Hohfeld,1879—1918 年)

L. T. ホブハウス:里奥纳德・特里劳尼・霍布豪斯(Leonard Trelawney Hobhouse,1864—1929 年)

ホメロス:荷马(Homēros,公元前 8 世纪)

オリヴァー・ウェンデル・ホームズ・ジュニア:奥利弗・温德尔・霍姆斯(Oliver Wendell Holmers Jr. , 1841—1935 年)

E. ホランド:T. E. 霍兰德(Thomas Erskine Holland,1835—1926 年)

M. ポランニー:迈克尔・波拉尼(Michael Polanyi,1891—1976 年)

M. ホルクハイマー:马克斯・霍克海默(Max Horkheimer,1895—1973 年)

F. ポロック:弗德雷克・波洛克爵士(Frederic Pollock,1845—1937 年)

マ行

ヴェルナー・マイホーファー:沃纳・迈霍弗尔(Werner Maihofer,1918—2009 年)

オットー・マイヤー:奥托・迈耶(Otto Mayer,1846—1924 年)

ニッコロ・マキァヴェリ:尼科洛・马基雅维里(Niccolò Machiavelli,1469—1527 年)

N.マコーミック:尼尔・麦考密克(Neil MacCormick,1941—2009 年)

ジョン・マーシャル:约翰・马歇尔(John Marshall,1755—1835 年)

サーグッド・マーシャル:瑟古德・马歇尔(Thurgood Marshall,1908—1993 年)

アラスデア・マッキンタイヤ:阿拉斯代尔・麦金泰尔(Alasdair MacIntyre,1929—)

ジェームズ・マディソン:詹姆斯・麦迪逊总统(James Madison,1751—1836 年)

ウィリアム・マーベリー:威廉・马伯里(William Marbury,1762—1835 年)

カール・マルクス:卡尔・马克思(Karl Marx,1818—1883 年)

J.マリタン:雅克・马里旦(Jacques Maritain,1882—1973 年)

B.マリノフスキー(ブロニスワフ・マリノフスキ):马林诺夫斯基(Bronislaw Kaspar Malinowski,1884—1942 年)

H.マルクーゼ:赫伯特・马尔库塞(Herbert Marcuse,1898—1979 年)

マルティヌス:马尔体努斯(Martinus Gosia,? —1157 年?)

マンスフィールド卿:曼斯费德伯爵(William Murray, 1st Earl of Mansfield,1705—1793 年)

ミケランジェロ:米开朗基罗(Michelangelo Buonarroti,1475—1564 年)

D. ミラー:大卫・米勒(David Miller)

ジェイムズ・ミル:詹姆斯・密尔(James Mill,1773—1836 年)

ジョン・スチュアート・ミル:约翰・斯图亚特・密尔(John Stuart Mill,1806—1873 年)

ムハンマド:穆罕默德(Muhammad,571? —632 年)

F. メイトランド(フレデリック・ウィリアム・メイトランド):梅特兰(Frederic William Maitland,1850—1906 年)

ヘンリー・メイン:亨利・梅因(Henry James Sumner Maine,1822—1888 年)

J. メスナー:麦斯纳(Johannes Messner,1891—1984 年)

アドルフ・メルクル:阿道夫・朱利叶斯・梅克尔(Adolf Julius Merkl,1890—1970 年)

アントン・メンガー:安东・门格尔(Anton Menger,1841—1906 年)

カール・メンガー:卡尔・门格尔(Carl Menger, 1840—1921 年)

テオドール・モムゼン:特奥多尔・蒙森(Theodor Mommsen,1817—1903 年)

ルイス・デ・モリナ:路易斯・摩里纳(Luis de Molina, 1535—1600 年)

シャルル=ルイ・ド・モンテスキュー:查理・路易・孟德斯鸠(Charles-Louis de Secondat, Baron de La Brède et de Montesquieu,1689—1755 年)

ミシェル・ド・モンテーニュ:米歇尔・德・蒙田(Michel Eyquem de Montaigne,1533—1592 年)

ヤ行

ヤコブス:雅科布斯(Jacobus de Boragine,? —1178 年)

K. ヤスパース:卡尔・雅斯贝尔斯(Karl Jaspers,1883—1969 年)

ユスティニアヌス:查士丁尼一世(Justinianus,527—565 年在位)

ラ・ワ行

ゴットフリード・ヴィルヘルム・ライプニッツ:戈特弗里德・威廉・莱布尼茨(Gottfried Wilhelm Leibniz,1646—1716年)

ギルバート・ライル:吉尔伯特・赖尔(Gilbert Ryle, 1900—1976年)

J.ラカン:雅克・拉康(Jacques Lacan,1901—1981年)

J.ラズ:约瑟夫・拉兹(Joseph Raz,1939—2022年)

バルトロメ・デ・ラス・カサス:巴托洛梅・德・拉斯・卡萨斯(Bartolomé de las Casas,1484—1566年)

ラスク:拉斯克(Emil Lask,1875—1915年)

F.ラッサール:斐迪南・拉萨尔(Ferdinand Lassalle,1825—1864年)

ラドクリフ=ブラウン(アルフレッド・ラドクリフ=ブラウン):拉德克利夫・布朗(Alfred Reginald Radcliffe-Brown,1881—1955年)

グスタフ・ラートブルフ:古斯塔夫・拉德布鲁赫(Gustav Radbruch,1878—1949年)

パウル・ラーバント:保罗・拉班德(Paul Laband,1838—1918年)

ラブレー:弗朗索瓦・拉伯雷(Francois Rabelais,1494?—1553年?)

クリストファー・コロンブス・ラングデル:克里斯托弗・哥伦布・兰德尔(Christopher Columbus Langdell,1826—1906年)

アイン・ランド:安・兰德(Ayn Rand,1905—1982年)

リウィウス:提图斯・李维(Titus Livius Patavinus,公元前59?—17年?)

ル・メルシエ・ド・ラ・リヴィエール:里维耶的梅西耶(Pierre-Paul Lemercier de la Rivière de Saint-Médard,1719—1801年)

デヴィッド・リカード:大卫・李嘉图(David Ricard,1772—1823年)

カール・ルウェリン:卡尔・卢埃林(Karl Llwellyn,1894—1962年)

G.ルカーチ:乔治・卢卡奇(Lukács György,1885—1971年)

ローザ・ルクセンブルク：罗莎・卢森堡（Rosa Luxemburg, 1871—1919 年）

ジャン＝ジャック・ルソー：让・雅克・卢梭（Jean‐Jacques Rousseau, 1712—1778 年）

マルティン・ルター：马丁・路德（Martin Luther, 1483—1546 年）

エルネスト・ルナン：欧内斯特・勒南（Joseph Ernest Renan, 1823—1892 年）

ニクラス・ルーマン：尼克拉斯・卢曼（Niklas Luhmann, 1927—1998 年）

レオナルド・ダ・ヴィンチ：列奥纳多・达・芬奇（Leonardo da Vinci, 1452—1519 年）

アイケ・フォン・レプゴウ：埃克・冯・雷普高（Eike Von Repgow, 1180—1235 年）

カール・レンナー：卡尔・伦纳（Karl Renner, 1870—1950 年）

A. ロス：阿尔夫・罗斯（Alf Ross, 1899—1979 年）

ジョン・ロック：约翰・洛克（John Locke, 1632—1704 年）

ジョン・ロールズ：约翰・罗尔斯（John Rawls, 1921—2002 年）

H. ロンメン：罗门（Heinrich Albert Rommen, 1897—1967 年）

ジョージ・ワシントン：乔治・华盛顿（George Washington, 1732—1799 年）

附录二
西方著作之中日文对照表

ア行

『アテナイ人の国制』:《雅典人的政体》(亚里士多德)
『アナーキー・国家・ユートピア』:《无政府、国家和乌托邦》(Anarchy State and Utopia, 1974年,罗伯特·诺齐克)
『アメリカのデモクラシー』:《论美国的民主》(De la démocratie en Amérique,第1卷1835年、第2卷1840年,阿历克西·德·托克维尔)
『アメリカ法釈義』:《美国法释义》(Commentaries on American Law,初版在1826年至1830年发行,詹姆斯·肯特)
『アンダマン島民』:《安达曼岛民》(The Andaman Islanders,1922年,拉德克利夫·布朗)
《アンティゴネー》:《安提戈涅》(Antigone,公元前442年,索福克勒斯)
『イエスの生涯』:《耶稣传》(The Life of Jesus,1835年,大卫·施特劳斯)
『一般国家学』:《国家通论》(Allgemeine Staatslehre,初版1900年,格奥尔格·耶里内克)
『一般国家学』:《国家学总论》(Allgemeine Staatslehre,1925年,汉斯·凯尔森)
『一般法学基礎論』:《法理学基础》(Element Jurisprudentiae Univer-

salis,1660年,萨缪尔·普芬道夫)

『イリアス』:《伊利亚特》(The Iliad for Boys and Girls,荷马 Homeros)

『イングランド史』:《大不列颠史》(6卷本)(The History of Great Britain,1754—1762年,大卫·休谟)

『イングランド法釈義』:《英国法释义》(Commentaries on the laws of England,1765—1769年,威廉·布莱克斯通)

『インディオについて』:《论印第安人》(1539年,维铎力亚)

『永久平和のため』:《永久和平论》(1795年,康德)

《エウメニデス》:《奠酒人》(The Choephori,埃斯库罗斯)

『エセー』:《随笔集》(Essais,1580年,米歇尔·德·蒙田)

『エチカ』:《伦理学》(Ethica in Ordine Geometrico Demonstrata,1677年,巴鲁赫·德·斯宾诺莎)

『エミール』:《爱弥儿》(Émile,ou De l'éducation,1762年,卢梭)

『オデュッセイア』:《奥德赛》(Odýsseia,荷马 Homeros)

『オートポイエーシス・システムとしての法』:《法律:一个自创生系统》(1989年,贡塔·托依布纳)

『オルディナティオ』:《既定讲演录》(Ordinatio,邓斯·司各脱)

力行

『科学としての法律学の無価値性』:《作为科学的法学的无价值性》(1848年,尤利乌斯·冯·基尔希曼)

『学問芸術論』:《论科学与艺术》(Discours sur les Sciences et Les Arts,1750年,让·雅克·卢梭)

『家族、私有資産、および国家の起源』:《家庭、私有制和国家的起源》(Der Ursprung der Familie, des Privateigenthums und des Staats,1884年,弗里德里希·恩格斯)

『神と国家』:《上帝与国家》(God and the State,1882年,米哈伊尔·亚历山大罗维奇·巴枯宁)

『神の国』:《上帝之城》(De Civitate Dei, 413—426 年, 奥古斯丁)

『寛容についての書簡』:《论宗教宽容》(A letter Concerning Toleration, 1689 年, 约翰·洛克)

『寛容論』:《论宽容》(Traité sur la Tolérance, 1763 年, 伏尔泰)

『基本権の理論』:《基本权利理论》(1985 年, 罗伯特·阿列克西)

『95 箇条の論題』:《九十五条论纲》(Ninety-five Theses, 1517 年, 马丁·路德)

『共産主義の法理論』:《共产主义的法律理论》(Communist Theory of Law, 1955 年, 汉斯·凯尔森)

『共産党宣言』:《共产党宣言》(The Communist Manifesto, 1848 年, 卡尔·马克思、弗里德里希·恩格斯)

『キリスト教綱要』:《基督教要义》(Institution de la Religion Chrétienne, , 1536 年, 约翰·加尔文)

『キリスト者の自由』:《基督徒的自由》(Christian Liberty, 1520 年, 马丁·路德)

『議論の技法』:《论证的技法》(1958 年, 斯蒂芬·图尔敏)

『愚神礼讃』:《愚人颂》(Moriae Encomium, 1509 年, 德西德里乌斯·伊拉斯谟)

『クリトン』:《克力同》(Kriton, 公元前 427—公元前 347 年, 柏拉图)

『君主論』:《君主论》(The Prince, 1532 年, 尼科洛·马基雅维里)

『経済学原理』:《政治经济学原理》(Principles of Political Economy, 1848, 约翰·密尔)

『経済学批判』:《政治经济学批判》(1859 年, 卡尔·马克思)

『経済表』:《经济表》(Tableau Economique, 1758 年, 弗朗斯瓦·魁奈)

『啓蒙の弁証法』:《启蒙辩证法》(1944 年简装版, 1947 年初版, 马克斯·霍克海默、西奥多·阿多诺)

『ゲルマーニア』:《日耳曼尼亚志》(Germania,98 年,普布利乌斯・科尔涅利乌斯・塔西陀)

『現代議会主義の精神史的状況』:《现代议会主义的精神史的状况》(1923 年初版,1926 年第 2 版,卡尔・施密特)

『現代ローマ法体系』:《当代罗马法体系》(System des Heutigen Römischen Rechts,1840—1849 年,萨维尼)

『憲法典』:《宪法典》(Constitutional Code,1822 年开始执笔,1827 年印刷第 1 卷,1830 年出版,杰里米・边沁)

『権利のための闘争』:《为权利而斗争》(Der Kampf ums Recht,1872 年,鲁道夫・冯・耶林)

『権利論』:《权利论》(1977 年,罗纳德・德沃金)(原先的书名是《认真对待权利》(『権利を真面目に考える』))

『公共性の構造転換』:《公共领域的结构转型》(Strukturwandel der Öffentlichkeit. Untersuchungen zu einer Kategorie der bürgerlichen Gesellschaft,1962 年,尤尔根・哈贝马斯)

『公権論』:《公权论》(1852 年,卡尔・弗里德里希・冯・格贝尔)

『告白』:《忏悔录》(Confessiones,397—400 年,奥古斯丁)

『告白』:《忏悔录》(Les Confessions,创作于 1764—1770 年,最终出版于 1782—1789 年,让・雅克・卢梭)

『功利主義論』:《功利主义》(Utilitarianism,1861 年,约翰・密尔)

『国富論』:《国富论》(An Inquiry into the Nature and Causes of the Wealth of Nations,1776 年,亚当・斯密)

『国法学の主要問題』:《国法理论中的主要问题》(Main Problems in the Theory of Public Law,1911 年初版,1923 年第 2 版,汉斯・凯尔森)

『古代法』:《古代法》(1861 年,亨利・梅因)

『古代ユダヤ教』:《古犹太教》(Das antike Judentum,1917 年,马克斯・韦伯)

『ゴータ綱領批判』:《哥达纲领批判》(1875 年,卡尔・马克思)

『国家』:《理想国》(柏拉图)

『国家制度とアナーキー』:《国家制度和无政府状态》(1873年,米哈伊尔·亚历山大罗维奇·巴枯宁)

『国家と革命』:《国家与革命》(1917年,列宁)

『国家について』:《论国家》(西塞罗)

『国家論六篇』:《国家六论》(1576年,让·博丹)

『コミュニケーション的行為の理論』:《交往行为理论》(二卷本)(Theorie des kommunikativen Handelns, 1981年,尤尔根·哈贝马斯)

『コモン·センス』:《常识》(Common Sense, 1776年,托马斯·潘恩)

『コモン·ロー』:《普通法》(The Common Law, 1881年,奥利弗·温德尔·霍姆斯)

サ行

『財産とは何か』:《什么是财产?》(1840年,皮埃尔·约瑟夫·蒲鲁东)

『裁かれる裁判所』:《初审法院:美国司法的神话和现实》(Courts On Trial Myth and Reality in American Justice, 1949年,杰罗姆·弗兰克)

『ザ·フェデラリスト』:《联邦党人文集》(The Federalist Papers, 1787—1788年,约翰·杰伊、亚历山大·汉密尔顿、詹姆斯·麦迪逊)

『ザクセン·シュピーゲル』:《萨克森明镜》(Sachsenspiegel,约1230—1235年,埃克·冯·雷普高)

『仕事と日』:《工作与时日》(赫西俄德)

『事実性と妥当性』:《事实性与妥当性》(1992年,尤尔根·哈贝马斯)

『自然法と万民法』:《论自然法和万民法》(De Jure Naturae et Gentium, 1672年,萨缪尔·普芬道夫)

『自然法と万民法の基礎』:《自然法与万民法之基础》(1705

年,克里斯蒂安·托马西乌斯)

『実践理性批判』:《实践理性批判》(Kritik der praktischen Vernunft,1788 年,伊曼努尔·康德)

『実定私法における解釈方法と法源』:《实存私法上的解释方法与法源》(1899 年,弗朗索瓦·惹尼)

『私法の社会的使命』:《私法的社会性使命》(Die Soziale Aufgabe Des Privatrechts,1889 年,奥托·基尔克)

『資本論』:《资本论》(第一卷)(1867 年,卡尔·马克思)

『市民論』:《论公民》(On the Citizen,1642 年,托马斯·霍布斯)

『社会契約論』:《社会契约论》(Du Contrat Social,1762 年,让·雅克·卢梭)

『社会主義と国家』:《社会主义与国家》(1920 年初版,1923 年第 2 版,1968 年第 3 版,汉斯·凯尔森)

『社会的費用の問題』:《社会成本问题》(The Problem of Social Cost,1960 年,罗纳德·哈里·科斯)

『社会の法』:《社会的法律》(1993 年,尼克拉斯·卢曼)

『儒教と道教』:《儒教与道教》(Konfuzianismus und Taoismus,1916 年,马克斯·韦伯)

『自由意思論』:《论自由意志》(De Libero Arbitrio,388—395 年,奥古斯丁)

『自由海論』:《海洋自由论》(Mare Liberum,1609 年,胡果·格劳秀斯)

『自由な法発見と自由法学』:《法律的自由发现与自由法学》(1903 年,尤根·埃利希)

『自由論』:《论自由》(On Liberty,1859 年,约翰·密尔)

『純粋法学』:《纯粹法理论》(Pure Theory of Law,1934 年初版,1960 年第 2 版,汉斯·凯尔森)

『純粋理性批判』:《纯粹理性批判》(Kritik der reinen Vernunft,1781 年,伊曼努尔·康德)

『初期制度史講義』:《古代法制史》(1875 年,亨利·梅因)

『初期の法と慣習』:《古代法律与习惯》(1883年,亨利·梅因)

『女性の権利宣言』:《女权和女公民权利宣言》(Déclaration des droits de la femme et de la citoyenne,1791年,奥兰普·德古热)

『女性の権利の擁護』:《女权辩护:关于政治和道德问题的批评》(A Vindication of the Rights of Woman: with Strictures on Political and Moral Subjects,1792年,玛丽·沃斯通克拉夫特)

『女性の生、男の法』:《女性的生活、男性的法律》(2005年,凯瑟琳·麦金农)

『女性の隷従』:《女性的屈从地位》(The Subjection of Women,1869年,约翰·密尔)

『女性らしさの神話』:《女性的奥秘》(1963年,贝蒂·娜奥米·戈德斯坦)

『神学·政治論』:《神学政治论》(TractatusTheologico-Politicus,1670年,巴鲁赫·德·斯宾诺莎)

『神学大全』:《神学大全》(Summa Theologica,1266—1273年,托马斯·阿奎那)

『人倫の形而上学の基礎づけ』:《道德形而上学原理》(Gnandlegung aur Metaphysik der Sitten,1785年,康德)

『人倫の形而上学·第1部 法論』:《法学的形而上学基础知识》(Metaphysischen Anfangsgriinde der Rechtsle,1797年,康德)

『人倫の形而上学·第2部 德論』:《德行学的形而上学基础知识》(Die Metaphysischen Anfangsgriinde der rigendlehre,1797年,康德)

『スコットランド法提要』:《苏格兰法提要》(Institution of the Law of Scotland,1681年,斯太尔子爵)

『正義の諸領域』:《正义诸领域》(Spheres of Justice,1983年,迈克尔·沃尔泽)

『正義論』:《正义论》(A Theory of Justice,1971年,约翰·罗尔斯)

『政治家』:《政治家篇》(柏拉图)

『政治学』:《政治学》(1603年,约翰斯·阿尔图修斯)

『政治神学』:《政治神学》(Politische Theologie,1922年,卡尔·施密特)

『政治的なものの概念』:《政治的概念》(Der Begriff des Politischen,1927年,卡尔·施密特)

『政治的リベラリズム』:《政治自由主义》(Political Liberalism,1993年,约翰·罗尔斯)

『政治哲学史講義』:《政治哲学史讲演录》(Lectures on the History of Political Philosophy,2007年,约翰·罗尔斯)

『政治論』:《政治论》(Tractatus Politicus,1676年,巴鲁赫·德·斯宾诺莎)

『精神現象学』:《精神现象学》(The Phenomenology of Spiri,1807年,黑格尔)

『精神論』:《论精神》(De l'esprit,1758年,爱尔维修)

『制度としての基本権』:《作为制度的基本权》(1965年,尼克拉斯·卢曼)

『世界宗教の経済倫理』:《世界性宗教的经济伦理》(1911年,马克斯·韦伯)

『戦争と平和の法』:《战争与和平法》(The Law of War and Peace,1625年,胡果·格劳秀斯)

『戦争法について』:《论战争法》(1539年,维铎力亚)

『占有権論』:《论占有权》(Das Recht des Besitzes: Eine civilistische Abhandlung,1803年,萨维尼)

『ソヴィエト社会主義法学の基本的任務』:《苏俄社会主义法学的基本任务》(1938年,安德烈·雅奴阿列维奇·维辛斯基)

『ソクラテスの弁明』:《苏格拉底的申辩》(柏拉图)

『ソクラテスの思い出』:《回忆苏格拉底》(色诺芬)

『訴訟証拠の原理』:《审判证据原理》(杰里米·边沁)

夕行

『代議制統治論』:《论代议制政府》(Considerations on Representative Government,1861 年,约翰·密尔)

『第三身分とは何か』:《第三等级是什么》(Qu´Est-CE Que Le Tiers Etat,1789 年,埃马努埃尔·约瑟夫·西耶斯)

『大衆政府論』:《平民政府》(1885 年,亨利·梅因)

『種の起源』:《物种起源》(On the Origin of Species,1859 年,达尔文)

『知性改善論』:《知性改进论》(Tractatus de Intellectus Emendatione: Et de via, Qua Optime in Veram Rerum Cognitionem Dirigitur,1662 年,巴鲁赫·德·斯宾诺莎)

『中世ローマ法史』:《中世纪罗马法史》(Geschichte des Römischen Rechts im Mittelalter,初版 1815—1831 年,萨维尼)

『テアイテスト』:《太阿泰德》(柏拉图)

『哲学者と法学徒との対話』:《哲学家与英格兰法律家的对话》(A Dialogue Between a Philosopher And A Student of The Common Laws of England,1681 年,托马斯·霍布斯)

『哲学書簡』:《哲学通信》(Letters Philosophiques Sur Les Anglais,1734 年)

『哲学的諸学のエンチクロペディ概説』:《哲学科学全书纲要》(Enzyklopaedie der philosophischen Wissenschaften,1817 年,黑格尔)

『手続を通しての正統化』:《通过程序的正统化》(1969 年,尼克拉斯·卢曼)

『ドイツ・イデオロギー』:《德意志意识形态》(1845—1846 年,卡尔·马克思、弗里德里希·恩格斯)

『ドイツ行政法』:《德国行政法》(全 2 卷)(初版于 1895—1896 年,奥托·迈耶)

『ドイツ国法体系綱要』:《德意志国家法体系纲要》(1865 年,卡尔·弗里德里希·冯·格贝尔)

『ドイツ語文法』:《德语语法》(4 卷本)(1819—1837 年,雅科布·格林)

『ドイツ帝国国制論』:《论德意志帝国国制》(1667 年,让·博丹)

『ドイツ帝国国法』:《德意志帝国国家法》(全 3 卷)(初版于 1876—1882 年,保罗·拉班德)

『ドイツにおける一般民法典の必要性について』:《论德国制定一部普通民法的必要性》(1814 年,A. F. J. 梯鲍特)

『ドイツ普通私法体系』:《德国普通私法体系》(1848 年,卡尔·弗里德里希·冯·格贝尔)

『ドイツ法古事誌』:《德意志法古事志》(2 卷本)(1828 年,雅科布·格林)

『統治二論』:《政府论(两篇)》(1690 年,约翰·洛克)

『統治論断片』:《政府片论》(A Fragment on Government, 1776 年,杰里米·边沁)

『道徳感情論』:《道德情操论》(The Theory of Moral Sentiments, 1759 年,亚当·斯密)

『道徳哲学史講義』:《道德哲学史讲演录》(Lectures on the History of Moral Philosophy, 2000 年,约翰·罗尔斯)

『道徳哲学序説』:《道德哲学绪论》(1747 年,弗兰西斯·哈奇森)

『道徳哲学体系』:《道德哲学体系》(A System of Moral Philosophy, 1755 年,弗兰西斯·哈奇森)

『道徳と立法の諸原理序説』:《道德与立法原理导论》(An Introduction To The Principles Of Morals And Legislation, 1789 年,杰里米·边沁)

『東洋と西洋の村落共同体』:《东西方村落共同体》(1871 年,亨利·梅因)

『トピクと法律学』:《论题学与法学》(Topik und Jurisprudenz, 1954 年,特奥多尔·菲韦格)

『奴隷への道』:《通往奴役之路》(The Road to Serfdom, 1944 年,弗里德里希·奥古斯特·哈耶克)

ナ行

『ニコマコス倫理学』:《尼各马可伦理学》(亚里士多德)

『西太平洋の遠洋航海者』:《西太平洋上的航海者》(Argonauts of the Western Pacific, 1922 年, 马林诺夫斯基)

『人間知性論』:《人类理解论》(An Essay Concerning Human Understanding, 1689 年, 约翰·洛克)

『人間と市民の義務』:《论人和公民的自然法义务》(On the Duty of Man and CitiZen, 1673 年, 萨缪尔·普芬道夫)

『人間不平等起源論』:《论人类不平等的起源和基础》(Discours sur l´origine et les fondements de l´inégalité parmi les hommes, 1755 年, 让·雅克·卢梭)

『人間本性論』:《人性论》(A Treatise of Human Nature, 1739—1740 年, 大卫·休谟)

『論理学の方法』:《逻辑学的方法》(1874 年, 亨利·希季威克)

ハ行

『ハリネズミの正義』:《刺猬的正义》(Justice For Hedgehogs, 2011 年, 罗纳德·德沃金)

『判告集』:(4 卷本)(1840—1863 年, 雅科布·格林, 在雅科布·格林死后, 增补为 7 卷本)

『犯罪と刑罰』:《论犯罪与刑罚》(Dei Delitti E Delle Pene, 1764 年, 切萨雷·贝卡里亚)

『パンタグリュエル』:《巨人传》(Gargantuaet Pantagruel, 拉伯雷)

『判断力批判』:《判断力批判》(Kritik der Urteilskraft, 1790 年, 伊

曼努尔・康德)

『パンデクテン教科書』:《潘德克顿教科书》(Lehrbuch der Pandekten,1838 年,格奥尔格・弗里德里希・普赫塔)

『パンデクテン法教科書』《潘德克顿法教科书》(3 卷本)(1862—1870 年初版,温特海得)

『反マキャヴェリ論』:《反马基雅维利》(Anti-Macchiavell,1740 年,腓特烈二世)

『万民の法』:《万民法》(The Law of Peoples,1999 年,约翰・罗尔斯)

『美徳なき時代』:《美德缺失的时代》(1984 年,阿拉斯代尔・麦金泰尔)

『百科全書』:《百科全书》(Encyclopédie Méthodique, ou par Ordre de Matières,1751—1772 年,丹尼・狄德罗、让・勒朗・达朗贝尔)

『標準注釈』:《标准注释》(Glossa Ordinaria,阿库修斯)

『貧困の哲学』:《贫困的哲学》(Philosophie de la Misère,1846 年,皮埃尔・约瑟夫・蒲鲁东)

『フランス革命の省察』:《对法国大革命的反思》(Reflections on the Revolution in France,1790 年,埃德蒙・伯克)

『プロテスタンティズムの倫理と資本主義の精神』:《新教伦理与资本主义精神》(The Protestant Ethic and the Spirit of Capitalism,1904 年,马克斯・韦伯)

『プロレゴメナ』(『およそ学として現われ得る限りの将来の形而上学の為のプロレゴメナ』):《未来形而上学导论》(Prolegomena Zu einer jeden Künftigen Metaphysik, dieals Wissenschaft Wird auftreten Köunen,1783 年,伊曼努尔・康德)

『ヘーゲル法哲学批判序説』:《黑格尔法哲学批判》(1843 年,卡尔・马克思)

『ペルシャ人からの手紙』:《波斯人信札》(Lettres Persanes,1721 年,查理・路易・孟德斯鸠)

『弁論家について』:《论演说家》(西塞罗)

附录二 西方著作之中日文对照表

『弁論術』:《论辩篇》(亚里士多德)

『法一般論』:《论一般法律》(Of Laws in General, 1945 年,杰里米·边沁)

『法学提要教程』:《法学阶梯教程》(3 卷本)(Cursus der Institutionen, 1841—1847 年,格奥尔格·弗里德里希·普赫塔)

『法学における冗談と真面目』:《法学中的玩笑与认真》(Scherz und Ernst in der Jurisprudenz: Eine Weihnachtsgabe für das juristische Publikum, 1884 年,鲁道夫·冯·耶林)

『法学のための闘争』:《为法学而斗争》(Der Kampf um die Rechtswissenschaft, 1906 年,赫尔曼·坎托罗维奇)

『法過程』:《法律过程》(legal process, 1957 年,亨利·哈特、塞克斯)

『法システムと法解釈学』:《法律系统与法律解释学》(1974 年,尼克拉斯·卢曼)

『法社会学』:《法社会学》(1972 年,尼克拉斯·卢曼)

『法社会学の基礎理論』:《法律社会学基本原理》(1913 年,尤根·埃利希)

『法窓夜話』:《法窗夜话》(1916 年,穗积陈重)

『法的議論の理論』:《法律论证理论》(1978 年,罗伯特·阿列克西)

『法哲学』:《法律哲学》(第 2 版)(Rechtsphilosophie, 1997 年,阿图尔·考夫曼)

『法と現代精神』:《法和现代精神》(Law and the Morden Mind, 1930, 杰罗姆·弗兰克)

『法と国家の一般理論』:《法与国家的一般理论》(general theory of law and state, 1945 年,汉斯·凯尔森)

『法における目的』:《法律中的目的》(Der Zweck im Recht, 第一卷 1877 年,第二卷 1883 年,鲁道夫·冯·耶林)

『法の一般理論とマルクス主義』:《法律的一般理论与马克思主义》(1924 年, E. 帕舒卡尼斯)

『法の概念』:《法律的概念》(The Concept of Law,1961 年,哈特)
『法の原理』:《法的原理》(1640 年,托马斯・霍布斯)
『法の自己探求』:《法律在探讨自己》(1940 年,朗・富勒)
《法律的社会学考察》:《法律的社会学考察》(1986 年,尼克拉斯・卢曼)
『法の小径』:《法律之路》(The Path of the Law,1897 年,奥利弗・温德尔・霍姆斯)(载于《哈佛法律评论》第 10 卷)
『法の精神』:《论法的精神》(De l'esprit des lois,1748 年,查理・路易・孟德斯鸠)
『法の帝国』:《法律帝国》(Law's Empire ,1986 年,罗纳德・德沃金)
『法の哲学綱要』:《法哲学原理》(Grundlinien der Philosophie des Rechts,1821 年,黑格尔)
『法の道徳性』:《法律的道德性》(The Morality of Law,1964,朗・富勒)
『法の分化』:《法律的分化》(Ausdifferenzierung des Rechts,1981 年,尼克拉斯・卢曼)
『法理学、あるいは実定法の哲学の講義』:《法理学讲演录》(Lectures on Jurispredence or The Philosophy of Positive Law,1863 年,约翰・奥斯丁)
『法理学における定義と理論』:《法理学中的定义和理论》(1953 年,哈特)
『法理学領域論』:《法理学的范围》(The Province of Jurispredence Determined,1832 年,约翰・奥斯丁)
『法律』:《法律篇》(The Law,公元前 353 至公元前 347 年,柏拉图)
『法律解釈と利益法学』:《法律解释与利益法学》(1914 年,菲利普・黑克)
『法律家のレトリック』:《法修辞学》(1978 年,伊特约夫・哈夫特)

『法律家の論理』:《法律逻辑》(1976年,沙伊姆·佩雷尔曼)

『法律について』:《论法律》(西塞罗)

『法律について』:《论法律》(1612年,弗朗西斯科·苏亚雷斯)

『法律的論理』:《法律逻辑》(1918年,尤根·埃利希)

『ポリクラティクス』:《论政府原理》(Policraticus,1159年,索尔兹伯里的约翰)

マ行

『マニ教徒ファウストゥス』:《摩尼教徒浮士德斯(Faustus)批判》(400年)

『民事および刑事立法論』:《民事以及刑事立法理论》(1802年,E.迪蒙)

『民主主義の本質と価値』:《民主主义的本质与价值》(1920年初版、1929年第2版,汉斯·凯尔森)

『民衆法と法曹法』:《民众法与法曹法》(1843年,格奥尔格·贝塞勒)

『民法典草案とドイツ法』:《民法典草案与德国法》(1889年,奥托·基尔克)

『もう一つの声』:《不同的声音》(In a Different Voice,1982年,卡罗尔·吉利根)

ヤ行

『予算法論』:《预算法论》(1871年,保罗·拉班德)

『唯一者とその所有』:《唯一者及其所有物》(The Ego and His Own,1844年,麦克斯·施蒂纳尔)

『ユダヤ人問題に寄せて』:《论犹太人问题》(1843年,卡尔·马克思)

ラ行

『ローマ史』:《罗马史》(提图斯·李维)

『ローマ法の精神』:《罗马法的精神》(1852—1865 年,鲁道夫·冯·耶林)

『ローマ法の注釈学派の研究』:《对罗马法注释学派的研究》(1938 年,赫尔曼·坎托罗维奇)

『リウィウス』:《论李维》(Discourses on the First Decade of Titus Livy,1531 年)

『リヴァイアサン』:(Leviathan,1651 年,托马斯·霍布斯)

『リスク社会』:《风险社会》(Risikogesellschaft: Auf dem Weg in eine andere Moderne,1986 年,乌尔里希·贝克)

『リベラリズムと自由の限界』:《自由主义与正义的局限》(Liberalism and the Limits of Justice,1982 年,麦克尔·桑德尔)

『理論と実践』:《理论与实践》(1793 年,康德)

『労働者人口の衛生状態にかんする報告書』:《关于英国劳动人口卫生状况的调查报告》(1842 年,埃德温·查德威克)

图书在版编目(CIP)数据

法思想史／（日）中山龙一等著；王昭武译. —北京：北京大学出版社，2023.4
ISBN 978-7-301-33699-1

Ⅰ.①法… Ⅱ.①中… ②王… Ⅲ.①法律—思想史—西方国家 Ⅳ.①D909.5

中国国家版本馆 CIP 数据核字（2023）第 021716 号

Hoshisoshi (A History of Legal Thought)
Written by Ryuichi Nakayama & Yuki Asano & Yuichi Matsushima & Keisuke Kondo
Copyright ⓒ Ryuichi Nakayama & Yuki Asano & Yuichi Matsushima & Keisuke Kondo 2019
Simplified Chinese translation copyright ⓒ Peking University Press. 2022
All rights reserved

Original Japanese language edition published by YUHIKAKU PUBLISHING CO., LTD.
Simplified Chinese translation rights arranged with Peking University Press.
and YUHIKAKU PUBLISHING CO., LTD.
through Hanhe Internatinal(HK) Co., Ltd.

书　　　名	法思想史 FASIXIANGSHI
著作责任者	〔日〕中山龙一、浅野有纪、松岛裕一、近藤圭介　著 王昭武　译
责任编辑	靳振国
标准书号	ISBN 978-7-301-33699-1
出版发行	北京大学出版社
地　　　址	北京市海淀区成府路 205 号　100871
网　　　址	http://www.pup.cn　http://www.yandayuanzhao.com
电子信箱	yandayuanzhao@163.com
新浪微博	@北京大学出版社　@北大出版社燕大元照法律图书
电　　　话	邮购部 010-62752015　发行部 010-62750672 编辑部 010-62117788
印　刷　者	涿州市星河印刷有限公司
经　销　者	新华书店
	880 毫米×1230 毫米　32 开本　11.375 印张　262 千字 2023 年 6 月第 1 版　2023 年 6 月第 1 次印刷
定　　　价	59.00 元

未经许可，不得以任何方式复制或抄袭本书之部分或全部内容。
版权所有，侵权必究
举报电话：010-62752024　电子信箱：fd@pup.pku.edu.cn
图书如有印装质量问题，请与出版部联系，电话：010-62756370